新质课程文化丛书

林启达　王琦　杨四耕　丛书主编

具身学习与课程育人

周卫锋　赖崇辉　主编

华东师范大学出版社
·上海·

图书在版编目(CIP)数据

具身学习与课程育人 / 周卫锋，赖崇辉主编. 上海：华东师范大学出版社，2025. --（新质课程文化丛书）. -- ISBN 978-7-5760-5876-5

I. G622.3

中国国家版本馆 CIP 数据核字第 2025PS9012 号

新质课程文化丛书
具身学习与课程育人

丛书主编　林启达　王　琦　杨四耕
主　　编　周卫锋　赖崇辉
组稿编辑　刘　佳
项目编辑　林青荻
特约审读　韩　蓉
责任校对　张佳妮　时东明
装帧设计　卢晓红

出版发行　华东师范大学出版社
社　　址　上海市中山北路 3663 号　邮编 200062
网　　址　www.ecnupress.com.cn
电　　话　021-60821666　行政传真 021-62572105
客服电话　021-62865537　门市(邮购)电话 021-62869887
地　　址　上海市中山北路 3663 号华东师范大学校内先锋路口
网　　店　http://hdsdcbs.tmall.com

印 刷 者　常熟高专印刷有限公司
开　　本　787 毫米×1092 毫米　1/16
印　　张　16.75
字　　数　176 千字
版　　次　2025 年 7 月第 1 版
印　　次　2025 年 7 月第 1 次
书　　号　ISBN 978-7-5760-5876-5
定　　价　56.00 元

出 版 人　王　焰

（如发现本版图书有印订质量问题，请寄回本社客服中心调换或电话 021-62865537 联系）

编委会

主编

周卫锋　赖崇辉

副主编

廖雁妮　唐新华

编委

董胜业　符美娟　胡丽君　胡　婷　黄雅丽
李　澈　刘　茬　刘　立　裴一帆　盛学秋
王全聪　魏　星　辛　雅　赵家涛　郑　悦
钟可如　周桂红　朱桂欣　朱思婕

丛书总序

走向新质课程文化

众所周知,课程与文化有着天然的联系,对学校发展而言,凡是课程变革一定是文化变革,没有文化内核的课程变革很难取得成功;文化变革需要课程建设支撑,没有课程支撑的文化变革是难以想象的。学校教育的内在目的的实现是以具有内在品质的课程文化为前提的,不赋予课程内在的文化品质,高质量的教育便很难实现。如果我们的课程是外在性的、他律性的,那么学校教育的内在目的就很难真正实现。可以说,富有丰富的、内在的文化气韵是新质课程文化的显著特征。实现由工具性课程文化向内在性课程文化转化,是当代学校课程变革的文化走向。建构新质课程文化,实现教育的内在旨趣,是时代赋予学校课程变革的使命。

怀特海在《过程与实在》一书中指出:现实存在就是合生,每一个现实存在都不是只有一种元素的简单的存在,不是原子论意义上的存在,而是由诸多要素构成的合生体系。在学校课程变革过程中,课程与文化互为现实存在和潜在实在,二者"合生"即生成课程文化。推进学校课程文化变革,可以从怀特海的"合生"哲学中获得启迪。我们认为,课程与文化的合生设计,是建构新质课程文化的重要方法,在具体操作上有两条路径可供选择。

一、自上而下的演绎路径:从文化概念到课程设计

自上而下的演绎路径,从文化概念的顶层设计入手建构学校课程体系,实现从教育价值取向到课程愿景设计、从课程目标厘定到课程内容体系设计、从课程实施路径激活到课程评价推进、从课程育人体系梳理到课程支撑体系建构的全流程合生设计。

第一,提出学校教育哲学,生成学校课程理念。最关键的一点是提出文化核心概念,即提出学校教育哲学核心概念,从文化核心概念设计出发进而确定学校教育价值

观和内涵发展方法论,演绎形成学校办学理念,推理生成学校课程理念。学校教育哲学是学校共同体的教育信条,它渗透于学校教育全过程,贯穿在学校课程所有要素之中,体现于师生日常生活和学校空间环境之中。学校教育哲学包含学校使命观、价值观和愿景观,内蕴办学理念,下延课程理念。换言之,学校教育哲学、办学理念和课程理念之间的关系是由内而外的逻辑推理关系,具有逻辑一致性。

第二,确定学校培养目标,细化学校课程目标。根据教育方针关于教育目的的总体规定性要求,演绎确定学校培养目标,并根据课程方案的要求进一步细化成学校课程目标。在这里,教育目的、培养目标和课程目标是从抽象到具象的过程,呈现的是总体规定性和具体表现性之间的关系。课程目标对课程编制具有重要的导向作用,细化学校课程目标需要统筹学生的发展需要、知识的发展状况和社会的发展要求等综合影响。

第三,建构学校课程结构,设计学校课程内容。横向上,把握学校课程的内容结构。我们认为,最具育人价值的课程内容结构,包含课程内容的实质结构和形式结构。实质结构由课程的质的规定性所决定,反映着课程的内在价值取向,是对课程功能类别的深层理解;形式结构是按照一定标准对课程进行形式分类,并把握各类之间的关系,形成学校课程的形式结构。一般而言,课程的实质结构决定形式结构。纵向上,要把握学校课程的时间节律,科学设计学校课程的年级和学期布局,形成可供每一个年级推进的教学指南以及每一个学期落实的学程设计。如此,学校课程有几条跑道,以及每一条跑道如何设计都是明确的。

第四,激活学校课程实施,推动学习方式变革。激活课程育人方式,需要聚焦高质量发展要求,把握学校课程实施的多维路径。一般来说,学校课程实施途径主要有课堂教学、学科拓展、社团活动、项目学习、校园节日、研学旅行、家校共育、环境创设等。实现从文化概念到课程实施的合生设计,需要进一步明确每一条实施路径的内涵、做法以及相应要求,且每一条途径都应该有学校教育哲学的渗透,应该体现学校教育哲学的价值影响。

第五,创新学校课程评价,落实学校课程管理。课程评价和管理是保障课程变革顺利进行的重要条件。从新质课程文化的合生设计角度看,评价和管理既是学校课程实施的背景和场域,也是学校课程实施的手段和构成。课程评价和管理以及课程目标、课程框架、课程实施共同构成学校课程文化优化升级的内在逻辑,其逻辑起点就是立足学校教育哲学和课程理念,通过合生设计全面掌握学校课程实施情况;通过创新学校课程评价,全维度考查学校课程品质,系统描述学校课程的存在状况与实际成效;通过落实学校课程管理,提升学校内涵发展水平。

上述新质课程文化的获得是从文化概念建构开始的。从文化概念到课程设计的"合生",有利于提升学校课程的文化内涵,丰富学校课程的文化气韵。

二、自下而上的归纳路径:从课程实践到文化逻辑

从特定场景中的课程实践出发建构学校课程的文化逻辑,是学校课程文化变革的另外一条路径。在分析特定课程实践情境的基础上,提炼学校课程哲学,厘定学校课程目标,梳理学校课程框架,激活学校课程实施,巧用学校课程评价,这是自下而上的归纳道路,也是从特定课程实践入手到文化逻辑建构的"合生"道路。在这个过程中,要注意处理好传承与发展、共性与个性、整体与部分、科学与人文、认识与实践、理想与现实等多重关系。

一是学校课程情境分析要处理好传承与发展的关系。学校课程总是处于一定的情境脉络之中,是特定语境的产物。学校课程情境分析要注意把握学校课程发展的不同阶段客体和主体运动变化情况,深刻理解特定时间段的宏观、中观和微观情境,处理好传承与发展的关系,使学校课程情境的要素、联结和效应等获得系统分析和合理说明。传承与发展是相互转化的,是时间流的"合生"过程,传承的要素中往往内含着未来发展的空间,发展的要素中往往会有未来传承的可能。把握学校课程发展在连续性与非连续性之间的叠加效应,有利于推进学校课程文化变革。

二是学校课程哲学提炼要处理好共性与个性的关系。学校课程哲学属于专业的教育哲学范畴,须以制定纲领或提炼信条的方式从哲学角度确认,形成同教育有关的概念和系列观点,具有较强的专业性。在美国教育哲学家索尔蒂斯看来,专业的教育哲学包含个人的教育哲学和公众的教育哲学这两个方面。其中,个人的教育哲学指导个人的教育实践活动,具有独特性;公众的教育哲学面向公众群体,具有公众政策意蕴,解释公众意识形态,指导许多人的教育实践活动,具有公众性。每一所学校都应该有独特的、体现时代精神的课程哲学,这一课程哲学既要具有学校的个性特征,又要体

现时代的价值追求,要处理好共性与个性的关系。我们认为,新时代学校课程哲学的提炼,要基于对时代精神的整体把握和对教育改革形势的总体判断,围绕着培养什么人、怎样培养人、为谁培养人这一根本性问题,形成符合学校特定课程情境的发展理念,正确处理社会本位论和个人本位论的关系,透过共性与个性这一"合生"过程,用"自己的句子"回应时代命题。

三是学校课程目标厘定要处理好整体与部分的关系。育人目标是学校教育活动的出发点,也是学校课程的最终价值。整体与局部的关系的处理,核心在于回答"培养什么人"及其具体化的问题。一般来说,育人目标是把学生培养成什么样的人的整体要求和校本表达,课程目标是育人目标的年段要求和具体表现。育人目标反映了学校落实教育方针的特殊要求,是核心素养的校本表达;课程目标体现了学校培养学生的年段要求,是核心素养的具体细化。培养德智体美劳全面发展的社会主义建设者和接班人,这是我国各级各类学校培养目标的整体要求。结合具体情况,学校的育人目标要反映出学校的个性化要求以及全面发展的涌现性特征。我国各级各类学校培养目标作为一种整体要求,反映国家的育人规格和统一要求;学校的育人目标是学校的个性化要求,反映国家育人规格的整体要求和全面本质,二者具有鲜明的"合生"属性。同理,学校育人目标和在此基础上细化形成的学校课程目标,二者亦具有鲜明的"合生"属性。

四是学校课程内容设计要处理好科学与人文的关系。科学与人文的关系是课程内部的重要关系之一,是推动学校课程发展的矛盾焦点。当今时代,科学主义课程广泛影响了世界基础教育课程改革。2023年,教育部办公厅印发的《基础教育课程教学改革深化行动方案》就增列"科学素养提升行动",要求深化中小学科学教育改革,强化做中学、用中学、创中学,激发青少年好奇心、想象力、探求欲,提升学生解决实际问题的能力,发展学生科学素养。提升科学素养,强化科学探究,是时代赋予基础教育课程改革的使命。不过,我们在强调科学素养提升的同时,要清晰地知道:科学素养与人文修养辩证统一,科学精神与人文精神合理融通。科学要与人文有机统一,科学彰显人文特征,人文内蕴科学理性,科学与人文都是人类改造世界不可或缺的语言。因此,倡导科学精神和人文精神相结合的科学课程观,设计科学与人文整合的课程体系,以科学课程为载体,实现科学和人文的"合生"与"融通",是学校课程文化变革的重要追求。当下这一时代的科学教育理应回到充满生机活力的生活世界,理应从科学世界观、科学方法论、科学价值观等方面,帮助学生了解各领域的专家学者在过去、现在和未来是怎样看待人生、怎样认识世界、怎样理解人类社会的,进而增进学生的科学理性和人文精神,促进学生全面发展。

五是学校课程实施激活要处理好认识与实践的关系。学校课程实施的重要目标是促进学习者理解符号知识和经验知识,建立内部世界与外部世界的联系,这无可厚非。但是,实践是人的全面发展的基石,认识与实践是双向建构、合生共处的。义务教育课程方案和课程标准(2022年版)为此特别强调变革育人方式,发挥实践的独特育人功能。作为课程育人活动,学校课程实施不能把学生限定在书本世界,不能无视儿童与客观世界的联系。激活学校课程实施必须处理好认识与实践的关系,寻找认识与实践的"合生处"与"交融点",在实践中提升认识,在实践中增长才干。要确认实践性是学习的基本属性,提升课程育人的实践品质,彰显学习的实践属性,这是激活学校课程实施的关键所在。要丰富学习实践样态,强化真实性实践,关注社会性实践,提升实践的思维含量,激活实践体验过程,提高学生的实践理解力;要激活反思理解过程,学会处理人与自然、人与社会、人与自我的关系,提升学生的生命觉醒力,处理好认识与实践的关系,这是激活学校课程实施的基本立场。

六是学校课程评价创意要处理好理想与现实的关系。理想源于现实,是思想先导,是现实的桃源;现实立足理想,是客观存在,是理想的源泉。理想与现实之间,是你中有我、我中有你的"合生"关系。中共中央、国务院印发的《深化新时代教育评价改革总体方案》指出:"坚持科学有效,改进结果评价,强化过程评价,探索增值评价,健全综合评价,统筹兼顾,针对不同主体和不同学段、不同类型教育特点,分类设计、稳步推进,增强改革的系统性、整体性、协同性。坚持中国特色,扎根中国、融通中外,立足时代、面向未来"。为此,学校课程评价应坚持全面性与专业性、科学性与客观性、稳定性与发展性,既追求理想,注重课程评价的价值引导,按照理想要求做好顶层设计,使学校课程评价具有"通天线"之智慧;同时又立足现实,秉持科学客观之精神,尊重客观现实,总结成败得失,使学校课程评价具有"接地气"之魅力。换言之,学校课程评价要在理想与现实之间找到平衡点,架设理想的课程和现实的课程之间的桥梁,为促进学生全面发展、教师专业成长和课程体系完善发挥导向作用。

深圳市坪山区立足教育规律和学生成长规律，以培养学生必备品格、关键能力和正确价值观为指向，构建了"引领性课程、普及性课程、个性化课程"三位一体的"品质课程"体系，旨在以课程改革驱动内涵建设，以教学变革促进课堂转型，以学习方式转变优化育人模式。坪山区"品质课程"系列实践表明，学校课程文化变革可以是演绎式的，也可以是归纳式的。演绎式可理解为"概念先行——实践验证"方式，归纳式可理解为"实践探索——归纳提炼"方式。课程是具有情境性和价值负载的文本，建构新质课程文化宜采取理论、研究与实践互动的方式。这种方式不完全依赖于概念或理论，也不脱离学校实际情境。在学校课程实践中，以学校课程情境为基础，以课程实践问题为切入点，以理论为指导，以概念为圆心，边研究边行动，在实践中总结提炼，又在实践中加以验证与改造，在理论与实践的互动互补、碰撞对话中生成学校独有的课程文化框架。

当然，新质课程文化的合生设计，不论选择哪一条路径，都必须为课程文化变革提供充分理由或理论依据，增强学校课程文化变革的认同感。在某种意义上，这也是一种文化自觉。

林启达　王琦　杨四耕

2024 年 6 月 6 日

目 录

前言　让儿童感受世界的美好 / 1

第一章　课堂：人性光辉照耀的地方 / 1

每一个孩子都有独特的生命之光,教育的真谛是尊重生命,长养生命。课堂教学则是生命与生命之间交流互动的过程,它不仅关注学生的学业成绩,更注重学生的全面发展和个体差异。在课堂中,教师以隽永的智慧,将学生的人格和个性放在首位,给予他们充分的尊重;在课堂中,教师创造多样化的学习机会,让学生在不同的环境中感受到成长的喜悦;在课堂中,教师尝试与学生成为朋友,使学生深刻感受到被理解、被接纳和被关注的幸福。

第一节　聚焦素养,确立目标 / 6
第二节　连接世界,精选内容 / 10
第三节　眷注生命,寻找方式 / 14
第四节　关注过程,增值评价 / 17

第二章　学科,为儿童心灵点亮微光 / 25

每个学生都有独特的生命之光,育人的过程是向阳而生、逐光而行的。每个学生都是独一无二的存在,如同宇宙中的星辰,唯有充溢着艺术与情感的引导,方能点亮他们心灵的星光。"逐光学科",犹如追逐星光的航行,在学海中播下"星星之火",为每个学生的心灵点亮微光。每一颗星星,都是对知识的珍视,对智慧的执着;每一束星光,都是对问题的追问,对思考的尊重。"逐光学科"追求的不仅是知识的积累,更是灵魂的启蒙,在此过程中,学生不仅拥有了丰富的人性,塑造了完整的人生,更培育了内心深处的充沛情感,成为自己生命中的明亮星辰。

第一节 "星光语文":照亮学生的精神世界 / 27
第二节 "全景地理":拓宽眼界的探索 / 40
第三节 "炫彩美术":绚丽人生的表达 / 51
第四节 "百思科学":开启探索之门 / 66

第三章 社团,照亮儿童内心世界的光芒 / 79

光不仅存在于世界的表面,更深深隐藏在每个人内心的深处。在生命的旅途中,我们不断寻觅着那些闪耀的灵感和深邃的智慧。"逐光社团"就是那一束束闪亮的光,悄悄地照亮着孩子们的内心世界,它们不仅有助于发展孩子们的兴趣爱好,更是成长道路上的一盏明灯。每个孩子都是等待发掘的一颗璀璨星辰,社团活动可以点燃孩子们内心的激情,激发他们对知识的渴望。每个孩子都有独特的光芒,被激活的兴趣如同耀眼的光束一般,点缀着他们的成长历程,可以为他们的学习生涯增添一抹绚丽的色彩,让他们在追寻光芒的路上更加自信与勇敢。

第一节 古诗新韵:丰厚人文素养 / 85

第二节　种植小乐园：点燃劳动热情 / 92
第三节　陶笛社团：熏染艺术气息 / 99
第四节　绳采飞扬：激活跳动的生命 / 105
第五节　机器人编程：打开思维大门 / 109

第四章　节日，心灵深处拥有的获得感 / 113

节日，对于现代孩子来说，是习以为常的。孩子们喜欢节日，是因为节日总是给予他们意想不到的惊喜。在我们看来，节日不仅仅是一种"给予"，更是一种"共享"。在这里，每个人都在参与，都成为一种真实的存在。我校"逐光节日"课程努力让孩子们的心灵深处拥有一种获得感，那就是生长的感觉。在一个个特定的日子里，孩子们在共庆与狂欢中完成了生长的仪式，达到了文化的共通和情感的享受。

第一节　英语戏剧节：向世界讲述中国故事 / 126
第二节　语文文学节：诗歌探秘，传统文化之旅 / 131

第五章　研学，丰厚儿童生命体验的旅途 / 139

在黑暗中追寻光明，是每个人的内心本能。向阳而生，逐光而行，是生命的希望与力量。我们带领孩子们走进深圳马峦山、湿地公园、海洋，感知自然的奥妙；走进深圳红色历史，品味中华传统文化的博大精深；走进深圳独具特色的科技产业，体验科技的魅力，开拓创新视野；走进田间地头，锻炼生活技能。逐光之旅，是教师与学生共享成长的欢愉，是心灵在晨曦与暮霭中的升华。孩子们在旅程中成长，老师在陪伴中发现教育的独特视角。情感和文化共通，文化与德育共融。逐光而行，前途无限。

第一节　走进自然：品读生命史诗 / 143
第二节　走进科技：点亮智慧之光 / 157
第三节　走进劳动：开启成长之旅 / 168
第四节　走进历史：照亮文化之路 / 179

第六章　探究，点燃儿童探索世界的激情 / 191

在知识的无垠星海中，传统的学科边界就像是一道道冰冷的、固定的壁垒，将知识的岛屿分离。然而，真实的世界是多面性的、综合性的，需要我们跨越学科的界限，将不同的学科领域紧密地连接在一起，去探寻那无尽的知识宝藏。跨学科课程正是立足于这真实多面的世界，通过学科间的碰撞与交融，激发出绚烂多彩的火花。让学生在这样的学习过程中，融会贯通，真正掌握解决现实问题的能力。学校"逐光探究"以跨学科课程为载体，让学生们沐浴在绚烂多彩的知识火花中，点燃他们探索世界的激情。

第一节　聚焦问题，引导实践 / 195
第二节　知舞旋律，锤炼能力 / 199
第三节　跨界融合，挖掘潜能 / 207

第七章　校园，让生命在场且相遇 / 215

人或许意识不到空间的存在，却时时刻刻存于空间中。赋予空间以深厚的意义,或许是一种愿景,一种情感,一种关系,一种文化,就能使建筑超越冰冷的宿命,承载生命的温度。当校园空间与课程育人充分融合,校园的一砖一瓦、一草一木、一字一图都蕴藏着无限意义。学校不再只是学习的场所,而是学生主动探索与发展的一处自由天地;学生不再是知识的容器,而是一个个不断生长的鲜活生命;教师不再是单纯的知识传授者,而是学生成长的见证者和引路人。在这样的场域中,学生身体在场,意识在场,精神在场,抬头有所见,俯身有所得;在这样的场域中,学生主动去感受、体验、对话、交融,与自己相遇,与世界相遇,与过去和未来相遇。此刻,生命与生命之间的在场且相遇正在悄然发生,如此美好且动人。

第一节　潜移默化的文化空间 / 219

第二节　多维体验的艺术空间 / 225

第三节　儿童友好的阅读空间 / 233

第四节　激发智趣的创客空间 / 238

后　记 / 242

前言

让儿童感受世界的美好

近年来,新一轮科技革命和人工智能等技术重塑了教育发展生态,促进了课程设置和育人模式的深度变革。对于一所学校而言,如何进行学校课程变革、完成学校整体课程规划、构建高品质课程体系成为了亟待解决的问题。深圳市坪山区第二外国语学校创办于2019年9月,为区属九年一贯制公办学校。建校以来,学校不断发掘课程需求,探索适合本校发展的育人模式与课程建设之路。

学校整体课程是为了实现育人目标,整合包含国家课程、地方课程和校本课程在内的课程之总体,包含学校层面的课程情景、课程哲学、课程目标、课程框架、课程实施、课程评价以及课程管理等完整的课程要素。它立足于我国基础教育课程,并从学校的实际出发,根据学校的发展环境与发展现状设计而成,关注个体差异,能够灵活、有效地促进学生发展。基于此,学校积极响应教育改革的号召,结合学校自身实际,构建了基于"逐光教育"理念的学校课程体系,旨在尊重个体生命的独特价值,为学生奠定宽厚的成长基础,促进全面可持续发展,助力每一位学生向阳而生,逐光而行,去感受世界的美好。

一、课程理念:追逐生命之光

"逐光教育"的教育哲学强调让学生的光芒闪耀,去追逐生命之光,感受世界的美好。学校以马克思"人的全面发展"的观点为起点,结合新时代的发展要求,认为人的全面发展不应该是人的各种素质的累积和叠加,也不是各种知识和技能的增长和对社会的简单适应与成全,而应当从生命自身和内在出发,来逐步丰富、健全和上升,成长为一个精神富足、独立自由、生命整全、逐光而行的个体。"逐光教育"追求人的完善,是对教育的"逐光"过程。真正的教育应该指向此时此地个体自身生命的充实与完满,而不是指向冰冷的知识或不确定的未来。这样的思考首先是针对现代学校教育中"身与心的二元分离和对立"的问题,即不考虑心灵生长的身体关切与不考虑身心活力的智力教学。教育者应重视学生个体在学校教育情景中的真实存在,强调激活学生的身体参与和感受,并以此促成知识与人的融合。此外,"逐光教育"强调尊重人的发展,尊重生命的成长。教育应引导学生亲身参与,鼓励学生基于个人感受来形成自己的理解和判断,强调学生在学习过程中保持全身心投入的参与状态,去探索、去感受,让个体在身心充分展开的学习过程中获得心灵的丰盈与人格的完型。

根据学校的教育哲学,学校确立了"追逐生命之光"的课程理念。课程即宽广的世界,丰富多彩的课程将世界的美妙之光呈现给学生,让学生感受世界的美好,激发学生对世界的好奇心与对未知世界的探索意愿;课程即生命的给养,小学生、初中生从小受到良好的教育,将会影响他们的一生,学校提供的课程将成为给养生命的阳光,为学生的成长奠定坚实的基础;课程即文化的相遇,生命的成长需要文化的浸润,学校通过课程,让学生感受、传承优秀的中华文化,同时了解世界文化,让学生汲取文化的力量;课程即美好的情愫,学校课程尊重每位学生对美好的感知和对生命的体验,让每一个学生被温暖之光照亮,身心愉悦,健康成长。

二、课程建设:一核三层四类,打造学校特色

学校课程体系是实现学校育人目标的关键载体,学校以马克思"关于人的全面发展学说"和"发展心理学"为理论指导,聚焦"逐光教育"哲学,规划学校发展,积极推进课程建设,开发"一核三层四类"的"逐光教育"课程群,建构"逐光教育"课程体系,呈现出多种属性和样态,充分展现学校课程的逻辑性、丰富性和特色性。

"一核"是课程目标,聚焦"中国学生核心素养"的核心目标——"全面发展的人"。这一核心,源自马克思主义的终极追求——人的全面而自由的发展。

"三层"是目标设定,基于对人的全面发展中"人与自我、人与社会、人与世界"三层关系的考量,落实"中国学生核心素养"中"文化基础、自主发展、社会参与"的要求,衍生出"逐光教育"课程的育人目标画像:强大的生命个体、自信的社会公民、走向世界的文化传播者。

"四类"是课程内容设计,从"国家课程、校本特色普及课程、校本多元拓展课程、校本个性特需课程"四个类型出发,开发"逐光教育"课程群。学校坚持以开足开齐国家课程为办学的基本要求,同时积极落实广东省深圳市关于心理健康、体育与健康、英语等方面的地方性要求。在此基础上,因地制宜,结合学校人力、资源实际,融入周边社区,兼顾社会家长需求,积极开拓校本课程空间——培育外语、科创、阅读等特色普及类课程以促进学生特色发展,面向学生全体提供丰富多元的兴趣拓展社团活动类课程以满足个性差异发展,面向个别学生特殊情况提供培优扶弱、随班就读类特需课程以解决个体基本发展。由此构建以国家《义务教育课程方案和课程标准(2022年版)》为指南,以国家课程为基础,以校本课程为发展和补充,实现学生全面发展的课程群落。

"逐光教育"课程体系以"五育融合"落实"五育并举",既是目标,也是内容和途径。"五育"是党的教育方针所强调的"德智体美劳"。五育,即"培养德智体美劳全面发展的社会主义建设者和接班人"。"五育并举"是教育事业"立德树人"根本任务的目标要求,符合马克思主义关于人的全面发展学说的基本内涵。在课程建设实践中,学校在开齐开足开好国家课程的同时,开发了"人文素养、科学素养、艺术素养、体育健康、劳动教育"五大类百余门校本课程,涵盖英语原著阅读、英语戏剧表演、英语影视配音、客家舞麒麟、趣味麦斯、生命科学探索、STEAM工程技术、编程启蒙等多元领域,培育了"跨文化理解教育""科学创新教育"等特色课程。

三、课程实施:七种实施路径,呈现课程精彩

在"逐光教育"课程实施的过程中,学校秉承"追逐生命之光"理念,将"具身学习"贯穿于课程建设与教学活动之中,实现"逐光教育"。具身学习理论认为,在学习中,身体的作用仅次于大脑,在认知过程中扮演着重要的角色。它作为一个协同系统,会作用于特定的环境。人的认知是基于身体的实践与活动的,因此学习可以成为一种在亲身经历和实践过程中获得的独特感受,身体是整个学习过程中的重要因素,通过身体体验和环境的互动达到促进学习的意义。学校将具身学习的理论认知作为学校课程实施的依据,营造身心同在的学习环境,在课程实施中强调学生在沉浸式互动中实现知识、技能的内化;强调教师成为学习活动的设计者、促进者、组织者。学校在具体的

课程实施中采用了七种课程实施路径。

一是建构"逐光课堂"。"逐光课堂"是生命与生命交往互动的过程，是一种以学生为中心的、引发学生思想碰撞的、发散学生思维的、促进师生共同提升和完善的课堂形态。这是一种良性的课堂形态，它强调将每个学生视为独特、宝贵的个体，并致力于满足他们的个性化需求、尊重他们的独特背景和个性。通过聚焦素养、连接世界、眷注生命、增值评价的实施路径，让课堂成为人性光辉照耀的地方。

二是建设"逐光学科"。学校以"逐光学科"建设为探索方向，将学校课程理念融入学科建设与管理，在开足、开齐国家学科的基础上，努力建设能够滋养学生生命的、能培育适应国家与未来发展需求的基本能力的课程体系，深入挖掘每个学科中"生命之光"的内核，以知识的沃土富足学生的灵魂，从而提升学生的思维品质，唤醒每一位学生的"人性之光、家国之光、信仰之光、文明之光、科学之光、未来之光"，使学生真正成为认识自我、创造自我、实现自我价值的人，培养学生成为具有国族灵魂和世界视野的特区社会主义接班人。在几年的实践探索下，学校已初步构建了"五育融合"的"逐光学科"课程体系，形成"1＋X"学科融通式学科课程体系。

三是创设"逐光社团"。在"逐光教育"理念之下，学校创设"逐光社团"，尊重学生的发展、成长与个人体验，鼓励学生亲身参与，基于个人感受形成个性化的兴趣爱好，让学生在社团活动过程中获得心灵的丰盈与人格的完型。学校将活动性、实践性、参与性作为"逐光社团"的开设目标，充分尊重生命发展不同阶段所需的能力，以学生的兴趣爱好为依据，从身体的发展到心灵的发展，站在整体育人的高度，设置学校社团课程，保证每一位学生都能够找到适合的发展方向。

四是创新"逐光节日"。学校依托"逐光教育"理念构建校园活动，打破点状堆砌的壁垒，构建序列化"逐光节日"课程，形成了基于"儿童友好"理念的"逐光节日"课程体系，构建了"1＋N"跨学科节日课程，以"五育融合"为导向的活动主题策划，构建融通校园生活的德育生态，提升育人价值，让"逐光节日"课程成为孩子们儿童记忆的同时，实现"创新坪山"资源背景下的育人新样态。

五是开展"逐光之旅"。当下教育长期以来有着重说教而轻实践、重道德灌输而轻情感体验的倾向，学生学习活动大多是在教室完成的，缺乏真实的、体验式的、实践式的教学。"逐光之旅"是对当下教育忽略内容的一种有效补充和延伸，形成了中华优秀传统文化与德育相容的教育路径,通过研学教学,真正培育学生内在的"核心素养";形成文化践行的独特育人模式,树立学生对中国道路的文化自信。同时,建立师生共同的文化学习圈,增加师生共同学习和相处的机会,使师生之间的感情更加深厚和牢固。

六是推进"逐光探究"。"逐光探究"即跨学科融合课程。将不同学科的知识和方法相互融合,形成全新的教育模式和思路。在"逐光教育"理念的指引下,我校积极探索学科融合发展的多样化路径,努力构建满足学生个性化发展、开放且富有创新精神的跨学科融合课程。让学生有机会站在更高的层次上审视问题,从多个维度寻找答案,从而培养他们的综合思维能力和解决问题的能力。

七是打造"逐光校园"。校园空间是承载学习和生活活动的实践场域,旨在为学习者提供物理空间并创造特定文化对其进行浸润与熏陶。"逐光校园"在物理实体环境层面,体现为学校宽阔明亮的各类教育教学场所;在文化精神环境层面,体现为学校倡导学生不断追逐生命之光,追求知识、智慧、理想、信仰,就像植物不断向阳生长一样,而学校的校园空间正是学生生命成长的土壤。

综上所述,坪山区第二外国语学校坚持"开放、选择、体验、多元"的建设理念,在具身认知理论的指引下构建了适合学校发展、具有特色性与逻辑性的课程体系。本书以该学校整体课程规划为例,探讨学校的课程变革与课程建构,探索课程育人的新路径,以求实现学校课程的多样性、差异性、创新性和可选择性,满足学生学习、生活和个性发展的多样化需求,为每个学生的生命成长奠定坚实的基础,让每位儿童都能感受到世界的美好。

第一章
课堂：人性光辉照耀的地方

每一个孩子都有独特的生命之光，教育的真谛是尊重生命，长养生命。课堂教学则是生命与生命之间交流互动的过程，它不仅关注学生的学业成绩，更注重学生的全面发展和个体差异。在课堂中，教师以隽永的智慧，将学生的人格和个性放在首位，给予他们充分的尊重；在课堂中，教师创造多样化的学习机会，让学生在不同的环境中感受到成长的喜悦；在课堂中，教师尝试与学生成为朋友，使学生深刻感受到被理解、被接纳和被关注的幸福。

每一个孩子都是独一无二的，他们散发着独特的生命光芒。教育的核心在于尊重生命、培养生命，使之茁壮成长。在当今快速变化的社会中，教育的使命不仅是传授知识，更是培养学生的核心素养。课堂教学是生命与生命之间交流互动的过程，它不仅关注学生的学业成绩，更注重学生的全面发展和个体差异。

"逐光课堂"致力于通过聚焦素养、连接世界、眷注生命、增值评价的实施路径，让课堂成为人性光辉照耀的地方。

"逐光课堂"是生命与生命之间交往互动的过程，是一种以学生为中心的、引发学生思想碰撞的、发散学生思维的、促进师生共同提升和完善的课堂形态。这是一种良性的课堂形态，它强调将每个学生视为独特、宝贵的个体，并致力于满足他们的多样化需求，尊重他们的个性。因此，"逐光课堂"理应具有如下几个特征：第一，充分尊重学生的个性差异。教师应该认识到每个学生都是独特的，每个学生都拥有不同的学习风格、兴趣和需求。教师的课堂设计应该根据学生的个体差异进行灵活调整，并为学生提供个性化的学习支持。第二，关注学生的情感需求。教师要关心学生的情感状态，帮助他们处理情绪问题，为他们营造积极的课堂情感氛围。第三，激发学生的学习动机。教师要创设真实、有意义的学习任务，为学生提供多样化的学习资源，激发学生的学习兴趣和动机。第四，培养学生的合作和共享精神。教师要鼓励学生互助、合作，培养他们的团队意识和合作能力。

根据新课程标准的要求，教师应由传统的知识传授者转变为学生学习的组织者；教师应成为学生学习活动的引导者，而不再是主导者；教师应从"师道尊严"的架子中走出来，成为学生学习的参与者。教师应该促进师生合作学习，生生合作学习，以期实现共同进步。在传统的教学模式中，学生往往被视为被动接受知识的对象，对他们创造力、批判性思维、沟通能力和社会责任感的培养却往往被忽视，以至于学生在课堂中并未掌握真正的主动权，也缺乏主动追逐"知识之光"的积极性。而构建"逐光课堂"能够让学生真正地进入教师的视野中，在课堂教学的场域中达到"在场且相遇"的美好状态，同时也能激发学生内在对于"知识之光""人性之光"的向往和追求。因此，构建"逐光课堂"对于课堂教学来说大有裨益。

具体而言，"逐光课堂"的主要价值有如下几点：第一，有利于发挥学生的主体作用。"逐光课堂"注重培养学生的自主学习能力和自我管理能力。教师通过给予学生充分的参与度和决策权,让学生在课堂中发挥主体作用,培养他们的自信心和自主性,激发他们的学习兴趣和动力。第二,促进学生核心素养的不断发展。建构"逐光课堂"可以进一步提高学生的综合素质和可持续发展能力。第三,助力积极正向的师生关系的形成。"逐光课堂"能促使教师和学生之间建立积极互信的关系。这种关系建立在尊重、理解和关怀的基础上,能使教师和学生互相感觉彼此的声音被听到,意见被尊重。

总之,建构"逐光课堂"不仅有助于学生自身素养发展,还有助于培养学生的情感智力、社会责任感和自我成长的意识。它可以为学生提供一个积极的学习环境,使他们挖掘自己的潜力,并为面对未来的挑战作好准备。

建构"逐光课堂",需要一套具体的实施路径,它将有助于教师将理念转化为实际的教学行为。建构"逐光课堂"的实施路径分为如下几个环节:第一,聚焦素养,确立目标。在备课阶段,教师从学生的核心素养出发,围绕课程内容,结合对于这堂课预期达到的效果,仔细思考本堂课的具体教学目标,为后续的教学设计提供明确的导向,也为教学的开展奠定清晰的基调。第二,连接世界,精选内容。在教学设计过程中,教师需立足基本的课程内容,深入挖掘相关的背景知识,广泛了解世界范围内的时事热点。教师需要有足够的知识储备,再对其进行精心细致的筛选,让课程内容与时俱进。第三,眷注生命,寻找方式。在开展课堂教学时,教师可提前给学生布置前置学习任务,可为学生创设能够具身体验的真实情境,引领学生对学习内容进行深度探究,鼓励学生汇报交流,最后引导学生将知识与技能迁移应用至实际生活,解决实际问题。第四,关注过程,增值评价。在课堂尾声或是课堂之外,教师对于学生的评价应该是多维的、注重过程的。且除学科知识和考试导向的评价以外,教师更应该关注学生逐步发展出的其他能力和产出的其他成果,如项目作业、口头报告、成果展示、实际应用任务等,以反映学生的综合能力和情感态度,实现增值评价。

"逐光课堂"的以上实施路径旨在促进学生主动学习、深度思考,培养他们的批判性思维、合作能力和实际应用能力,让学生的素养和能力在课堂中得以提升,让师生间的互动有温度、有意义,让课堂成为人性光辉照耀的地方。基于此,学校从课前设计、课堂状态、板书及练习等方面入手制定了对"逐光课堂"的具体评价标准,旨在关注课堂上学生的学习状态和效果,引领课堂发展方向,提高教学效率,从而整体提升教学质量(见表1-1)。

表1-1 "逐光课堂"评价标准

评价项目	评价要点	权重分数	得分
设计要求	教学目标明确具体,可操作性强,基于学科核心素养的培养,符合学科特点和学生认知规律;知识结构分析清晰、正确;创造性地处理教材,有教学特色或亮点,重点突出,难易适度;能适度拓展教材内容;有关注学习过程和课堂生成的评价维度和标准。	10	
观察维度	学生参与教学的人数、时间、广度、深度、参与的效果等。	10	
	学生愉快轻松的学习态度和情感的综合表现,学生的精神面貌和学生参与活动的情况。	10	
	注重培养学生自主学习的能力,促使学生在教学活动中自主探索、思考,达到最佳的教学效果。	30	
	教师遵循教学活动的客观规律,用最少的时间、精力和物力投入,取得尽可能多的教学效果;学生有无进步或发展。	10	
	课堂气氛融洽和谐,师生情感愉悦,教学民主;师生、生生之间进行平等和多向的思维交流。	10	
板书	板书设计能紧扣教材,突出重点;板书内容主次分明,言简意赅;板书设计巧妙,有艺术性。	10	
练习	符合新课程标准和教材的要求,能促进教学目标的达成,有助于学生巩固与加深对所学知识的理解,并形成相应的技能、技巧;作业量、难易度适当,设计有梯度、有创新。	10	
任课教师	评委签名	总得分	

在"逐光课堂"中,教师不仅仅是知识的传授者,更是学生成长路上的引路人。他们鼓励学生自主思考,积极参与学习,激发学生内心的潜能;他们用深刻的洞察力,发现每个学生的闪光点;他们用优美的语言,鼓励学生勇敢追求自己的梦想;他们用心设计课程,注重培养学生的创造力和实践能力;他们引导学生走出书本,走向社会,让学生在实践中学会思考,学会解决问题;他们用丰富的教学资源,为学生打开了一扇扇通向知识宝库的大门,让他们感受到知识的无限魅力。在"逐光课堂"中,学生不再是被

动的接受者,而是积极的参与者。他们敢于表达自己的观点,追求自己的梦想;他们在教师的引导下,逐渐成长为独立、自信的个体;他们在被理解、被接纳、被关注的"逐光课堂"中,逐步学会了尊重他人,学会了合作与分享,也学会了用爱去关怀他人。

总而言之,"逐光课堂"旨在为学生创造一个有益于其全面成长和发展的教育生态系统,让课堂成为人性光辉照耀的地方。教师要关注学生的个体差异和情感需求,为学生创设积极的学习环境,培养学生的自主学习能力和核心素养。同时,学生也应主动参与、积极思考,努力成为全面发展的、有社会责任感的社会成员。

(撰稿者:朱思婕)

第一节 聚焦素养，确立目标

随着课程改革的深入发展，基于核心素养的课堂教学转型是教学变革的必然选择。如果说产业革命时代的学校是模仿工厂生产，不是为了"学"，而是为了"教"来设计的，那么，后产业革命时代的学校则不是为了"教"，而是为了"学"的教学环境来设计的。[1]"逐光课堂"基于核心素养，坚持以育人为导向的教学目标，由学生所需要的素养决定学生所需要学习的内容，进而决定教师的教学内容，全力提升学科育人品质。

一 "逐光课堂"教学目标的特征

新修订的课程方案要求"坚持素养导向"，依据学生终身发展和社会发展需要，明确育人主线，加强正确价值观的引导，重视必备品格和关键能力培育。[2]"逐光课堂"的教学目标就是素养导向下的教学目标，以反映学科特质、学科结构、学科情境的知识为教学载体，以真实情境下的知识迁移、创新运用为策略途径，以思维方法和思维品质的实践与提升为目标导向，以关键能力、必备品格、正确价值观的提炼与升华为价值追求，其内涵分为五个部分（见图1-1）。

图1-1 "逐光课堂"的教学目标内涵

图1-1体现了"逐光课堂"的教学目标内

---

[1] 于冬梅.目标·方法·理答·结构：基于核心素养的课堂教学转型[J].现代教育科学，2022(1)：116-122.
[2] 余文森.核心素养导向的课堂教学[M].上海：上海教育出版社，2017：1-2.

涵,它以核心素养为指引,五个组成部分紧密相连,相互补充,共同构成了一个完整而富有深度的教学体系。第一,体现学科核心素养。要求教学目标中有整合的、可调用的知识与技能、思路与方法、学科观念、价值判断、解决问题的能力。第二,体现多维度立体性。要求教学目标要在整体中教局部,课程目标、单元目标、课时目标不是割裂的线性关系,而是包含的、交叉递进的关系。第三,体现现实可接受性。要求教学目标要可实现,并且能预判学生能够达成的程度。第四,具有丰富的多样性。要求教学目标要从不同的侧面、不同水平反映课程目标。第五,收获具有可考核性。要求教学目标可通过行为观察、纸笔测试等方式来考查。这一教学目标内涵不仅凸显了教育的核心理念,也体现了教师对学生全面发展的高度重视。

立体化、多维度是"逐光课堂"教学目标的特征,在这样的导向下设定的教学目标能够落实课程目标、统筹要素关系、引导教学方向、促进评价改革、激励学生发展。

二 "逐光课堂"教学目标的确立原则

崔允漷指出,学科课程标准用稍为抽象、笼统的语言描述一门学科的育人价值、学科素养或关键能力,而教师以课程标准为依据确定的学期或模块目标、单元或课时目标更接近于可观察或测量、可评价。[1] "逐光课堂"聚焦核心素养,结合以往的三维目标确立教学目标时主要遵循四个原则(见图1-2)。

图1-2 "逐光课堂"教学目标四个原则

---

[1] 崔允漷.基于课程标准:让教学"回家"[J].基础教育课程.2011(12):51-52.

上图中，Who 表示确立目标时需要凸显学生是主体，即怎样的学生在学习这一节课的内容，要关注学生的学情——前在状态、潜在状态和发展可能，根据学生的认知差异，采用多种教学方法满足不同学生的认知需求；根据学生的兴趣，激发学生的学习热情；根据学生的学习风格，选择适合的教学方法。

Why 则表示为什么学，罗列外显学习过程中的任务类型，强调学习的联系与整合，推动学生知识的迁移运用与问题的解决，促使学生的思维发展与知识的整体建构，目的是明确学生在学习过程中着重发展什么样的核心素养。

What 表示学什么，包含学习单元的核心知识。学生要学习的几个知识点分别是什么，有什么关系，这是发展核心素养的载体和基础。

How 表示怎么学，明确学习的过程和路径。泰勒认为，在确定教育目的后，应当解决"为学生提供怎样的教育经验才能达到这些目标"以及"如何有效组织这些教育经验"的问题。[1]

围绕"Who—Why—What—How"四个原则即可确定课堂的教学目标，达到发展核心素养、科学育人、立德树人的目的。例如：谯秘老师在准备教学《蝉》一课时，通过梳理学情发现学生曾经学习过《法布尔小时候的故事》或者浅读过《昆虫记》，但是对其的认识还停留在很浅的层次；该班的学生善于观察，且能够熟练地进行小组合作，但是表达能力和评价能力比较弱。义务教育语文课程"以促进学生核心素养发展为目的"综合构建素养型目标体系，明确指出：阅读教学的重点就是要培养学生对语言的感受、理解、欣赏和评价能力，要创造性地使用教材。[2] 于是，谯老师设计了一个讲解员的活动。谯老师首先为学生提供与蝉有关的视频和书本内容等学习材料，引导学生在观察后担当讲解员去讲述蝉蜕皮的过程，在这个过程中，学生既能感受法布尔笔下的生命情怀，又能锻炼自己的观察、阅读和表达能力。然后，在不同的同学进行展示的过程中，谯老师设置了评价环节，以此锻炼学生的评价能力。谯老师的精心设计，使得学生积极踊跃地参与课堂教学，仿若蝉一般，在课堂上成长蜕变，这就是打造"逐光课堂"

---

[1] （美）拉尔夫·泰勒.课程与教学的基本原理[M].罗康,张阅译.北京：中国轻工业出版社，2021：1-2.
[2] 中华人民共和国教育部.义务教育语文课程标准（2022 年版）[S].北京：北京师范大学出版社，2022：2-5,33.

的意义所在(见图1-3)。

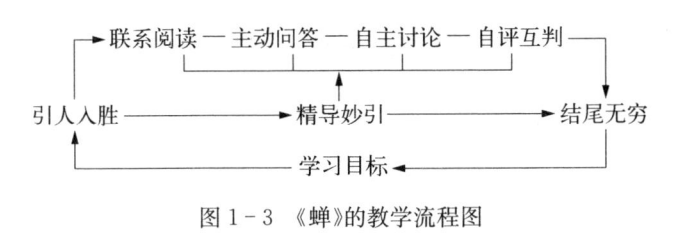

```
          ┌─联系阅读 ─ 主动问答 ─ 自主讨论 ─ 自评互判─┐
          │      │                              │
引人入胜 ───────→ 精导妙引 ─────────────→ 结尾无穷
   │                    学习目标                  │
   └──────────────────────────────────────────┘
```

图1-3 《蝉》的教学流程图

总之,教学目标是教师希望学生学会的东西,既是教学的预期结果,也是教学的最终目的。"逐光课堂"关注学生在课堂中自主学习的程度、合作学习的效度和探究学习的深度。学生独立阅读教材内容,提取信息,求得理解。在此基础上,依据学习目标,主动产生疑问并进行探索。

(撰稿者:朱桂欣)

第二节 连接世界,精选内容

以往的课堂教学,出于应试目的,往往以教师"满堂灌"的形式开展,课堂上传授的知识也是基于书本内容,注重知识的传递。这样的课堂往往脱离了学生的现实生活,远离了学生的认知观念和生活方式,导致学生的"学"与"用"脱离,把学习慢慢地变成了死记硬背。在这种模式下,培养出来的是一个又一个"知识机器"。课堂教学过于注重理论知识的传授,忽视了学生的个体需求,轻视了对学生创造能力的开发,以至于学生现实层面的实践能力十分薄弱。

实际上,课堂不仅是学生学习知识的场所,也是学生生活的园地。课堂教学既是师生的教学活动过程,也是师生充满灵感、充满激情、充满理想的生活过程。为学生创设合适的精神生活空间,是学生发展的内在要求。超越科学世界,关注生活世界,扩展精神生活空间,让学生体验现实,感悟生活的真谛是课堂教学的基本要求。新的课堂教学理念要我们重塑充满生命力的课堂教学运行体系,让师生的互动充满浓郁的生活气息,充满对生活的智慧的挑战和好奇心的刺激。如此,机械的、沉闷的和程式化的空气便会转变为勃勃的生机和充满交流的乐趣,使课堂教学更加开放,使书本世界向生活世界回归。

面对如何发展学生核心素养这一难题,需要破解无法体现课堂实践感的瓶颈和制约知行统一的困局问题。特别是对培养社会主义建设者和接班人的教育方针而言,发展学生的社会理解和社会观念,培育学生的社会情感和社会责任,增强学生的社会参与和社会实践能力,必须彰显课堂实践感。确立发展性课堂观,树立课堂的实践信念,摆脱封闭的知识加工流程的局限性将学生置于生动的现实世界之中,丰富课堂的现实感、历史感、文化性和生命性,是优化课堂形态、落实立德树人根本任务的重要方向。

教育部办公厅印发的《基础教育课程教学改革深化行动方案》中明确指出:落实

党的二十大关于教育、科技、人才三位一体布局战略要求,针对讲得多做得少,学生对科学技术缺乏内在兴趣等问题,深化中小学科学教育改革,强化做中学、用中学、创中学,激发青少年好奇心、想象力、探求欲,提升学生解决实际问题的能力,发展学生科学素养。为此,"逐光课堂"提出课堂内容要连接世界,要具有生活性、生长性、生命性。

一 生活性:"逐光课堂"的情境依存

人对现实世界的认识与体验皆依存于特定情境和特殊环境,感性活动作为实践的基本特征,本身依赖于现实世界的可感物和可感性。课程知识作为对特定领域客观存在的逻辑构造,具有强烈的背景依存性和情境依存性,朝向现实世界的课堂教学,需要依靠杜威所说的"还原",将书本知识情景化、活态化。[①] 教育与生活相辅相成,不可分割,生活是教学内容必不可少的一部分。良好的教育离不开生活的支撑,所以,教师应该将生活内容融入教学内容中,加强生活与实际之间的联系,搭建理性知识世界与社会生活世界之间的桥梁。

例如,物理是一门与生活结合得特别紧密的学科,朱桂欣老师在教授"大气压强的存在"的知识点时,进行了"大气压挤压大水桶"实验演示,教师的双手没有触碰水桶壁,但是水桶壁自己变瘪了,没有其他物体对水桶壁作用施力,但是水桶壁发生了形变。对于这一现象,学生凭借生活观念以及之前学过的知识,便会明白水桶壁肯定是受力了,可是他们没有看到施力物体,仿佛有一只无形的手促成了这一现象,这个"手"是什么呢? 如此便自然而然地激发学生开始思索、探究这只"无形的手",这也就达到了生活情境和课堂结合的目的。

二 生长性:"逐光课堂"的与时俱进

教育以促进生命生长为天职和目的。杜威认为"教育即生长,生长就是教育的目

[①] 郭元祥.让课堂向现实世界敞开——指向核心素养的课堂实践感[J].教育研究,2023,44(7):43-56.

的。除此之外,教育没有其他别的目的,而组织保证生长的各种力量,保证教育得以继续进行就自然成为学校教育的目的"①。从这种意义上讲,生长是个过程,一种生长状态的实现就是我们所说的生成,而教育的过程就是一个持续不断地促进生命生长、生成的过程。

同时,课堂教学应把促进和实现生命的生长作为目的。在具体的教学过程中,我们不应拘泥于"已成""现成"的,而应着眼于"未成"的。当"未成"的经过努力变成"现成"的,就是一种"生成"。所以,我们应当根据课堂中出现的各种复杂的实际情况,适时调整教学设计,允许生成并提供相应条件和机会,以促进学生的成长。

例如,在朱桂欣老师的"设计制作太阳能小车"的社团课中,原本老师已经带领学生完成了纸质外壳小车的制作,但学生提出纸壳不防水易坏,提出想要更换材料,然后便尝试了木棍、光盘等多种材料的外壳制作,最后学生发现光盘轻盈且环保,便优化了原本的设计。整个项目完成下来,学生因自身兴趣超乎了课堂原有的目标,这是学生的成长,也是一个老师乐于看到的成长。

因此,以生长性为目标指向是我们一直要坚守的,让课堂教学永远走在发展的前面,从而更好地引导学生发展。

三 生命性:"逐光课堂"的育人价值

教育作为一种开放的、生成性的动态过程,需要向生动的现实世界敞开,体现学生发展的开放性、生成性,为知识而知识的教学和封闭的认知加工,与学生作为现实的人的"开放的、生成性的动态过程"是相悖的。连接世界的课堂,是将学生作为世界的一分子看待,学生在学习的过程中需要维持主体与客体、感性与理性、历史与现实、知与行之间的张力,发现课程知识与现实世界的联结点,体现课堂学习的社会性和生命性。如果课堂与自然事物、社会现实、历史精神、民族文化隔离开来,那么课堂知识教学只会成为孤立的符号训练,指向学生身心成长和培养未来社会建设者的目标也必将是空中楼阁。

---

① 王天琪.杜威"教育无目的论"的理论诠释与价值意蕴[J].国家教育行政学院学报,2014(3):53-57.

例如，胡婷和廖茹老师的"蝗虫到底会不会来中国"这一节跨道德与法治和地理学科的教学课堂正体现了"逐光课堂"的生命性。千亿蝗虫在印度泛滥成灾，逼近我国边境。更可怕的是，蝗虫还未正式入侵，草地贪夜蛾已经在我国破壳而出！每一次大事件都是教育的契机，"减灾教育始于学校"，身为实践教育工作者，地理老师廖茹和道德与法治老师胡婷把同学们所关注的这次虫灾看作是对青少年进行教育的实践课堂，由此开展"蝗虫到底会不会来中国"时政实践教育。课堂上，廖茹老师从沙漠蝗的生理特征入手，结合东非、西亚气候异常导致的台风，分析了蝗灾蔓延的前因后果，随后从地理的角度解读了沙漠蝗抵达中国的可能性，借农业影响让学生认识到灾难与每个人息息相关。

面对这次危机，蝗虫灾区的国家又应如何治理呢？道德与法治学科的胡婷老师从国际治理、社会经济的角度，补充了当前东非和西亚等地区国家对治理蝗灾采取的措施，梳理了近一年来的联合国援助办法；并以中国援助巴基斯坦为例，讲述了两国在面对此次蝗灾之时的互帮互助。中国支援巴基斯坦治理蝗灾，既是一份情义，也是大国担当。

回顾蝗灾暴发的机制便不难发现，古代中国的蝗灾肆虐，往往伴随着大规模的森林砍伐与耕地开垦，由此带来的水资源失调和生态多样性丧失，让蝗灾暴发失去了最后的防线。而今蝗虫灾害的成因，应从日益变暖的印度洋里寻找答案——过去两年的异常降雨，正是全球变暖大背景下气候极端化的冰山一角。也就是说，虫灾的根本原因在人类自身。很多灾难，其实都是人祸。人类妄图成为自然界的主人，过度征服它，结果遭受了严厉的惩罚。保护环境、善待自然，不只是一句口号，不只是笔下的试题。作为青少年，作为社会主义接班人，应在精神上时时胸怀祖国，行动上将环保落实到生活中的一举一动中。

总之，"逐光教育"提出要"创建追逐儿童生命光辉的现代学校，培养担当民族复兴大任的时代新人"。让课堂向生动的现实世界敞开，还需要引导学生的学习投入和学习体验，塑造学生作为学习主体的学习者形象，使其成为文化传承者、思想感悟者、社会关怀者、问题解决者和意义创造者。富有实践感的课堂，充盈着丰富的现实感和历史感、文化性和生命性的品质，以及感性活力、理性光芒、道德旨趣、审美意象和实践创造的力量，让学生对未来心怀梦想，对生命热泪盈眶。

（撰稿者：朱桂欣）

第三节　眷注生命，寻找方式

课堂开展方式是指教师在课堂教学中采取的各种策略和方法，旨在激发学生的学习兴趣和积极性，提高他们的学习效果和课堂参与度。"逐光课堂"该以怎样的方式来开展呢？我们以关注学生本身，把课堂还给学生为出发点转型课堂教学方式。"逐光课堂"的基本操作模型主要由前置学习、具身体验、深度探究、汇报交流和迁移应用几个步骤组成。

一　前置学习

在"逐光课堂"中，每一节课开始前，教师应提供给学生相关的学习材料或任务，以激发学生的学习兴趣和好奇心，引发他们的思考和讨论。学生可以通过预习课本、观看视频、参与在线讨论或解决问题，提前预热学习内容，丰富相关的背景知识，为课堂上的学习作好准备。

二　具身体验

具身体验是"逐光课堂"的一种教学方式，可以让学生身临其境，亲身参与，通过教师创设的真实情境，联系生活实际来理解和掌握知识。例如，学生可以进行角色扮演、小组合作或实地考察等活动，通过模拟情境或实际体验，更深刻地理解和记忆知识。例如，对于科学课程，学生可以进行实验；对于历史课程，可以模拟历史事件；对于语言课程，可以开展交流与演讲。

三 深度探究

在"逐光课堂"中,教师应引导学生深入探讨主题,提出问题,鼓励学生独立思考。学生可以在课堂上进行小组讨论、研究项目或解决复杂问题,以促进深度学习。

教师在引导学生探究时要根据学生的学习特点和需求,采用个别化的教学策略,以满足每个学生的学习差异。教师可以根据学生的学习风格、能力水平等因素,设计不同的教学任务和评价方式。例如,对于视觉型学习者,教师可以为其提供图表、图片等辅助材料;对于动手能力强的学生,教师可以设计实践活动,让他们通过实际操作来学习。

合作学习也是"逐光课堂"中一种帮助学生进行深度探究的教学组织方式。教师通过小组合作、项目合作等教学环节,激发学生的参与热情,培养他们的合作精神和团队意识。教师可以组织学生进行小组讨论、角色扮演等教学环节和课堂活动,让学生在合作中相互学习和交流。

此外,教师可以提出开放性问题,引导学生进行思考和讨论,激发他们的创造力和解决问题的能力。教师还可以设计基于问题的学习任务,要求学生解决实际问题。教师可以鼓励学生运用课程内容来寻找答案,从而提高课程内容与实际生活的相关性。

四 汇报交流

在"逐光课堂"中,汇报交流是促进生生互动和交流的重要方式。教师通常可以组织学生开展小组讨论、展示报告或辩论等活动,让学生有机会在课堂上可以自由分享他们的发现和见解,从而提高他们的沟通表达能力和合作协调能力。

五 迁移应用

在"逐光课堂"中,迁移应用是不可或缺的一环,也是对学生要求较高的一项学习目标。迁移应用是指学生将所学知识和技能应用到实际生活和其他学科中。教师可以设计一些拓展性任务或项目，通过实践活动、课外实践等形式，让学生将所学知识应用到实际生活和情境中，培养他们的综合应用能力和创新精神。另外，课堂设计也可着眼于跨学科融合，帮助学生将所学知识应用于解决实际问题。

总而言之，"逐光课堂"的开展方式丰富多元，教师们可根据不同的课型和教学目标灵活选择、不断调整，但始终以关注学生为根本，将课堂还给学生，把追逐"知识之光"的主动权交给学生。

（撰稿者：朱思婕）

第四节 关注过程,增值评价

评价一堂好课的核心标准应该是学生的良好表现,而学生的良好表现又与教师的组织、引导、互动等密不可分。对于一堂好课来说,学生的主体地位当得到彰显,教师的主导地位同样不可忽视。因此,"逐光课堂"的评价分为两个角度:第一角度是对教师的评价,第二角度是对学生的评价。

一 对教师的评价

"逐光课堂"对教师的教学评价从多个方面来进行,包括教学态度、教学内容、教学方法、教学效果等。"逐光课堂"对教师的评价是动态的过程性评价,而非静态的终结性评价。不同课型,教师的处理方式可以不同,不能因为教师的一节课就对教师的教学下定论。具体评价可以参考以下指标。

(一)内容选择

首先要明确,不管哪个学科的教学都应贯彻落实党的教育方针,遵循教育教学基本规律,同时要以新课标为指引,做到教学目的明确、教学手段丰富、教学重难点突出。教师应正确理解和创造性地使用教材,即"用教材",而非死板地"教教材"。因此,"逐光课堂"教学内容的选择应具有时代性、基础性和综合性,体现科学性与人文性。

(二)实施过程

在导入方面,"逐光课堂"特别讲究导入得巧妙。比如开门见山介绍新知,复习回顾引入新知,设置问题引起悬念,讲个故事引发兴趣等。导入应自然不刻意,时间宜短不宜长。

【案例】

在讲授北师大版数学教材九年级下册第三章第五节"确定圆的条件"时，授课教师是这样导入的——

"星期天，我去朋友家做客，不小心将她的一个珍贵的圆形盘子给打碎了。我四处打听，终于找到了一个可以制作这样圆盘的店铺，老板问我要定制的盘子的尺寸是多少，可我只有一块比较完整的碎片，大家帮我想想办法，我该如何才能确定这个圆形盘子的大小呢？"（见图1-4）

图1-4 导入图例

该导入以叙事的形式抛出问题，刺激学生的思考，激发他们的探索欲望，使学生对即将学习的内容产生浓厚的兴趣，同时问题导入使学生带着疑问学习，他们需要主动去寻找答案，这个过程有利于培养学生主动学习的习惯。通过问题导入，学生不仅需要理解问题的表面含义，还需要深入挖掘其背后的深层含义，这有助于培养他们的深度思考能力。

在师生互动方面，"逐光课堂"注重引导学生主动积极参与课堂。教师为每个学生提供主动参与的时间和空间，为学生提供自我表现的机会，从而拓展其发展的空间。学生应全程参与、全面参与、全员参与，并且能采用多种方式参与课堂。"逐光课堂"鼓励学生采取互助合作的方式开展学习。教师能通过师生互动和生生互动，促进相互间的充分交往和情感交流，培养学生"倾听、交流、协作、分享"的合作意识和交往技能。"逐光课堂"注重创设有利于学生探究的问题、活动情境。教师在课堂教学活动中通过巧妙设问和循循善诱，鼓励学生积极发表自己的见解，质疑问难，抓住学生思考问题的关键以及启发学生创造性思维等方面来培养学生的创新精神,促使学生形成自己独特的创造力。"逐光课堂"注重多样、丰富的交往形式,有意识地为学生提供一个自由、平等、民主、和谐的课堂教学氛围和情境。

在教学方法方面,"逐光课堂"倡导多样的教学方法,包括但不限于讲授法、讨论法、直观演示法、参观教学法、现场教学法、自主学习法、任务驱动法等。评价教学方法主要从以下几个角度入手:教学方法是否恰当,是否符合认知规律,是否灵活且有实效,是否激发学生兴趣,是否启迪学生思维,是否注重学法指导及培养学生学会学习的能力,是否恰当、有效地使用信息化教学手段。

教学有法,教无定法,贵在得法。教学方法的好与坏总是相对而言的,它总是因课程、学生及教师自身特点而相应变化。因此,教学方式、方法必须根据教学内容的特点、本班学生的实际状况,以及教师个人的教学风格准确定位,灵活运用。教学方法最忌生搬硬套、搞花样。教学活动的复杂性决定了教学方法的多样性,因此评价时既要看教师是否能够面向实际恰当地选择教学方法,又要看教师能否在教学方法多样化上下功夫,使课堂教学打破常规,常教常新,富有创造性。

在教学效果方面,"逐光课堂"对教师课堂教学评价的一个极为重要的依据就是对教学效果的检查,可以从三个方面来衡量:第一,能完成既定的教学目标,帮助学生完成"感知体验新知—理解内化新知—迁移应用新知"的学习进程,促进学生知识结构的形成和核心素养的发展;第二,通过设置丰富的情境,如生活情境、教学情境、科学情境、社会情境、人文情境等,使学生形成正确的价值观,培养学生的必备品格,提升学生的关键能力,引导学生明确人生发展方向;第三,使学生获得成功的心理体验,感受学习的乐趣,体验创造和成功的喜悦。

(三) 教学反思

教学反思是教师提高教学质量的重要环节。"逐光课堂"倡导教师对教育教学实践再认识、再思考,并以此总结经验教训,进一步提高教育教学水平。反思主要分三步:第一,记录成功;第二,反思不足;第三,下一步如何改进。记录成功是反思中非常重要的一环,例如,如何通过课堂提问使学生有意识地从认知结构中提取相关的旧知识,并激活旧知识;新授课怎样创设教学情境,能否水到渠成地导入新课;怎样通过简明、准确、生动的语言系统呈现新内容;用何种方式完成对新内容的巩固;如何设计多种形式的练习,加强知识的应用与迁移。

反思不足部分给出几点建议:首先教师要对自身角色进行反思,思考是否由传统的知识传授者转变为学生学习的组织者和引导者,有无突出学生的主体地位;其次是否考虑到学生已有的知识与经验,不揠苗助长,不陵节而施,使学生获得有成就感的学习体验;最后是否尊重学生的观点与做法,不一言堂,不经验论,年轻教师还要注意一些细节,比如每个环节的过渡要注意时间安排,避免出现"前紧后松"或"前松后紧"的情况,使课堂结构不严谨。客观记录教学中发现的问题,针对问题进行调整和改进。

对教师的评价除由学校教学部门或教研组长来完成之外,授课教师要首先进行自我评价,毕竟只有教师自己才最清楚本节课的设计意图、实施过程和目标达成情况,反思也最有针对性和指向性,同时也避免了直接他评的被动性及其他负面影响。

二　对学生的评价

对学生进行评价是"逐光课堂"实施的重要一环。首先,评价是教师对学生学习状况的直观反馈。通过评价,教师可以清晰地了解学生的学习进度、知识掌握程度以及学习态度,从而判断其是否达到预期的学习目标。根据评价结果,教师可以适时调整教学策略,更好地满足学生的学习需求。其次,评价具有强大的激励作用。肯定和表扬能够极大地激发学生的学习热情和学习兴趣,增强他们的学习动力。此外,评价也是学生自我认知的重要途径。通过评价,学生可以了解自己的优点和不足,明确自己的学习目标和方向。在不断自我反思和修正的过程中,学生能够逐渐提高自我认识,提升个人素养。

"逐光课堂"评价分为课堂评价、作业评价、考试评价和表现性评价几个维度。

(一) 课堂评价

新课程的基本理念是以学生为本,"逐光课堂"尊重学生的主体地位,课堂评价也成为教师对学生进行评价的主要形式。

课堂提问是教师评价学生用得最多的一种评价方式,它具有即时性、灵活性的特点,有助于教师实时获得教学反馈信息,及时调整教学策略,提高课堂质量。课堂提问包含两层含义:教师问、学生答和学生问、教师(或其他学生)答。"逐光课堂"尊重学生的提问,也尊重学生的回答,对于不会回答的学生,教师应耐心点拨,鼓励学生积极思考。

课堂观察是教师了解学生的另一重要手段。学生在校的大部分时间都是在课堂中度过的,学生的学习态度、学习兴趣、学习方法、思维品质、学习习惯等也在课堂中展现。教师在实施课堂观察时应着重观察学生的认知能力、学习态度、注意力状况以及情绪表现和人际交往等,具体体现为学生"是否深入了解了学习内容,并理解其深层含义""课堂发言次数及内容""是否与老师平等交流,与同学有效合作,充分发挥了自己的自主性""是否能运用知识熟练解决问题""除课本知识外,是否能引申相关知识或体验与感悟"等。通过对以上几方面的重点观察,教师就可以大致对教学内容难或易、课堂进度快或慢进行适时判断,以此来调整改进,取得更好的教学效果。

课堂测验也是了解学生学习状态的常用方法。课堂测验时间选择灵活,针对性强,反馈及时,教师可以比较客观地了解学生对学习内容的掌握情况,以做到及时查漏补缺。对于测验结果,教师要及时给予反馈,以充分发挥评价的激励和导向作用,对于学习有困难的学生,教师更要对其进行适时和适当的鼓励,帮助学生建立后续学习的信心。

(二) 作业评价

作业是课堂教学的延伸和补充,对于学生理解、掌握和深化课堂所学知识起到巩固和促进作用。进行作业评价,教师需做好两方面的工作:一是作业的布置,二是作业的评阅。

为保证作业布置科学、合理,教师布置作业前需把握好几个方面:作业数量要适当,作业内容要精当,作业布置要分层。作业数量太多,不但增加学生负担,也容易引起学生厌学情绪,使作业起不到应有的评价作用;数量太少,则不能全面检测学生对知识的掌握情况,起不到应有的巩固促进作用。作业内容选取要精当,题目选取要有代表性、针对性,形式上要尽量新颖、开放,避免对课堂内容的简单重复。难度设置要得当,既要启发学生思考,又要使学生获得成就感。分层布置作业是对因材施教原则的贯彻实施,作业布置要兼顾各层次学生,使各层次学生在完成适合自己的作业中获得发展。

作业评阅是评价的具体落实,如果教师只布置,不评阅,作业的评价作用即得不到发挥。"逐光课堂"要求教师必须重视作业的评阅工作,做到及时批改,以评语指导和纠正学生存在的问题,肯定学生的良好表现。同时教师要关注学生的个体差异,对于不同层次的学生,教师应使用不同的评价标准,只要学生在自己所处的层次发挥了最好的水平,就可以得到最优评价。作业评阅后教师要进行评讲,具体讲评形式由教师灵活把握,但仍要遵循鼓励原则,以表扬为主,以指导为主。

(三) 考试评价

考试是一种非常普遍的学生评价方法,考试的种类多种多样,考试试卷的批阅和评析也是重中之重。在"逐光课堂"评价中,批阅、评析试卷需注意以下几点。

首先,批阅试卷要及时。考试结束,绝大部分学生都急于了解自己的表现、自己与他人的差距及自己在整体中所处的位置,教师应尊重学生的正常心理反应,并给予及时反馈,这就要求教师要抓紧时间阅卷,迅速统计数据,积极准备评讲以及后续的奖励措施,以上过程越快越好。

其次,试卷评析要及时。考试结束后,学生最关心的两件事就是成绩和答案,此时学生情绪高涨,对试题及自己的解题思路印象还比较深刻,此时评讲能收到事半功倍的效果。评讲遵循的原则为"重点讲评、个别辅导",意思为教师不必每题都讲、见错就讲,可根据统计数据,对大多数学生犯的共性错误进行归类,帮助学生分析错误成因,找出有效应对措施。对个别学生存在的问题,则可以通过个别辅导来解决,可以当堂辅导,也可以课后辅导。需要注意的是,这一部分学生往往基础较差,自信心不足,教师要特别注意给予其鼓励和关爱,帮助学生树立信心,提高学习兴趣。

最后,不论是教师还是学生,一次考试过后,都要有总结分析。教师要做好质量分析报告,对试卷进行解剖,对学生的得分情况(每题得分)进行分析,以更好地帮助学生查缺补漏,完善知识结构,提高解决问题的能力,这对接下来的教学工作也可起到矫正、巩固、深化的作用。学生的总结不局限于试卷分析,很多学生的分析往往围绕错题开展,范围浅窄,收获不大。教师要帮助学生明晰自己分数不理想的原因,如学习习惯、学习态度、心理因素、认知能力等，只有这样才能真正唤起学生对学习的责任感和热情，同时也有助于培养学生分析、归纳、总结的能力。为保证学生总结分析的效果，教师可帮助学生制订个人试卷分析表，使分析更加有的放矢。

（四）表现性评价

表现性评价也叫替代性评价。与传统纸笔测试不同，表现性评价没有预设答案，其目的在于了解学生知道了什么，能做什么，而不是追究学生不知道什么，不能做什么。[1] 表现性评价既可以是一项研究性作业，也可以是一项综合实践活动，包括但不限于问卷、实验、表演、作品设计等。

一般来说，表现性评价的实施包括确定评价目标、设计表现性任务、制定评价标准、实施评价、评后反思等几个环节。表现性评价可帮助教师通过学生外在的、可观察的行为表现了解学生的真实水平，补充考试评价带来的局限性，而设计一份科学的评价方案也对教师的专业水平提升起到了有效的推动作用。

总之，"逐光课堂"的评价尊重个体差异，关注学生的学习过程和学习状态，而不是仅仅关注结果。教师对不同的学生和不同的学习内容进行针对性评价，具有高度客观性。"逐光课堂"的评价兼具鼓励性与引导性，鼓励学生发挥自己的优势和特长，提高他们的自信心和学习兴趣，引导学生发现问题和不足，帮助他们改进和提高，给学生更大的努力空间和向上的动力。

（撰稿者：盛学秋）

---

[1] 李玉芳.如何进行学生评价[M].上海：华东师范大学出版社,2014：142-143.

第二章
学科,为儿童心灵点亮微光

  每个学生都有独特的生命之光,育人的过程是向阳而生、逐光而行的。每个学生都是独一无二的存在,如同宇宙中的星辰,唯有充溢着艺术与情感的引导,方能点亮他们心灵的星光。"逐光学科",犹如追逐星光的航行,在学海中播下"星星之火",为每个学生的心灵点亮微光。每一颗星星,都是对知识的珍视,对智慧的执着;每一束星光,都是对问题的追问,对思考的尊重。"逐光学科"追求的不仅是知识的积累,更是灵魂的启蒙,在此过程中,学生不仅拥有了丰富的人性,塑造了完整的人生,更培育了内心深处的充沛情感,成为自己生命中的明亮星辰。

"逐光学科"是致力于点亮学生生命光芒的学科。它通过深入挖掘每个学科中"生命之光"的内核,以知识的沃土富足学生的灵魂,唤醒每位学生的人性之光、家国之光、信仰之光、文明之光、科学之光、未来之光。"逐光学科"积极探索学科融合发展的多样化、多元化路径,努力建设能够滋养学生生命的、能培育面向国家与未来发展需求的多学科融合、交叉的课程体系。

第一节 "星光语文"：照亮学生的精神世界

语文作为一门基础学科，在义务教育阶段占据重要地位。语文教育是一种文化教育，它能点亮心灵、润泽生命、丰富灵魂，并致力于全体学生核心素养的形成与发展。它应该通过"立言"来"立人"，在培养学生语用能力的同时发展学生的思维能力，培养学生高雅的审美情趣，引导学生继承和弘扬中华优秀传统文化，全面提升学生的核心素养。

一 学科课程哲学

（一）学科性质观

《义务教育语文课程标准（2022年版）》指出："语文课程的基本特点是工具性与人文性的统一。"[1]我们认为，"星光语文"课程的核心价值在于培养学生综合运用语言文字的能力，发展学生的思维能力，树立学生的审美意识，积淀学生的文化底蕴。

"星光语文"的学科课程理念，以"星光"为价值基点，以"学生核心素养的形成与发展"为行动指南，通过对祖国语言文字的学习，使学生能运用已获得的语用能力，在教师的引领下形成健康的审美意识和科学的价值观念，在实践中领悟语言文字的内涵与意蕴，成为能够追逐光、散发光的"逐光少年"。在学生理解、习得、运用祖国语言文字形式，掌握思维与交际工具的同时，教师也要不断揣摩潜藏在字里行间的人文精神，致力于将学生培养成具有中华民族认同感的人。

---

[1] 中华人民共和国教育部.义务教育语文课程标准（2022年版）[S].北京：北京师范大学出版社，2022：1.

(二) 学科课程理念

"星光语文"为学生提供了一片积累言语感知、掌握语言规则、落实言语实践的沃土,将蕴含个人生命和生活经历的个体知识、主观感受与作者的思想感情、价值观念等人文知识潜移默化地渗透进课堂教学中,让学生感受语言文字独特的审美意蕴,在给予学生精神享受的同时提高其对中国语言文字的审美能力,帮助其树立文化自信,养成实事求是、崇尚真知的态度。"星光语文"连接心灵与生命,是师生双向奔赴的过程,教师将触摸学生柔软的心灵,带领学生探索浩瀚的智慧银河,沐浴知识的微光,用语文的星光照亮学生的精神世界,见证学生蜕变成为光芒闪耀的灿烂之星。

"星光语文"注重传统文化的学习。《义务教育语文课程标准(2022年版)》指出:"文化自信是指学生认同中华文化,对中华文化的生命力有坚定信心。通过语文学习,热爱国家通用语言文字,热爱中华文化,继承和弘扬中华优秀传统文化、革命文化、社会主义先进文化,关注和参与当代文化生活,初步了解和借鉴人类文明优秀成果,具有比较开阔的文化视野和一定的文化底蕴。"[①]因此,"星光语文"充分发挥语文课程对继承和弘扬中华优秀传统的文化育人优势,在中华传统文化中汲取养分,引导学生在学习国家通用语言文字、中华优秀文化的同时,建立自觉、自信的文化意识,使之成长为有根有魂、自信豪迈的中华少年。

"星光语文"注重对学生素养的培育。核心素养是课程育人价值的集中体现。"星光语文"秉持"源流一体"的原则,积极挖掘语言文字中的人文因素并以其为载体,在引导学生们感知文章基本内涵的基础上,顺理成章地将其中蕴含的价值观念和情感态度输送到每个学生本身,促使学生结合已有的知识储备和生活感知形成独特的情感体验以丰富自己的精神世界。同时,"星光语文"的课堂能积极创设情境,引领学生在语言文字的世界中采撷知识果实,内化语言积累,涵养高雅情趣,开阔文化视野。

---

① 中华人民共和国教育部.义务教育语文课程标准(2022年版)[S].北京:北京师范大学出版社,2022:4.

"星光语文"注重知识的实践。"实践"是《义务教育语文课程标准(2022年版)》中的高频词,因此,"星光语文"将语文学科的基本性质、运用能力和学习方式,以及课程实施与课堂教学的最新理念贯彻到课堂中,进行语文基本训练。"星光语文"以生为本,以生命浸润为原则,以社会情境为纽带,以"识字写字、阅读鉴赏、表达交流、梳理探究"为行动主线,用语文的方式来实践,达到"以文化人"的目的,帮助学生走向人性与精神的高地。

二 学科课程目标

《义务教育语文课程标准(2022年版)》提出:"语文课程致力于全体学生核心素养的形成与发展,为学生学好其他课程打下基础;为学生形成正确的世界观、人生观、价值观,形成良好个性和健全人格打下基础;为培养学生求真创新的精神、实践能力和合作交流能力,促进德智体美劳全面发展及学生的终身发展打下基础。"[1]基于此,我们将"星光语文"课程的总体目标和阶段目标设置如下。

(一) 学科课程总体目标

为全面落实语文学科核心素养,我们将"星光语文"课程总体目标分为知识技能、文化素养、价值观念、情感态度四个维度。

(二) 学科课程阶段目标

"星光语文"的课程目标设定立足于学生核心素养的发展,能充分遵循学生身心发展规律,致力于让学生在真实的语言运用情境中,通过积极的语言实践,积累语言经验,在知识技能、文化素养、价值观念和情感态度等方面实现自我提升。根据新课标的实际要求,"星光语文"将小学阶段的课程目标分年段制定(见表2-1)。

---

[1] 中华人民共和国教育部.义务教育语文课程标准(2022年版)[S].北京:北京师范大学出版社,2022:1.

表2-1 "星光语文"课程年段目标表

目标\年段	识字与写字	阅读与鉴赏	表达与交流	梳理与探究
1—2年级	1. 喜欢学习汉字,有主动识字、写字的愿望。认识常用汉字1 600个左右,会写其中800个左右。 2. 学会汉语拼音。能准确地拼读音节,正确书写。 3. 掌握汉字的基本笔画和常用的偏旁部首,能按基本的笔顺规则用硬笔写字。努力养成良好的写字习惯。 4. 学习独立识字。能借助汉语拼音认读汉字,学会用音序检字法和部首检字法查字典。	1. 喜欢阅读,感受阅读的乐趣。学习用普通话正确、流利、有感情地朗读课文。学习默读。 2. 结合上下文和生活实际了解课文中词句的意思,在阅读中积累词语。借助读物中的图画阅读。 3. 阅读浅近的童话、寓言、故事,儿歌、儿童诗和浅近的古诗。 4. 尝试阅读整本书,用自己喜欢的方式向他人介绍读过的书。 5. 积累自己喜欢的成语和格言警句。背诵优秀诗文50篇(段)。课外阅读总量不少于5万字。	1. 学说普通话,逐步养成说普通话的习惯,有表达交流的自信心。 2. 能认真听他人讲话,努力了解讲话的主要内容。听故事,看影视作品,能复述大意和自己感兴趣的情节。能较完整地讲述小故事,能简要讲述自己感兴趣的见闻。 3. 对写话有兴趣,留心周围事物,写自己想说的话,写想象中的事物。在写话中乐于运用阅读和生活中学到的词语。	1. 观察字形,体会汉字部件之间的关系。梳理学过的字,感知汉字与生活的联系。 2. 观察大自然,热心参加校园、社区活动,积累活动体验。结合语文学习,用口头或图文等方式整理、表达自己在活动中的见闻和想法。 3. 对周围事物有好奇心,能就感兴趣的内容提出问题,结合其他学科的学习和生活经验交流讨论,尝试提出自己的看法。
3—4年级	1. 对学习汉字有浓厚的兴趣,养成主动识字的习惯。累计认识常用汉字2 500个左右,其中1 600个左右会写。有初步的独立识字能力。能用音序检字法和部首检字法查字典、词典。 2. 写字姿势正确,养成良好的书写	1. 用普通话正确、流利、有感情地朗读课文。初步学会默读,做到不出声,不指读。学习略读,粗知文章大意。 2. 能联系上下文,理解词句的意思,体会课文中关键词句表达情意的作用。能借助字典、词典和生活积累字	1. 乐于用口头、书面的方式与人交流沟通,愿意与他人分享,增强表达的自信心。 2. 能用普通话交谈,学会认真倾听,听人说话时能把握主要内容,并能简要转述。 3. 能清楚明白地讲述见闻,说出自己	1. 尝试分类整理学过的字词。尝试发现所学汉字形、音、义和书写的特点,帮助自己识字、写字。 2. 学习组织有趣味的语文实践活动,在活动中学习语文,学会合作。结合语文学习,观察大自然,观察社

续 表

目标 年段	识字与写字	阅读与鉴赏	表达与交流	梳理与探究
3—4年级	惯。能用硬笔熟练地书写正楷字,做到规范、端正、整洁。用毛笔临摹正楷字帖,感受汉字的书写特点和形体美。 3. 能感知常用汉字形、音、义之间的联系,初步建立汉字与生活中事物、行为的联系,初步感受汉字的文化内涵。	词,理解生词的意义。在理解语句的过程中,体会句号与逗号的不同用法,了解冒号、引号的一般用法。 3. 能初步把握文章的主要内容,体会文章表达的思想感情。 4. 能复述叙事性作品的大意,与他人交流自己的阅读感受。 5. 阅读整本书,初步理解主要内容,主动和同学分享自己的阅读感受。 6. 背诵优秀诗文50篇(段)。养成读书看报的习惯,课外阅读总量不少于40万字。	的感受和想法。讲述故事力求具体生动。 4. 观察周围世界,能不拘形式地写下自己的见闻、感受和想象。能用便条、简短的书信等进行交流。尝试在习作中运用自己平时积累的语言材料,特别是有新鲜感的词句。 5. 课内习作每学年16次左右。	会,积极思考,运用书面或口头方式,并可尝试运用表格、图像、音频等多种媒介,呈现自己的观察与探究所得。 3. 能提出学习和生活中的问题,有目的地搜集资料,共同讨论,尝试运用语文并结合其他学科知识解决问题。
5—6年级	1. 有较强的独立识字能力。累计认识常用汉字3 000个左右,会写其中2 500个左右。感受汉字的构字组词特点,体会汉字蕴含的智慧。 2. 写字姿势正确,有良好的书写习惯。硬笔书写楷书,行款整齐,力求美观,有一定的速度。能用毛笔书写楷书,在书写中体会汉字的优美。	1. 熟练地用普通话正确、流利、有感情地朗读课文。学习浏览,扩大知识面,根据需要搜集信息。 2. 能联系上下文和自己的积累,推想课文中有关词句的意思,辨别词语的感情色彩,体会其表达效果。 3. 在阅读中了解文章的表达顺序,体会作者的思想感情,初步领悟文章	1. 听人说话认真、耐心,能抓住要点,并能简要转述。乐于表达,与人交流能尊重和理解对方。注意语言美,抵制不文明的语言。 2. 表达有条理,语气、语调适当。 3. 懂得写作是为了自我表达和与人交流。养成留心观察周围事物的习惯,有意识地丰富自己的见闻,珍视个人的独特感受,	1. 分类整理学过的字词,发现所学汉字形、音、义和书写的特点,发展独立识字能力和写字能力。 2. 感受不同媒介的表达效果,学习跨媒介阅读与运用,初步运用多种方法整理和呈现信息。 3. 初步了解查找资料、运用资料的基本方法。利用图书馆、网络等渠

续　表

目标 年段	识字与写字	阅读与鉴赏	表达与交流	梳理与探究
5—6年级		的基本表达方法。 4. 阅读叙事性作品，了解事件梗概；阅读诗歌，大体把握诗意，想象诗歌描述的情境，体会作品的情感。 5. 阅读说明性文章，能抓住要点，了解文章的基本说明方法。 6. 阅读整本书，把握文本的主要内容。 7. 背诵优秀诗文60篇（段），扩展阅读面，课外阅读总量不少于100万字。	积累习作素材。 4. 能写简单的纪实作文和想象作文，学写读书笔记，学写常见应用文。 5. 修改自己的习作，并主动与他人交换修改，习作要有一定速度。课内习作每学年16次左右。	道获取资料，解决与学习和生活相关的问题。尝试写简单的研究报告。 4. 策划简单的校园活动和社会活动，学写活动计划和活动总结。对自己身边的、大家共同关注的问题或影视作品中的故事和形象，通过调查访问、讨论演讲等方式，开展专题探究活动，学习辨别是非、善恶、美丑。

三　学科课程框架

"星光语文"以"让学生的光芒闪耀"为出发点，基于课程哲学与目标，结合学生的发展特点与学校实际，设置了四大课程群，致力于发掘学生的闪光点，浸润其心灵，修养其气质，使之在校园这片聚光场中向阳而生，逐光而行。

（一）课程结构

《义务教育语文课程标准（2022年版）》中的课程内容，主要以指向学生核心素养的学习任务群的形式呈现，根据内容的整合、学段的特点，分别设置了基础型、发展型、拓展型三个层面的学习任务群，具体包括"语言文字积累与梳理""实用性阅读与交流""文字阅读与创意表达""思辨性阅读与表达""整本书阅读""跨学科学习"等学习内容。

基于对新课标的解读、对语文核心素养的关注、对学科特色的建设需求，并结合学生的年龄特点、发展需求，根据新课标中的学段要求，"星光语文"课程涵盖了识字写字、口语交际、阅读写作、综合学习梳理与探究四大板块的内容，设计了"星光识字、星光表达、星光读写、星光综合"四个课程群（见图2-1）。

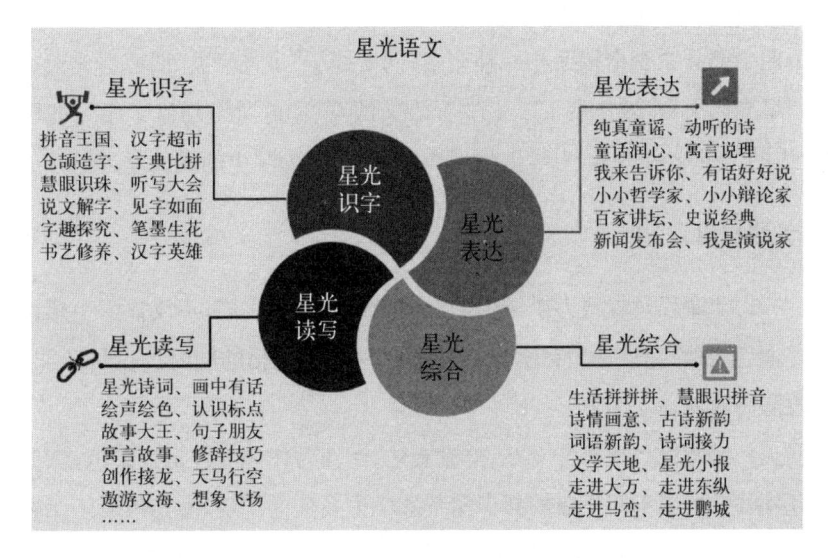

图2-1 "星光语文"课程结构图

各部分课程具体内涵如下：

"星光识字"以培养学生对识字写字的兴趣为基础，以帮助学生感受汉字的书写特点、形体结构和文化内涵为目标，从而挖掘语言文字的独特价值。"星光识字"课程为学生提供了可选择的以汉字为主题的活动，让学生在实践与探究中建立汉字与生活中事物、行为的联系，产生主动识字、写字的愿望，初步领悟语言文字学习的方法。

"星光表达"能丰富语言经验，提高语言的表现力和创造力，是以营造积极交流氛围、激励学生敢于表达为目的的交际性活动。课程围绕教材和学生自身发展特点，开发了不同模块、不同主题、不同形式的交流活动，帮助学生清晰、流畅地表达自己的见闻和感受，提高学生的人际沟通和交往能力。

"星光读写"以阅读、写作为核心，通过课程、活动，为学生搭建阅读、理解、想象、写作的支架，以丰富学生阅读写作的兴趣、态度、方法、体验与视野，引导学生发现、思考、探究问题的思路和方法。

"星光综合"为推进综合学习与增强语文课程实施的情境性和实践性,从学生语文生活实际出发,创设了丰富多样的学习情景,设计了多种综合探究性学习任务,促进学生合作、学习、探究,以联结课堂内外、学校内外,拓展学生语文学习和运用的领域,切实提高学生对语言文字的运用能力。

以上四个部分紧密衔接又相互补充,共同支撑了"星光语文"课程群建设。通过课程实施,"星光语文"有效拓展了学生学习语文的宽度和广度,增添了学习的厚度和温度,为学生的终身学习奠基,为学生的素养形成赋能,为学生的成长助力。

(二) 课程设置

"星光语文"课程设置致力于学生的全面发展和终身发展,不仅让学生感悟、积累、运用语言,更重要的是让学生在学习与理解优秀传统文化的同时进行传承与创新,培养学生的情怀素养。

"星光语文"课程重视语言文字、交流表达、阅读写作和综合实践知识,依据各年级学情,循序渐进,根据不同年级的知识储备和学生发展的需要,由各年级任课老师组织实施,帮助孩子在六年的时间里以螺旋上升的态势培养知识技能、文化素养、价值观念和情感态度四个方面的能力,根据学生的年龄特征和心理规律,按年段有针对性地设定了不同课程,具体详见"星光语文"课程内容设置表(见表2-2)。

表2-2 "星光语文"课程内容设置表

课程类别 年级学期	星光识字	星光表达	星光读写	星光综合
一年级上	拼音王国	纯真童谣	星光诗词、画中有话	生活拼拼拼
一年级下	汉字超市	动听的诗	绘声绘色、认识标点	慧眼识拼音
二年级上	仓颉造字	童话润心	故事大王、句子朋友	诗情画意
二年级下	字典比拼	寓言说理	寓言故事、修辞技巧	古诗新韵
三年级上	慧眼识珠	我来告诉你	创作接龙、天马行空	词语新韵
三年级下	听写大会	有话好好说	遨游文海、想象飞扬	诗词接力

续　表

课程类别 年级学期	星光识字	星光表达	星光读写	星光综合
四年级上	说文解字	小小哲学家	阅读故事会、书信交流	文学天地
四年级下	见字如面	小小辩论家	共读故事会、说明方法	星光小报
五年级上	字趣探究	百家讲坛	民间故事、人物"素描"	走进大万
五年级下	笔墨生花	史说经典	走进名著、成为作家	走进东纵
六年级上	书艺修养	新闻发布会	穿越中西、成为名家	走进马峦
六年级下	汉字英雄	我是演说家	古文今观、成为大家	走进鹏城

四　学科课程实施与评价

为了创设彰显语文特色的育人环境,增强课程的知识性、实践性、趣味性,我们积极探索"星光语文"课程实施的多元渠道和多种路径。"星光语文"课程的实施,侧重于将知识与实践连接、与生活连接、与能力连接,着眼于学生人格的健全、核心素养的养成、综合能力的锻炼。

(一)"星光语文"课堂:点亮心灵

"星光语文"课堂立足于语文教学目标,通过小组合作的方式,结合学生自身的发展特点,为学生搭建了一座与生活相联系的桥梁,撬动学生的语文思维,带给学生们语言文字的震撼、精神的滋养和浪漫的情怀。

"星光语文"课堂立足教学目标。教学目标决定课堂走向,"星光语文"课堂采用大单元教学模式,围绕核心素养和语文教材,发掘以文字、诗词等为主题的语文课程,"因生制宜",确定单元教学目标,从基础的奠定到思想的升华,为"星光语文"课堂的推进照亮前路,指引方向。

"星光语文"课堂聚焦核心素养。核心素养是学生通过课程学习逐步形成的科学价值观、必备品格和关键能力,因此,"星光语文"课堂依托核心素养的四个方面,不断渗透中华优秀传统文化和语言文字,突出文以载道、以文化人,提高学生的思维和审美能力,涵养其高雅情趣。

"星光语文"课堂依托生本理念。"星光语文"课堂贯彻以学生为主体的教学观,培养学生的主体精神和主体意识,发挥个人的个性和创造力,让学生在感受语言文字的丰富内涵和传承中华优秀传统文化的过程中产生自我独特的理解。"春风化雨百花开",教师发挥"点星人"的主导作用,在课堂中与学生共同合作、讨论和探究,最大限度地发挥师生互动、生生互动的激励作用,让语言、思维和审美的点点星光闪烁。

"星光语文"课堂活用小组合作。"星光语文"课堂推进小组合作学习机制,教师根据不同学生的具体情况组建以4—6人为一组的学习团队,选定起到榜样、督促、帮扶作用的领学人,帮助组员养成认真倾听、自主思考、主动表达的学习习惯。在"星光语文"课堂中,教师发布不同层级的课堂任务给各个组员,使学生的语言表现力和创造力在小组合作学习的过程中得到提升。

"星光语文"课堂旨在培养乐学、善思、日进的"逐光少年",营造和谐良好的课堂生态,不断催生一颗又一颗光芒逐渐闪耀的星星。结合学生自身发展特点和语文教学实际,"星光语文"课堂评价量表如下(见表2-3)。

表2-3 "星光语文"课堂评价量表

授课教师:　　　　班级:　　　　内容:　　　　日期:

评价维度	标　准　解　读	星　级
"星"目标	教师设计的课程目标明确、清晰,符合新课标要求	☆☆☆☆☆
	能结合学生自身发展特点和教学实际	
	能体现语文工具性和人文性统一的特点	
"星"理念	教师能相机点拨、引导学生,为学生提供一定的教学指导	☆☆☆☆☆
	学生的学习兴趣浓厚,参与学习积极性较高	

续表

评价维度	标准解读	星级
"星"内容	教师能结合教学内容设计教学程序,创设教学情境,有意识地培养孩子的文化自信、语言运用、思维能力和审美情趣	☆☆☆☆☆
	学生能高效完成课堂任务,课堂生成能体现孩子对知识的掌握程度	
"星"方法	教师能结合课堂内容制定切实可行的小组合作学习任务	☆☆☆☆☆
	学生能按照教师的要求认真参与小组讨论并进行展示	

(二)"星光语文"课程:聚光前行

语文课程是一门学习国家通用语言文字运用的综合性、实践性课程,工具性与人文性统一是它的主要特点。课程的实施与评价是有效落实立德树人根本任务的重要途径,"星光语文"课程通过整合课程内容、梳理课程结构、变革课程评价来落实课程哲学,课程始终坚持素养导向、强化学科实践、落实因材施教、加强课程综合,在保障课程完整性、丰富性的同时,注重课程质量的提升,致力于让每个学生在课程当中汇集知识的光芒,照亮前行的路。

"星光语文"课程依托国家课程,以新课标为基本行动依据,在准确把握学科的内涵和外延的基础上,结合学校、学生、社区实际,整合多方资源,积极探索学科教育的外延,按照年段特征,增加了选修课程,将"星光语文"课程在地化、音乐化、美术化、实践化,目前正在建设一种基于学生综合素养的能够满足学生个性和全面发展需求,使之适应未来社会发展的"1+X"融通式"星光语文"课程群。

"星光语文"课程坚持素养导向,依据学生终身发展和社会发展需求,以识字与写字、阅读与鉴赏、表达与交流、梳理与探究等活动为主线,致力于全体学生核心素养的形成与发展,为学生学好其他学科,形成健全人格,培养创新精神、实践能力、合作交流能力打下坚实基础。

"星光语文"课程强化学科实践,注重内容与经验、生活的联系,强化语文学科的知识整合。通过课程,培养学生在真实情景中综合运用知识解决问题的能力,让学生能在生活中发现语文、学习语文、实践语文。

"星光语文"课程为满足学生的个性化发展需求,落实因材施教,根据学生身心发展的阶段特征,结合学段特点,侧重学段间的衔接,增加了丰富多样的课程选择,注重满足不同学段、学生核心素养的需求,体现其连贯性和适应性。

"星光语文"课程积极落实国家教育方针,充分立足实际与校情,加强课程综合,使学生置身于真实的学习情境,学习解决真实世界的问题。课程以真实问题为驱动,基于语文学科的学习,充分开发在地资源,开发"诗情画意""古诗新韵"等融合课程,让学生根据具体项目任务,探究古诗词的美术、历史、文化价值,让学生在完成任务的过程中,全面发展独立思辨、团队合作、沟通协调的能力,以形成优秀的品质,提升综合素养。

"星光语文"课程发挥语文课程育人功能,立足于学生核心综合素养,注重激发学生的主体性与探究性,是开放式、合作式、交流式、实践式的课堂。"星光语文"课程以语文活动为主线,注重内容与生活、其他学科的联系,能创设丰富多样的学习情境,重视评价的导向作用。"星光语文"课程主要从理念、设计、实施、评价、反思几个维度展开评价,评价量表如下(见表2-4)。

表2-4 "星光语文"课程评价量表

评价项目	评价内容	评价等级
理念	能理解、运用核心素养的内涵,准确把握"星光语文"教学的育人价值,挖掘有意义的课程内容 能满足学生的个性发展需求,引导学生在学习语言文字的过程中树立正确的价值观念 能传承中华优秀传统文化、革命文化、社会主义先进文化	☆☆☆☆☆
设计	能科学制定课程纲要、授课计划	☆☆☆☆☆
实施	实施满足学生综合发展素养需求 实施重视学生个性特长培养 能开发符合学生年龄特点、发展需要的语文课程 重视学生的综合实践和能力培养	☆☆☆☆☆
评价	能多主体、多层次地进行评价 重视过程性评价和发展性评价	☆☆☆☆☆

续　表

评价项目	评价内容	评价等级
反思	能根据课程纲要的设计、课程实施、课程评价中的环节进行反思，积极完善课程设置	☆☆☆☆☆

"星光语文"的行动指南不仅是教育学生尊重生命，更是追求因材施教、适性扬才，通过"星光语文"课程群，每个学生都能绽放生命的光芒。

（撰稿者：魏星、钟可如）

第二节 "全景地理"：拓宽眼界的探索

地理是研究地球表层自然要素与人文要素及其相互关系和作用的科学，是一门兼有自然科学和人文科学性质的综合性学科，具有非常强的实践性。地理课程应该关注学生的发展和社会的需求，激发学生认识大千世界的兴趣，为拓宽每个学生的眼界进行探索。因此，我们以"全景"为核心理念，根据课程需要及地理核心素养的培育要求，构建"全景地理"学科课程群。

一 学科课程哲学

地理课程引领学生认识人类的家园——地球。学生对全球视野的探索欲望和浓厚的家国情怀，使他们对地理课程的学习充满好奇心。我们要将鲜活的地理素材与丰富的地理活动引入地理课程中，引导学生学习对生活有用、对终身发展有益的地理知识。

（一）学科性质观

《义务教育地理课程标准（2022年版）》提出："地理学科是一门综合性的学科，涉及地球的自然环境、人类社会、经济发展等方面的知识。它研究地球的形状、大小、气候、水文、植被、动物、人口、城市、交通、资源等各个方面的内容，以及它们之间的相互关系和影响。"[1]"全景地理"既关注地球的自然现象和地理环境，也关注人类的活动和影响，地理学科在人们了解地球、环境保护、可持续发展等方面都具有重要意义。

---

[1] 中华人民共和国教育部.义务教育地理课程标准（2022年版）[S].北京：北京师范大学出版社，2022：1.

（二）学科课程理念

地理学科的课程宗旨是提高全体学生的地理素养，着眼于学生的全面发展和终身发展。因此，我们秉持"全景地理"的课程理念，即地理是面向全体学生的，充分挖掘学生潜力的，对学生终身发展有用的学科，并将这种学科理念贯穿于地理教学中，激发学生学习地理的兴趣，引导学生感受地理学科的魅力。

"全景地理"是"重综合"的地理。"全景地理"是一门综合性的学科，涉及地球的自然环境、人文地理和地理技术等多个方面的知识。它综合了地球科学、社会科学和自然科学的内容，旨在培养学生的综合素质和综合能力。

"全景地理"是"重实践"的地理。"全景地理"注重实践性教学，强调学生的实地考察和实际操作能力。通过实地考察、地图阅读、地理实验等活动，学生能够亲身体验地理现象和地理知识，从而培养其实际操作能力和地理思维能力。

"全景地理"是"重系统"的地理。"全景地理"是一个系统的学科，它由一系列相关的知识和概念组成。学生需要了解地球的各个方面，包括地球的气候、地球的地貌、地球的资源等，通过学习这些知识，学生能够建立起对地球的整体认识和理解。

"全景地理"是"重融合"的地理。"全景地理"与其他学科有较强的融合性。它与物理、历史、语文等学科有着密切的联系，可以互相借鉴和融合，促进学科之间的交流和发展。

总之，"全景地理"作为一门综合性和实践性较强的学科，要引导学生从地理的视角思考问题，关注自然与社会，为培养具有地理素养的学生打下基础。

二　学科课程目标

地理学科要求学生能够科学、充分地认识人口、资源、环境和社会等相互协调发展的重要性，树立可持续发展观念，不断探索和遵循科学、文明的生产方式和生活方式。"全景地理"课程贴近生活，关注自然与社会，有助于学生感受不同区域的自然地理、人文地理特征，从地理视角认识和欣赏我们所生存的这个世界，增进学生对地理环境的理解力和适应能力，有利于培养学生的人地协调观、家国情怀、全球视野，以及批判性思维、创新精神和实践能力。

（一）学科课程总体目标

基于《义务教育地理课程标准（2022年版）》的要求，全面落实地理学科核心素养，激发学生学习地理的兴趣，提高学生的学科素养，帮助学生了解地理科学探究的基本过程和方法，培养学生的科学探究能力，我们将"全景地理"的课程总体目标分为人地协调观、综合思维、区域认知、地理实践力四个方面。

（二）学科课程阶段目标

参照《义务教育地理课程标准（2022年版）》，从地理学科素养的核心概念出发，"全景地理"将七、八年级的课程目标分年段设置（见表2-5）。

表2-5 "全景地理"课程年段目标表

		主题一：地球的宇宙环境	主题二：地球的运动	主题三：地球的表层
七年级	第一学期	1. 了解人类认识地球的过程，描述地球的形状、大小，以及地球的宇宙环境和其在太阳系中的位置。 2. 了解人类探索太空的进展与意义，说出中国太空探索的成就。	1. 了解地球的自转方向、周期，自转产生的主要自然现象及其对人类生产生活的影响。 2. 了解地球的公转方向、周期，公转产生的主要自然现象及其对人类生产生活的影响。	（一）自然环境 1. 陆地和海洋。描述世界七大洲、四大洋的分布；区别山地、丘陵、高原、平原、盆地的形态特征；了解板块构造学说，解释火山、地震带的分布与板块运动的关系。 2. 天气与气候。识别常见的天气符号；描述和简要归纳世界气温、降水的分布特点；描述世界主要气候类型的分布特征，说明纬度位置、海陆分布、地形等对气候的影响；说明天气和气候对人们生产生活的影响。 （二）人文环境 1. 居民与文化。描述世界人口数量变化和人口空间分布特点；描述城镇与乡村的景观特征及其变化；从人种、语言、宗教、习俗等方面描述世界文化的丰富多彩，树立尊重世界文化多样性意识。 2. 发展与合作。描述不同国家发展水平差异，说明交通运输在全球经济发展中的重要作用以及加强国际合作的重要意义。

续 表

		主题一：认识大洲	主题二：认识地区	主题三：认识国家
七年级	第二学期	1. 描述大洲的地理位置，判断大洲所处位置热带和降水空间分布概况。 2. 归纳大洲的地形、气候、人口、经济等特征。	1. 描述某地区的地理位置，简要归纳其地理特征。 2. 说出某种自然资源在该地区的分布状况、对外输出状况等。 3. 说明某地区发展旅游业的优势。 4. 描述南北极地区的地理位置，说明开展极地科学考察和保护极地环境的重要性。	1. 说出某国家的地理位置、范围、领土构成和首都。 2. 描述某国家突出的自然地理特征和人文地理主要特点及其与自然地理环境的联系。 3. 结合实例分析某国家因地制宜发展经济的途径，以及某国家在资源开发、环境保护方面的经验和教训。
八年级	第一学期	主题：认识中国 （一）认识中国全貌 1. 运用地图，描述中国的地理位置与岛屿特征，说明南海诸岛是中国领土的组成部分，钓鱼岛及其附属岛屿是中国的固有领土，增强国家版图意识与海洋权益意识。 2. 识别中国34个省级行政区，记住它们的简称和行政中心。 3. 简要归纳中国地形、气候、河湖等特征，分析影响中国气候的主要因素。 4. 描述长江、黄河的特点，举例说明其对经济发展和人们生活的影响。 5. 描述中国人口的基本状况和变化；归纳中华民族分布特点，树立人类命运共同体意识。 6. 描述中国水资源、矿产资源、土地资源和海洋资源等特征，认识开发、利用、保护自然资源的重要意义。 7. 描述中国农业、工业等生产活动的分布，说明科学技术在生产发展中的重要作用。 8. 说明中国交通运输线的分布特征，以及高速公路、铁路的快速发展对人们生产生活的影响。 9. 描述中国主要自然灾害和环境问题，并提出合理的防治建议，掌握一定的安全防护技能。			
	第二学期	主题：认识中国 （二）认识分区 1. 说明"秦岭—淮河"等重要自然地理界线在地理分区中的意义。 2. 说出某区域的地理位置和自然地理特征，说明自然条件对该区域经济社会发展的影响。 3. 描述不同区域的差异，说明区域联系和协调发展对经济社会发展的意义。 4. 描述某区域城乡分布和变化，推测该区域城乡发展图景。 5. 说明北京的自然地理特点、历史文化传统和城市建设成就，认识首都职能。 6. 说明中国香港、中国澳门的自然地理、历史文化传统和经济建设特点，以及港澳与内地经济发展的相互促进作用，增强区域联系意识。 7. 说明中国台湾的自然地理、历史文化传统和经济建设特点，认识中国台湾自古以来就是中国不可分割的领土，以及促进海峡两岸经济社会融合发展的意义。			

三　学科课程框架

"全景地理"是以培养学生健全的人格、正确的三观、全面的地理科学素养为主要目的的学科,希望学生通过观察不同区域的自然地理、人文地理特征,从地理视角认识世界和体验生活,为此建立"全景地理"的课程框架。

（一）课程结构

"全景地理"课程旨在培养学生的人地协调观、地理综合思维能力、区域认知和地理实践能力,使他们能够更好地理解和适应地球上的自然环境和人文环境。基于"全景地理"的课程理念,根据课程任务和不同学段的特点,"全景地理"课程主要分为"认识全球"和"认识中国"两大模块的学习内容(见图2-2)。

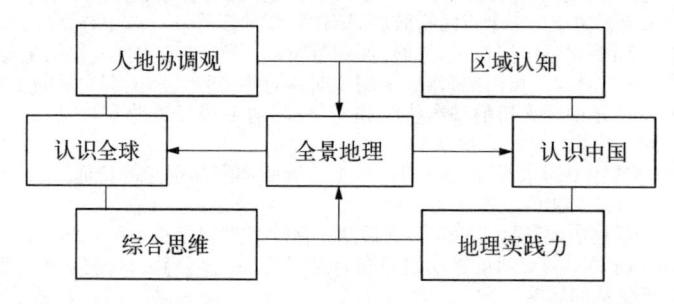

图2-2　"全景地理"课程结构图

各模块课程具体内涵如下(见表2-6)。

表2-6　"全景地理"学习模块课程内涵

认识全球	主题一：地球的宇宙环境	学生借助相关资料以及教具、学具等,描述人类认识地球形状的过程,领悟求真务实、勇于创新的科学精神;能够说出地球在宇宙环境中的位置、地球的大小,初步建立科学的宇宙观;能够说出中国太空探索取得的成就,认识人类太空探索的意义和价值,保持对未知世界的好奇心,形成科学探究的兴趣。

续　表

认识全球	主题二：地球的运动	学生能够自主演示地球的自转和公转运动，归纳地球的运动规律，并用现实世界中的事例证明地球运动的存在；能够举例说明地球运动所产生的主要自然现象以及对人们生产生活产生的影响；树立尊重自然、顺应自然的观念。
	主题三：地球的表层	学生能够运用地图及其他地理工具，观察、描述地球表层陆地、海洋的基本面貌，说出地形、气候等自然环境要素的基本状况，以及自然环境要素对人们生产生活的影响；能观察、描述地球上人口、城乡、文化等人文环境要素的基本状况，以及人类活动对自然环境的影响；能够比较不同地区与国家的发展水平差异，认识全球经济合作的重要意义。
	主题四：认识世界	学生能够运用地图及其他地理工具，从地理位置、地理事物和现象的空间分布、人与自然的关系、区域差异和区域联系等角度，描述并简要分析某大洲、地区和国家的主要特征；能够结合世界政治、经济、社会、文化事务和现象，分析其区域地理背景，形成从地理视角看待、探究现实世界的意识和能力，初步具备全球视野和社会责任感。
认识中国	主题五：认识中国	学生能够运用地图及其他地理工具，从不同媒体及生活体验中获取并运用有关中国地理的信息资料，描述和说明中国基本的地理面貌，表达热爱祖国的情感；能够描述中国不同地区的主要地理特征，比较区域差异，从区域的视角说明人类活动与自然环境和资源的关系，初步形成因地制宜的发展观念；能够观察、描述、解释家乡生产生活中的地理事物和现象；能够在生活、学习中积极参与相关的公益活动，具有社会责任感。

（二）课程设置

"全景地理"重视培养学生的核心素养，开发了绘制学校平面图、自制乒乓球地球仪、模拟天气预报等系列课程。根据学生的年龄特征和心理规律，按年段有针对性地设置了不同课程，具体如下（见表2-7）。

表2-7　"全景地理"课程体系

七年级	第一学期	1. 绘制校园平面图 2. 自制乒乓球地球仪 3. 模拟地球自转和公转

续　表

七年级	第一学期	4. 制作超轻黏土地形模型 5. 小小天气预报员（模拟天气预报） 6. 气候特征知识竞赛 7. 世界文化调查汇报（人种、语言、宗教、习俗任选其一）
	第二学期	1. 七大洲、四大洋拼图游戏 2. 山水相连——东南亚 3. 南极与北极哪里更冷？ 4. 中印人口、地形、耕地、气候、习俗对比 5. 纷争中的西亚 6. 中日文化对比 7. 美国硅谷
八年级	第一学期	1. 中国行政区划拼图游戏 2. 人口观点辩论赛（正方：人口多更好　反方：人口少更好） 3. 中国各少数民族民俗风情调查汇报 4. 制作超轻黏土中国地形模型 5. 绘制中国特色地图 6. 给黄河写一份"诊断书" 7. 中国各自然资源调查汇报 8. 各种交通方式利弊辩论赛
	第二学期	1. 绘制中国四大地理区域图 2. 北方地区VS南方地区 3. 东北的没落与振兴 4. 中国香港、中国澳门特别行政区调查汇报 5. 城市群发展的利与弊辩论赛 6. "双奥之城"——北京 7. 宝岛中国台湾

四　学科课程实施与评价

"全景地理"的目的在于引领学生了解地球的多个方面，包括地理位置、地形特征、气候、水文系统等，从而加深对地球的认识和理解，了解不同地区的人文和自然特征，促进跨文化交流和理解，培养学生的国际视野和全球意识，让学生把地理学习变成一种乐趣。"全景地理"从建构"全景地理"课堂、开发"全景课程"两个方面展开，引领学生拓宽全球视野，践行所提出的课程理念。

(一) 建构"全景地理"课堂,提升实施质量

"全景地理"课堂应该是贴近学生生活的、对学生终身发展有用的课堂。因此,"全景地理"课堂要以真实的地理问题情境为基础,设计重点突出的教学内容,体现核心素养培育的整体性,引导学生主动学习,进而逐步提升地理课程的教学质量。

"全景地理"课堂是有真实情境的课堂。创设真实情境可以帮助学生更好地理解地理概念和现象,提高他们的地理学习兴趣和参与度。通过实地考察、模拟实验、使用地理工具和多媒体资源等方式,可以让学生在真实的地理情境中进行学习和探索,更直观地认识和了解我们地球家园的全貌和最真实的样子,培养他们的地理思维和解决实际问题的能力。

"全景地理"课堂是重点突出的课堂。教学重点突出的课堂可以有效提高学生的学习效果,帮助学生更好地掌握重要的知识、技能和概念。同时,这种课堂还可以激发学生的学习兴趣和提高学生的参与度,培养学生的自主学习能力和解决问题的能力。"全景地理"课堂就是在精心设计的基础上明确教学目标,及时进行反馈和评价,帮助学生了解自己的学习情况和学习进展的课堂。

"全景地理"课堂是培育核心素养整体性的课堂。在教学过程中,"全景地理"课堂还注重培养学生的综合能力和综合素养。地理核心素养是指学生在地理学习过程中所需要掌握的基本能力和素养,包括综合思维、区域认知、地理实践力和人地协调观四个方面。"全景地理"课堂以问题为导向,引导学生进行探究和思考。教师可以提出具有挑战性和启发性的问题,激发学生的兴趣和思考能力,让学生在解决问题的过程中培养核心素养。

"全景地理"课堂是学生主动学习的课堂。学生主动学习是一种高效的教学模式,强调学生在课堂上积极参与、自主探索和合作学习的过程。在这种课堂中,教师不再是传统的知识传授者,而是扮演着引导者和促进者的角色。教师可以创设合作学习环境,组织学生进行小组讨论、合作项目等活动,促进学生之间的互动和合作。同时也提供必要的反馈和评价,帮助他们了解自己的学习情况并进行改进,这样可以激励学生更加主动地学习。

"全景地理"课堂的教学评价,应该参照课程标准,运用具体可操作、测量的手段,

对教师的教学活动进行判断,从而促进教师对"全景地理"课堂教学模式的理解和运用,完善自己的教学设计,提升地理课堂的教学质量。结合学生自身发展特点和地理教学实际,"全景地理"课堂评价细则如下(见表2-8)。

表2-8 "全景地理"课堂评价量表

评价内容	评 价 要 求	满分值	评 分
问题情境的真实性	创设的地理情境贴近学生的生活实际和社会现实,为学生创造一个有利于他们认知的环境,使他们在自身比较熟悉的环境下学习和理解知识,激发学生探究问题的积极性	25	
教学内容突出重点	教师根据学生的认知发展、学科的特点和学生的实际情况来选择地理教学内容,把握好教学的重点和难点	25	
核心素养培育的整体性	注重学生全面发展,通过组织学生进行项目学习、小组合作、地理实践活动等形式,让学生在实际情境中运用所学知识,培养学生的地理实践能力和创新能力	25	
学生主动学习	学生在地理课堂上能积极参与讨论、提问和分享自己的观点,他们不再是被动接受知识,而是主动参与到学习过程中	25	

(二) 开发"全景地理"课程,拓宽全球视野

为了拓宽学生的全球视野,增强学生对地理学科的全面认识,"全景地理"课程在学生地理基础知识学习的基础上,通过兴趣的激发,引导学生进一步探索地理学科的奥秘,开发出符合学科系统的拓展性课程,体现地理学科特色,培养学生的地理实践力和综合思维能力,拓宽学生的全球视野。

"全景地理"课程注重实践性。实践性强是地理学科的突出特点,因此,"全景地理"课程要注重培养学生的动手能力和实践操作能力。通过实地考察、地图制作、实验观察等实践活动,让学生能够亲自参与其中并动手操作,提高他们的实践能力和动手能力。

"全景地理"课程考虑学生的兴趣爱好。"全景地理"课程的设置要充分考虑学生的个性特点和兴趣爱好,更要以有利于学生终生发展为目的。兴趣是学习的动力,课程内容如果是学生感兴趣的内容,就能充分发挥学生的主观能动性,使课程效果达到事半功倍的效果。在个性特点上,不同年级学生展现出不同特点,如七年级学生一般好动、爱表现、喜热闹,要多开发地理游戏,以及地理调查、地理宣传、定向越野活动等,这些都是他们喜欢的项目。在兴趣爱好上,不同年级的学生也有不同的选择偏好,七年级学生对具体的事物更感兴趣些,如调查某条河流的水资源情况,统计某一类地理事物;而八年级学生较为关注深层次的内容,如探究城乡差异产生的原因。

"全景地理"课程立足生活实际。"全景地理"课程开发研究的最终目标是培养学生努力学好地理知识,进而利用所学的地理相关知识有效分析和解决生活实际问题。因此,课程内容的选择必须深入学生的实际生活环境,充分了解学生的实际生活经验和背景,有效地将地理知识与学生生活实际紧密联系,促使学生能够真正理解地理知识就存在于日常的生活和学习中。基于此,我们设计出"全景地理"课程评价量表(见表2-9)。

表2-9 "全景地理"课程评价量表

评价项目	评 价 内 容	评价等级
理念	1. 能凝练地理课程所要培育的核心素养,准确体现"全景地理"教学的育人价值,挖掘有意义的课程内容 2. 关注学生发展和社会需求,引导学生探究现实中的地理问题 3. 课程能引导学生形成地球家园的观念、热爱祖国和家乡的情感	☆☆☆☆☆
设计	能合理制定课程目标、教学计划	☆☆☆☆☆
实施	1. 可以根据学生的兴趣和实际情况适度地调整教学内容 2. 使用多种教学方法,如讲授、讨论、实地考察、实验、小组合作学习等,提高学生的学习兴趣和参与度 3. 充分利用各种教学资源,如教材、地图、地理模型、多媒体教学设备等,提供丰富的教学材料和案例,帮助学生更好地理解和应用地理知识	☆☆☆☆☆

续 表

评价项目	评价内容	评价等级
评价	1. 注重发挥评价的诊断、改进和激励功能 2. 评价多元化,实现自评、互评相结合	☆☆☆☆☆
反思	能根据课程目标的设计、课程实施、课程评价中的环节进行反思,积极完善课程设置	☆☆☆☆☆

综上所述,"全景地理"是我们课程教学的共同追求,在"全景地理"的旗帜下,教师要立足于地理学科的基本性质,注重教授对学生终身发展有用的地理和对生活有用的地理,充分考虑学生的学习兴趣,开发科学合理的地理课程,为拓宽学生的眼界进行探索,让学生更深入地了解世界。

(撰稿者:严露露、文嬙)

第三节 "炫彩美术"：绚丽人生的表达

学生对艺术的热情让人欣喜不已。他们纯真无邪的心灵，充满了对美的向往和创造的渴望。他们天生具备对美的敏感度，能够用简单的线条和色彩表达内心世界，展现出令人惊叹的创造力。学生在绘画中可以展现出独特的观察力，他们可以将自己的梦想和幻想通过绘画呈现出来，创造出一个个奇妙的世界。无论是五彩斑斓的动物，还是童话般的城堡，都展现了学生无限的想象力和对美的追求。他们能够仔细观察身边的事物，捕捉到细微之处，然后将其准确地表现在画纸上。绘画成了他们沟通的媒介，他们通过作品传达自己的喜怒哀乐。无论是开心的笑脸，还是悲伤的眼泪，都让我们更加真实地感受到学生内心的世界。总之，"炫彩美术"是一种充满活力和灵感的艺术形式，学生通过色彩和形式的绚丽表达，展现出世界的多样性和美丽。

一 学科课程哲学

学生热爱艺术的精神值得我们赞美和鼓励。他们纯真的心灵、丰富的想象力和独特的表达方式，使绘画成了他们自由创作与表达的天地。"炫彩美术"课程保护学生们的创作热情，给予他们更多发展的机会，让他们的艺术梦想在绘画的世界中绽放光彩。

（一）学科性质观

艺术是人类精神文明的重要组成部分，艺术的学习也是终身学习的过程。《义务教育艺术课程标准（2022年版）》中指出："美术课程是对学生进行审美教育、情操教育、心灵教育，培养想象力和创造思维等的重要课程，具有审美性、情感性、实践性、创作性、人文性等特点。"[1]我们认为,通过"炫彩美术"课程的实践与学习,学生可以不断提升自己的艺术技能与素养,丰富自己的生活体验。通过美术课程的学习,学生可以培养自信心、自我表达能力和问题解决能力,可以培养积极向上的心态,从而促进个人全面发展与成长。

(二) 学科课程理念

"炫彩"意味着闪耀光彩。我们希望学生可以不断尝试和探索,以找到适合自己的创作方法和表现方式。因此,我们提出"炫彩美术"课程理念,追求独特而又富有创意的艺术形式。通过"炫彩美术"课程,学生可以了解和掌握基本的美术知识和技能,包括绘画、雕塑、设计、书法等,同时也可以培养学生对美术作品的欣赏能力和评价能力。"炫彩美术"课程重视激发学生学习美术的兴趣,注重培养学生的创新思维和解决问题的能力,通过观察、想象、实践和反思,引导学生发掘自己的创造潜能,表达自己的内心世界。

"炫彩美术"是"重情感"的美术。艺术可以成为人们表达情感、思想和内心世界的媒介。"炫彩美术"通过视觉表达和艺术创作来传达情感和思想,塑造学生的审美能力,培养他们对艺术作品的理解与欣赏能力。

"炫彩美术"是"重创造"的美术。"炫彩美术"注重培养学生的创造力和想象力。通过艺术创作过程,学生可以获得自由思考、独立观察和独特表达的能力。这种创造力和想象力在解决问题、创新思维和拓宽视野方面具有重要作用。

"炫彩美术"是"重审美"的美术。通过"炫彩美术"学习,可以提高学生的观察力和审美能力。通过欣赏艺术作品,可以培养学生对色彩、构图、形式等视觉元素的敏感性,加深其对美的体验与理解。"炫彩美术"可以让学生更加敏锐地感知世界,提升审美品位与鉴赏能力。

"炫彩美术"是"重文化"的美术。艺术是文化的载体和传承者。通过学习"炫彩美术"课程,学生可以了解不同文化背景下的艺术形式、风格和观念,增强自己对文化的认同与理解,从而促进文化间的相互交流与融合。

---

[1] 中华人民共和国教育部.义务教育艺术课程标准(2022年版)[S].北京:北京师范大学出版社,2022:1.

艺术的价值与意义在于它对于人们的心灵成长、社会和谐以及文化繁荣都起到了积极的推动作用。"炫彩美术"课程不仅给学生带来了美的享受，更重要的是培养了学生的情感表达能力、创造力与想象力，提高了学生的审美能力与视觉素养，丰富了学生的文化认同与跨文化交流，促进了学生的终身学习与成长。

二 学科课程目标

《义务教育艺术课程标准（2022年版）》提出："通过义务教育艺术课程的学习，学生应达到以下目标：感知、发现、体验和欣赏艺术美、自然美、生活美、社会美，提升审美感知能力；丰富想象力，运用媒介、技术和独特的艺术语言进行表达与交流，运用形象思维创作情景生动、意蕴健康的艺术作品，提高艺术表现能力；发展创新思维，积极参与创作、表演、展示、制作等艺术实践活动，学会发现并解决问题，提升创意实践能力；感受和理解我国深厚的文化底蕴和党的百年奋斗重大成就，传承和弘扬中华优秀传统文化、革命文化、社会主义先进文化，坚定文化自信，铸牢中华民族共同体意识；了解不同地区、民族和国家的历史与文化传统，理解文化与构建人类命运共同体的关系，学会尊重、理解和包容。"[1]"炫彩美术"课程以《义务教育艺术课程标准（2022年版）》的目标为基础，提出以下六个方面的学科课程目标。

第一，培养色彩感知和运用能力。通过理论知识和实践训练，使学生能够准确感知和运用各种色彩，包括色彩的明暗、对比、饱和度等，以及色彩搭配和运用的技巧。第二，掌握绘画技巧和表现手法。通过学习绘画的基本技巧，如线条、色块、层次、透视等，以及不同的绘画表现手法，如写实主义、印象主义、抽象表现主义等，学生能够熟练运用这些技巧和手法进行绘画创作。第三，培养创造力和想象力。通过激发学生的创造力和想象力，引导他们思考和探索新颖独特的艺术创作思路和方法。培养学生在绘画中表达个人情感和独特观点的能力，鼓励他们走出创作的传统边界，创造出独具个性的作品。第四，提高审美鉴赏能力。培养学生对不同艺术作品的欣赏和理解能力，

---

[1] 中华人民共和国教育部.义务教育艺术课程标准（2022年版）[S].北京：北京师范大学出版社，2022：7.

使他们能够独立思考、分析和评价艺术作品的艺术价值和美学特点。第五,培养艺术表达和沟通能力。通过项目作品和实践活动,培养学生通过绘画作品进行艺术表达和沟通的能力,使他们能够用艺术语言传达自己的思想、情感和观点。第六,培养团队合作和批判性思维能力。通过个人和团体项目作品的合作创作,培养学生的团队合作和协作精神以及批判性思维能力,使他们能够在团队合作中发挥个人优势,共同创作出更有创意和艺术性的作品。

通过以上目标的培养,学生将能够在"炫彩美术"领域展示出扎实的绘画基础、丰富的创造力和想象力,以及良好的艺术表达和沟通能力,为其未来的艺术发展奠定坚实的基础。

(一) 学科课程总体目标

根据美术学科课程核心素养要求,参照美术教材,结合学生学情,"炫彩美术"课程总体目标分为"审美感知""艺术表现""创意实践""文化理解"四个维度。

(二) 学科课程阶段目标

"炫彩美术"围绕课程总目标,立足学生核心素养发展,遵循学生身心发展规律,将学段目标分为四个部分:欣赏评述、造型表现、设计应用、综合探索。根据教学实际情况,我们制定了三个学段的目标,具体如下(见表 2-10)。

表 2-10 "炫彩美术"课程年段目标表

目标 年段	欣赏评述	造型表现	设计应用	综合探索
1—2 年级	1. 观赏周边自然环境中的山水、树木、花草、动物等,感知其形状美、色彩美和肌理美,体会美存在于我们周围的环境之中。 2. 识别学校或社区公共场所中常见	1. 尝试用毛笔等工具,在宣纸上进行水墨游戏活动,体验笔墨趣味。 2. 尝试利用图形的对称,在各种材质的纸上进行表现,体会对称的形式原理。	1. 引导学生学会从外观和使用功能等方面了解物品的特点,针对某件物品提出自己的改进意见,进行装饰和美化,初步形成设计意识。 2. 从形状、色彩、	1. 组织学生参与班级或小组开展的美术与其他学科或其他艺术形式相结合的造型游戏活动,初步形成综合探索与学习迁移的能力。 2. 利用画笔或计

续表

目标 年段	欣赏评述	造型表现	设计应用	综合探索
1—2年级	的标识,从线条、形状、色彩的角度进行分析,了解其用途和传递的信息。 3. 观赏我国与其他各国表现儿童生活的美术作品,运用线条、形状、色彩、肌理等造型元素,以及对称、重复等形式原理,进行欣赏、评述,了解不同国家儿童的生活。	3. 通过剪贴、刻画,用拓印、压印等方法制作版画。 4. 根据自己的观察与感受,尝试用纸、泥等材料,通过折、叠、揉、搓、压等方法,塑造立体造型作品。 5. 选择自己喜欢的玩具或制作的泥塑,尝试用数码相机、摄像设备拍摄,制作定格动画作品。	比例、材料和使用功能等方面欣赏日常生活用品。 3. 针对自己或他人的一件生活用品,根据外形和使用功能等,提出改进意见,进行装饰和美化。 4. 能根据生活用品的外形和使用功能提出改进意见,进行装饰和美化,并与同学分享和交流。	算机,运用线条、形状、色彩等造型元素,以及对称、重复等形式原理,为自己设计名片,为参加小组或班级活动的同学设计席卡等。 3. 围绕庆贺生日、过新年、关爱、环保等主题,创作头饰、面具、布景等,以舞蹈、戏剧、动画等形式进行展演。
3—4年级	1. 欣赏中外著名艺术家的美术作品,如绘画、雕塑、书法、篆刻、摄影、设计、建筑、媒体艺术等,了解不同美术门类的特点。 2. 欣赏中国民间美术作品,如剪纸、皮影、年画、泥塑、刺绣、蜡染等,了解作品的材料、用途和特点。 3. 学会用感悟、讨论、比较等方法,运用线条、形状、色彩、肌理等造型元素,以及对称、重复、对比、变化等形式原理,欣赏、评述中外美术作品。	1. 能使用传统或现代的工具、材料和媒介,创作不同表现形式的美术作品,表达自己对生活的看法。 2. 通过调和不同的颜色,认识原色、间色、复色、对比色和邻近色的特点。 3. 观察室内或室外物体在空间中"近大远小"的变化规律,了解平行透视的知识。 4. 在中国画学习中,尝试运用毛笔、宣纸等绘画工具和材料,体验笔法(中锋、侧锋)和墨法(焦、浓、重、淡、清)的特点。 5. 在吹塑板、雪弗	1. 观察学习与生活用品,了解"实用与美观相结合"的设计原则,从舒适、美观和便利的角度,发现其不足之处,用手绘草图等形式呈现自己的改进想法。 2. 从实用、美观和环保的角度,为物品进行包装设计。 3. 利用画笔或计算机,运用造型元素和形式原理,为班级或学校的活动设计标识、请柬、贺卡、图表、海报等。 4. 在欣赏民间工艺品时,了解其特定的制作方法,体会工艺师敬业、专注和精益求精的工	1. 探究身边环境中存在的问题,综合运用不同学科的知识、技能和思维方式,创作图画书、摄影作品、动画、微电影或戏剧小品等,提出解决环境问题的思路与方案,并进行展示与交流。 2. 结合生活中常见的或具有地域特色的中华优秀传统文化内容,综合运用不同学科的知识、技能和思维方式,绘制民俗文化图谱或视觉笔记;创作画册、摄影集、动画或微电影等;设计与制作文创产品,策划

55

续 表

目标 年段	欣赏评述	造型表现	设计应用	综合探索
3—4年级		板、木板等材料上，通过剪贴、针刻、雕刻的手法，以及拓印、压印等方法，创作黑白或套色版画。 6. 根据自己的想象与构思，用纸、泥等材料，以及折、叠、捏、塑、组合等方法，塑造立体造型作品。	匠精神。	传播方案，并进行展示与交流。 3. 尝试通过图形化工具，运用简单的程序语言，设计日常物品与居室环境，体验编程与设计的关系。
5—6年级	1. 欣赏世界各国古代与现代艺术家的绘画、雕塑、书法、篆刻、摄影、设计、媒体艺术作品，学会运用感悟、讨论、分析和比较等方法欣赏、评述美术作品，感受世界美术的多样性。 2. 通过欣赏不同国家的剪纸、皮影、面具、泥塑、刺绣、蜡染等民间美术作品，了解其所使用的材料、用途和特点。 3. 运用形状、色彩、空间等造型元素，以及对称、节奏、比例、变化、统一等形式原理，欣赏、评述各国不同民族的建筑，领略各民族的智慧与深厚的文化底蕴。	1. 学习冷色调、暖色调、互补色、对比色等方面的色彩知识，体验不同色彩所带来的不同感受。 2. 分析圆形、S形、三角形等构图形式的美术作品，体会不同构图形式的美感。 3. 从不同角度观察立方体物品，了解平行透视与成角透视的区别。 4. 使用不同的工具、材料和媒介，采用写实、夸张、变形等手法，表现自己对生活的感受和认识。 5. 学习中国画的白描或写意画法，创作花鸟画、山水画作品。 6. 在吹塑板、厚纸	1. 了解环境设计的定义、类别、要素和方法，领会"人与自然和谐共生"的设计原则。 2. 运用环境设计的知识与原则，对班级、学校或社区公共空间等进行环境考察，撰写调研报告，提出自己的见解。 3. 根据调研中发现的问题，提出改进建议，用手绘或计算机制作等方式绘制草图，利用废弃物品制作模型，进行展示与交流。 4. 根据不同活动的需要设计海报、请柬、封面、书籍装帧或统计图表等。	1. 组织学生以个人或小组合作的方式，结合校园现实生活，探究各种问题，通过创编校园微电影，将不同学科的知识融为一体，增强综合探索与学习迁移的能力。 2. 聚焦校园生活，观察、发现、记录校园中的人物、事物和景物，提炼主题，编写校园微电影脚本，在文字描述或手绘草图中体现画面感和空间感。 3. 分配角色，布置场景，运用长镜头、特写镜头等表现手法进行拍摄，捕捉环境中变幻的光影，体验运动的时空，体会虚拟

续　表

目标＼年段	欣赏评述	造型表现	设计应用	综合探索
5—6年级	4. 能运用美术语言,以及感悟、讨论等方法,欣赏、评述外国美术作品。知道几位世界上不同历史时期的著名艺术家及其代表作。	板、雪弗板、木板、陶泥板、石膏板、铝塑板等材料上,创作黑白或套色版画。		故事与现实生活的异同之处。 4. 运用蒙太奇手法,使用制作软件,进行画面、对白和声音等的后期制作,创造优质的画面叙事效果。 5. 策划校园微电影作品发布与传播方案,设计与制作标识、海报、请柬等,进行校内外展示与交流。

三　学科课程框架

《义务教育艺术课程标准(2022年版)》中的课程内容强调了核心素养和实践能力。基于核心素养要求,"炫彩美术"课程遴选重要观念、主题内容和基础知识技能,精选、设计课程内容,优化组织形式。同时,注重对学生进行实践能力和文化理解的培养,提高学生的艺术素养和综合素质。

(一) 课程结构

基于对新课标的解读,结合教材实际,"炫彩美术"课程有机整合教学内容,构建一体化的内容体系。结合学生的年龄特点、发展需求,我们基于欣赏评述、造型表现、设计应用、综合探索四大板块设计了"品味名画、妙笔生花、创意绘玩、群策群力"四个课程群(见图2-3)。

各课程群的具体内涵如下。

"品味名画"美术课程旨在引导学生体验顶级艺术品的美妙内涵和丰富的文化底

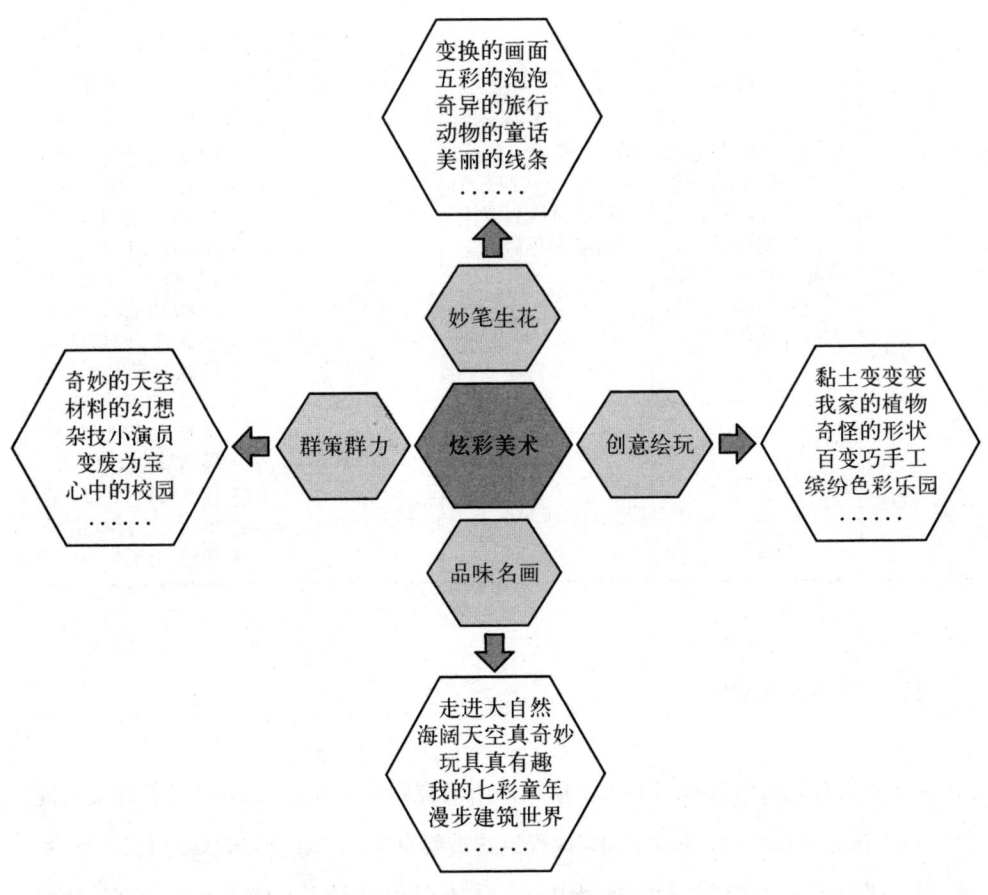

```
            变换的画面
            五彩的泡泡
            奇异的旅行
            动物的童话
            美丽的线条
              ……

             妙笔生花

奇妙的天空                              黏土变变变
材料的幻想                              我家的植物
杂技小演员   群策群力  炫彩美术  创意绘玩  奇怪的形状
变废为宝                                百变巧手工
心中的校园                              缤纷色彩乐园
  ……                                    ……

             品味名画

            走进大自然
           海阔天空真奇妙
            玩具真有趣
            我的七彩童年
            漫步建筑世界
              ……
```

图 2-3 "炫彩美术"课程结构图

蕴。本课程精心选取世界各个民族、各个时代、各个流派的传世经典画作,通过丰富翔实的背景资料、相关图片,从专业角度深入浅出地鉴赏这些世界名画。课程目的在于帮助学生系统了解中外各民族绘画的悠久历史和辉煌成就,初步掌握对世界各种绘画风格的研究和艺术分析的能力。教学重点在于提高学生的积极性,大量使用图片、光盘、录像等多种直观的视觉图像教学资源,使课堂教学生动活泼且形象直观。教学方法主要包括讲授法、分析法、欣赏法。同时,选用教学参考书的原则是符合本课程的教学要求,深浅适当,难易适中,注重提升学生的艺术鉴赏能力。

"妙笔生花"美术课程是一系列以绘画技能和艺术鉴赏为核心的课程,旨在提高学生的绘画技巧和艺术鉴赏能力。本课程通过教授不同的绘画技法,让学生掌握基本的绘画技巧,并能够运用这些技巧创作出具有个人特色的美术作品。课程内容包括多个方面,如线条、色彩、构图、透视等。同时,本课程还注重培养学生的想象力和创造力,鼓励学生在创作过程中发挥自己的个性。在教学方法上,本课程采用多种形式的教学手段,如讲解、示范、实践等。在教学过程中,教师会根据学生的实际情况进行个别指导,帮助学生掌握绘画技巧。此外,本课程还通过组织美术比赛和展览等活动,激发学生的创作热情和积极性。

"创意绘玩"美术课程是一种以创意和玩乐为核心的美术课程,旨在培养学生的艺术兴趣、创新思维和动手能力。本课程通过引导学生进行绘画、手工制作、美术欣赏等多种形式的艺术活动,让学生在轻松愉快的氛围中发挥自己的想象力和创造力。

"群策群力"美术课程是一种以合作学习为核心,以培养学生美术素养和团队合作精神为目标的新型教学模式。本课程通过设置多种合作任务和活动,让学生在互动合作中学习美术知识,掌握绘画技巧,提高团队合作能力和创新思维能力。课程内容包括多个方面,如绘画基础、色彩搭配、手工制作等。在教学过程中,教师会将学生分成若干个小组,每个小组内的学生通过合作完成任务和活动,共同学习和进步。在教学方法上,本课程采用合作学习的方法,注重学生的互动合作和团队合作。在教学过程中,教师会引导学生进行小组讨论、合作创作等活动,让学生在互动合作中学习和掌握美术知识和技巧。此外,本课程还注重培养学生的创新思维和问题解决能力,通过设置开放性问题和实践操作等活动,鼓励学生发挥自己的创造力和想象力。

以上四个部分紧密衔接又相互补充,共同支撑了"炫彩美术"课程群建设,通过课程实施,有效丰富学生学习美术的宽度、广度、厚度、温度,为学生的终身学习奠基,为学生的艺术素养形成赋能,为学生的成长助力。

(二)课程设置

美术课程设置的目的是通过各种课程的学习,培养学生的美术素养和各种能力,包括绘画技能、雕塑技巧、艺术鉴赏能力、创新思维能力、团队合作能力等。同时,通过学习美术知识,让学生更加深入地了解美术的本质和价值,提高自己的综合素质和文化修养。

"炫彩美术"课程结合了欣赏评述、造型表现、设计应用和综合探索四个方面的知识,依据各年级学生学情,各年级教师采用循序渐进的教学方式,帮助学生逐步掌握基本的美术技巧和知识,从而打下坚实的基础。在不断学习的过程中,学生可以逐渐积累经验,提高自己的技能水平。教师依据各年级学生实际水平,通过合理的课程设计,形成"炫彩美术"课程设计表(见表2-11)。

表2-11 "炫彩美术"课程设置表

课程类别 年级学期	品味名画	妙笔生花	创意绘玩	群策群力
一年级上	走进大自然	变换的画面	黏土变变变	奇妙的天空
一年级下	海阔天空真奇妙	五彩的泡泡	奇怪的形状	材料的幻想
二年级上	玩具真有趣	动物的童话	我家的植物	杂技小演员
二年级下	我的七彩童年	美丽的线条	百变巧手工	变废为宝
三年级上	漫步建筑世界	奇异的旅行	缤纷色彩乐园	心中的校园
三年级下	交通天地	上学的路	剪纸乐园	我们开超市
四年级上	民间艺术	泥纹饰	厨房好帮手	小小设计师
四年级下	江河的乐章	学习好伙伴	神奇小画家	设计小天地
五年级上	阳光下的世界	童心童趣	奇思妙想	环保小卫士
五年级下	画家的赞歌	和平年代	抽象的绘画	多变的造型
六年级上	夸张有趣的艺术	写意中国画	创意中国龙	艺术的瑰宝
六年级下	古代名画鉴赏	穿越时空隧道	小小旅行家	难忘师生情

四 学科课程实施与评价

托尔斯泰说过:"成功的教学所需要的不是强制,而是激发学生的兴趣。"[1]"炫彩

---

[1] 孙颖.思想政治课习题设计也要"变脸"[J].中学政治教学参考,2005(Z2):102-104.

美术"课程能使学生在轻松愉悦的氛围中学习,唤起学生强烈的求知欲望是教学成功的关键。转变学习方式,提高学生的学习兴趣是课堂有效教学的基石。当学生对美术课产生浓厚兴趣时,他们会更加积极主动地参与学习过程,探索和尝试各种美术技巧和表达方式。这种积极的学习态度将极大地促进学生的学习进步和提高。

(一) 建构"炫彩美术"课堂,提升教学质量

"炫彩美术"课堂注重启发教学,课堂教学是整个教学活动的核心环节,中小学美术教学应把握课堂教学的有限时间,在教学内容与教学重点的基础上,注重启发教学,关注教学活动进展。

"炫彩美术"课堂立足教学目标。通过美术教学,实现特定的学习目标。这些目标可以包括以下几个方面:一是知识目标,学生应该掌握基本的美术知识和技能,包括对美术的基本概念、原理和技巧的理解和应用。二是能力目标,学生应该能够运用所学知识和技能,进行实际的美术创作和设计,包括绘画、雕塑、摄影、设计等。三是情感目标,学生应该对美术产生积极的情感态度,对美术作品和创作过程有浓厚的兴趣和热情,能够体验到美术带来的愉悦和成就感。

"炫彩美术"课堂强调学生主动学习。新课标强调,课堂教学要注重师生互动、平等参与,教师要实现角色转换,由权威的"导演"转换为平等的参与者和指导者。在这一课程理念的指导下,我们尝试"让"出讲台,"把表演引入课堂",给学生自主表现的空间,使课堂动起来,以此增强课堂的有效性。

"炫彩美术"课堂培养学生的创新意识。美术是一门创造性思维颇为丰富的学科,教师在平时的美术活动中,就应该努力创设情境,让学生潜在的创新意识得到充分的发挥,这是教师的神圣职责,也是实施素质教育的必然要求,势在必行。

"炫彩美术"课堂增强学生的小组合作意识。教师可以通过划分小组,以小组为单位创作主题画作的方式鼓励学生参与团队协作,让学生集合小组的力量分配任务,协调意见,搜集创作素材与创作灵感,增强学生团队意识、服从意识、奉献意识与协作意识。在最终的作品评比中,教师可以将小组互评作为最终分数的组成部分,在此过程中,引导学生以公平、理性的眼光与态度去分析竞争者的作品,以此方式促进学生严谨、谦虚、公正的人格品质的养成。

"炫彩美术"课堂注重课堂教学反思。波斯纳曾经提出一个教师成长的简要公式——经验+反思=成长，并指出"没有经过反思的经验是狭隘的经验，如果教师仅仅满足于获得经验而不对经验进行深入思考，那么他的专业成长会受到极大的限制"①。美术课堂教学反思需要从多个方面进行总结和思考，包括教学目标、教学内容、教学方法和手段、学生的学习效果、教学评价以及个人教学风格和素质等方面。通过反思，教师可以发现不足之处并积极改进教学方法和手段，提高教学质量和效果。

在中小学美术课堂中，教师要培养学生良好的兴趣，使之在欣赏优秀美术作品的过程中，感知颜色、线条等不同的视觉体验，学会欣赏作者内在的情感，在绘画欣赏中汲取美的营养，较好地提升学生的审美情感，使学生感受有故事情节的图画，并因势利导地用语言加以描述，在富于情感、生动的语言中勾起学生的绘画兴趣，并使之进入优秀的绘画故事作品之中，获得思想和情感上的快乐体验。另外，教师还可以将学生带到室外环境之中，将课堂教学延伸到课外，让学生细心观察自然界中的奇妙现象，通过生活中的真善美，获得思想上的启迪。同时，教师还可以通过故事进行引导，让学生充分发挥自己的想象力，大胆尝试和表现，培养学生热爱自然的情感，使学生在学习中获得美的启迪。

根据《义务教育艺术课程标准（2022 年版）》，美术学科教学评价的基本原则是坚持素养导向。② 这要求我们在美术学科评价中应围绕核心素养内涵、课程总目标和教学目标，依据课程的内容要求、学业要求和学业质量标准，进行全面、综合的评价，既要关注学生掌握知识、技能的情况，又要重视对价值观、必备品格、关键能力的考查。"炫彩美术"课堂实施与评价将由基础知识与基本技能、审美感知、文化理解、造型表现四个方面组成（见表 2-12）。

通过对学生学习效果的评价，使学生了解自己的进步及不足，激发学生的学习兴趣，进一步培养学生的审美能力、动手能力和创造能力。

---

① 杨金玉.谈初中思想品德课教学[J].学苑教育，2017(7)：83.
② 中华人民共和国教育部.义务教育艺术课程标准(2022 年版)[S].北京：北京师范大学出版社，2022：5.

表2-12 "炫彩美术"课堂评价概览表

测查维度	测查目标	测查内容	测查方式/题型	所占比重
基础知识与基本技能	美术理论知识以及基本技法	了解中外著名美术家及其代表作;了解3到4种美术门类;掌握浅显的色彩知识;了解点、线、面的运用;了解运用剪、刻、折、叠、卷曲、捏塑等方法可以制作的美术作品类别	基础知识检测	40%
审美感知	积累视觉经验,学会鉴赏艺术品,提升审美素养	了解3到4种民间美术的类别;理解民间美术背后的寓意;认识了解中国画的常用工具、画家、作品及基本表现方法	基础知识检测	20%
文化理解	能从文化的角度分析、理解美术作品及现象	能对各种美术作品的形、色、质感进行分析,对欣赏对象进行描述,说出其特色,表达自己的感受;能书面描述对中国美术源远流长的历史和多样性魅力的体会	书写鉴赏评述	10%
造型表现	培养创造性思维、提高解决问题的能力	熟练运用美术基础知识和技能,创作一件作品,构图饱满,色彩丰富,构思新颖,凸显个性与创新	创作与设计	30%

(二)"炫彩美术"课程,点亮艺术梦想

美术是一门综合性的学科,它旨在培养学生的美术素养和创作能力,同时提高学生的审美水平和创新能力。美术课程的内容包括绘画、雕塑、建筑、设计等多个方面,涵盖了艺术的历史、文化、社会等多个领域。美术课程可以点亮人们的艺术梦想,让人们在艺术的海洋中自由翱翔。学习美术可以帮助学生提高观察力、想象力、创造力和表达能力,培养学生的审美意识和艺术鉴赏能力,让学生更好地认识和了解世界。

第一,"炫彩美术"课程坚持以生为本。"炫彩美术"课程教学坚持面向全体学生,尊重每个学生学习美术的权利,关注每个学生在美术学习中的表现和发展,做到因材

施教,并且有针对性地采用教学方法和手段,力争让每个学生学有所获,学有所得。

第二,"炫彩美术"课程注重实践性和创新性。"炫彩美术"课程注重学生的实践性和创新性,让学生通过实践操作和创新思维,提高美术技能和创作能力。

第三,"炫彩美术"课程注重个性化和多样性。"炫彩美术"课程尊重学生的个性化和多样性,鼓励学生发挥自己的特长和兴趣爱好,培养学生的创新能力和创造力。

第四,"炫彩美术"课程注重人文精神和审美能力。"炫彩美术"课程注重培养学生的人文精神和审美能力,让学生了解和欣赏不同文化背景下的艺术作品,提高学生的文化素养和审美水平。

表2-13 "炫彩美术"课程实施评价

评价项目	评价内容	评价等级
理念	1. 能理解、运用核心素养的内涵,准确把握"炫彩美术"教学的育人价值,挖掘有意义的课程内容。 2. "炫彩美术"课程应尊重学生的个性化和多样性。 3. "炫彩美术"课程应注重培养学生的审美能力,让学生了解和欣赏不同文化背景下的艺术作品,提高学生的文化素养和审美水平。同时,应该鼓励学生大胆质疑,激发学生的创新积极性,培养学生的创新能力和创造能力。 4. "炫彩美术"课程应注重人文精神和审美能力。	☆☆☆☆☆
设计	能科学制定课程纲要、授课计划。	☆☆☆☆☆
实施	1. 实施满足学生综合发展素养需求。 2. 实施重视学生个性特长培养。 3. 能开发符合学生年龄特点和发展需要的美术课程。 4. 重视学生的综合实践和能力培养。	☆☆☆☆☆
评价	1. 制定科学的评价标准,能够客观地反映出学生的学习和进步情况。 2. 评价标准应该具有可操作性和可量化性,能够让教师和学生都明确评价的标准和依据。	☆☆☆☆☆
反思	1. 及时进行反馈,让学生及时了解自己的学习情况和不足之处,及时调整学习方法和方向。 2. 反馈应该具有针对性和建设性,能够帮助学生更好地认识自己和提高自己的学习水平。	☆☆☆☆☆

总之,"炫彩美术"课程以学习活动方式划分美术学习领域,加强学习活动的综合性和探索性,注重美术课程与学生生活经验紧密关联。它旨在使学生在积极的情感体验中发展观察能力、想象能力和创造力,提高审美品位和审美能力,增强对自然和人类社会的热爱及责任感,形成创造美好生活的愿望与能力。

(撰稿者:黄秋菊)

第四节 "百思科学"：开启探索之门

科学课程，是对自然现象和问题进行观察、实验、推理和验证的过程。它旨在揭示事物的本质，理解它们的运动规律以及预测和解决相关问题。"逐光学科"结合科学的学科特点和学生的学龄特点，确立了以"百思科学"为中心的科学课程群体系。

一 学科课程哲学

根据《义务教育科学课程标准(2022年版)》，义务教育科学课程是一门体现科学本质的综合性基础课程，具有实践性。[①] 据此，科学课程在义务教育阶段扮演着举足轻重的角色。而"百思科学"课堂，正是对科学教育理念的深化与拓展。它鼓励学生"百思"而后行，通过深入思考与反复探索，培养对科学问题的敏锐洞察力和解决能力。"百思科学"不仅有助于学生从亲近自然走向亲近科学，更能激发他们对自然现象的好奇心，引导他们在思考与实践中发现科学的魅力。通过"百思科学"的学习，学生能够更全面地认识自然世界，理解科学、技术、社会与环境之间的紧密关系，从而发展出基本的科学能力，形成科学的态度和社会责任感。这种教育不仅为学生今后的学习、生活以及终身发展奠定了坚实的基础，更有助于提升全民科学素质，推动经济社会发展和科技强国建设。

(一)学科性质观

"百思科学"是以"百思"为基点的科学课程群体系，强调学生的探索和发现，不仅

[①] 中华人民共和国教育部.义务教育科学课程标准(2022年版)[S].北京：北京师范大学出版社,2022：1

仅是学习知识,更是要培养探索精神和创新能力以及批判性思维。具体来说,"百思科学"的学科性质观具有四大特点。

"百思科学"具备跨学科性。"百思科学"强调不同学科之间的交叉和融合,试图打破学科之间的壁垒,从而提供一种更加全面和深入的科学教育。

"百思科学"具备多样性。"百思科学"认为科学是一个涵盖多个领域和学科的广阔领域,包括自然科学、社会科学、人文学科等多个方面。因此,它主张在科学教育中应该充分考虑科学的多样性。

"百思科学"具备综合性。"百思科学"强调科学是一个综合性的领域,不仅涉及自然现象,也涉及人类现象。因此,它主张在科学教育中应该将自然科学和社会科学、人文学科等学科领域进行有机结合。

"百思科学"具备实践性。"百思科学"强调科学是一种实践性的活动,需要科学家通过实验、观察、推理等方式来进行验证和发展。因此,它主张在科学教育中应该注重实践性和实验性的教学。

综上所述,"百思科学"的学科性质观是将科学学科进行整合,强调跨学科性、多样性、综合性和实践性的观念。

(二)学科课程理念

"百思科学"强调在科学教育中培养学生的思维能力、探究精神和实践能力。"百思科学"旨在通过科学教育培养学生的思维能力。在科学探究的过程中,学生需要运用观察、实验、推理等科学方法,探究自然现象,形成科学结论。在这个过程中,学生需要进行深入的思考和分析,才能够得出正确的结论。因此,"百思科学"强调在科学教育中注重培养学生的思维能力,让他们学会如何思考问题、分析问题和解决问题。"百思科学"还注重培养学生的探究精神。探究是科学的核心,也是科学教育的核心。"百思科学"强调在科学教育中注重培养学生的探究精神,让他们学会如何发现问题、提出假设、进行验证和总结。这种探究精神不仅有助于学生在科学领域取得更好的成就,也有助于他们在其他领域中表现出色。"百思科学"也注重培养学生的实践能力。科学不仅需要理论知识的掌握,更需要实践经验的积累。"百思科学"强调在科学教育中注重培养学生的实践能力,让他们学会如何将理论知识转化为实践经验,解决实际问题。这种实践能力不仅有助于学生在科学领域中表现出色,也有助于他们在未来的职业生涯中获得更好的发展。

总之,"百思科学"的理念强调在科学教育中注重培养学生的思维能力、探究精神和实践能力。这种理念有助于学生在科学领域中表现出色,也有助于他们在未来的职业生涯中获得更好的发展。

二 学科课程目标

《义务教育科学课程标准(2022年版)》提出:"科学课程要培养的学生核心素养,主要是指学生在学习科学课程的过程中,逐步形成的适应个人终身发展和社会发展所需要的正确价值观、必备品格和关键能力,是科学课程育人价值的集中体现,包括科学观念、科学思维、探究实践、态度责任等方面。"[1]据此,"百思科学"课程致力于全面培养学生的核心素养,使学生在掌握科学知识的同时,形成适应个人终身发展和社会进步所需的正确价值观、必备品格和关键能力。课程不仅传授科学知识,更强调科学思维的培养,鼓励学生通过思考、探索和实践,发展逻辑思维、创新思维和解决问题的能力。同时,注重提升学生的探究实践能力,让学生在实践中发现问题、解决问题,培养科学探索的兴趣和热情。此外,课程还注重培养学生的科学态度和责任感,使学生形成尊重事实、追求真理的科学态度,具备勇于探索、敢于创新的科学精神,并积极承担社会责任,为社会发展贡献力量。

(一)学科课程总体目标

为全面落实科学学科核心素养,"百思科学"课程围绕着科学观念、科学思维、探究实践、态度责任四个维度构建课程总体目标。

(二)学科课程阶段目标

"百思科学"从《义务教育科学课程标准(2022年版)》的学科核心素养出发,围绕

---

[1] 中华人民共和国教育部.义务教育科学课程标准(2022年版)[S].北京:北京师范大学出版社,2022:1.

课程目标,强化课程综合性和实践性,推动育人方式变革,着力发展学生的核心素养,遵循学生身心发展规律,让学生在真实的生活情境中运用科学知识。根据实际情况,"百思科学"制定了三个年段的目标(见表 2-14)。

表 2-14 "百思科学"课程年段目标表

目标 年段	科学观念	科学思维	探究实践	态度责任
1—2 年级	1. 认识常见物体的基本外部特征,认识生活中常见的材料;知道生活中常见的力,认识力可以改变物体的形状。 2. 认识周边常见的植物和动物,能简单描述其外部主要特征和生长过程;知道植物和动物的生存需要环境条件。 3. 说出天气变化及其对人类生活的影响;知道地球是人类和动植物的共同家园。 4. 知道自然物和人造物存在区别。	1. 能在教师的指导下,观察具体事物的构成要素,通过口述、画图等方式描述事物的外在特征;能利用材料和工具,通过口述、画图等方式表达自己的想法。 2. 能在教师的指导下,辨别二维空间中的东西南北和上下左右;比较事物之间外在特征的不同点和相同点;根据事物的外在特征,对常见事物进行分类。 3. 初步具有从不同角度提出观点的意识,能突破对常见物品功能的思维定式,利用发散思维、重组思维等方法,提出不同想法。	1. 能通过对具体现象与事物的观察和比较,提出感兴趣的问题,作出简单猜想,并了解科学探究需要制定计划。具有初步的提出问题和制定计划的意识。 2. 能利用多种感官或简单的工具。 3. 具有简单交流、评价探究过程和结果的意识。 4. 知道简单工具的功能和使用方法。 5. 能在教师的指导下完成学习任务,进行总结反思,初步养成良好的学习习惯。	1. 在好奇心的驱使下,对常见自然现象或生活现象表现出直觉兴趣;能如实记录观察到的信息;知道可以有依据地质疑别人的观点,尝试从不同角度、不同方式认识事物;愿意倾听他人的想法,乐于分享和表达自己的想法。 2. 了解生活中常见的科技产品能给人类生活带来的便利,知道科技产品有利也有弊;树立珍爱生命、节约资源和保护环境的意识。
3—4 年级	1. 认识常见物体的某些特征和常见材料的某些性能;认识物体有多种运动形式,力可以改变物体的运动状态,运动的物体具	1. 能在教师的引导下,观察并描述具体事物的构成要素,分析并表达要素之间的关系,找到它们之间重要的、共同的特征;利	1. 能在教师的引导下,通过对具体现象与事物的观察和比较,提出可探究的科学问题。 2. 能运用感官和选择恰当的工具、	1. 在好奇心的驱使下,乐于动手操作感兴趣的事物;知道科学学科的学习与实践要实事求是,能如实记录和报告观察与

续 表

目标 年段	科学观念	科学思维	探究实践	态度责任
3—4年级	有能量；了解日常生活中可能存在的不同形式。 2. 能区分植物和动物的主要特征，并能对植物和动物进行简单分类。 3. 认识太阳、地球和月球，知道它们之间的空间关系。 4. 知道生活中的天然材料和人造材料存在区别；知道简单的设计问题存在限制条件，并有多种设计方案。	用模型解释简单的科学现象。 2. 能在教师的引导下，用二维方式表达三维空间的物体；比较事物的某些本质特征，分析事物的特征及结构，建立事实与观点之间的联系；根据问题提出假设，能提供支撑性的证据；可以利用控制变量的方法设计简单的实验。 3. 初步掌握重组思维、发散思维、突破定势等创造性思维的基本方法，针对事物的外在特征进行设计，并对方案进行初步的科学分析。	仪器，观察并描述对象的外部形态特征及现象，用较准确的科学词汇、统计图表等记录和整理信息，并运用分析、比较、推理、概括等方法，分析结果，得出结论。 3. 能准确讲述并反思自己的探究过程和结果，作出自我评价与调整。 4. 初步具有参与技术与工程实践的意识及使用常见工具的技能。	实验的信息，具有基于事实表达观点的意识；能有依据地质疑别人的观点，尝试运用不同思路和方法完成探究和实践；愿意分享自己的想法，乐于倾听他人观点，改进和完善探究活动。 2. 了解科学技术对人类生活方式和生产方式有影响，人类的生活和生产可能对环境造成破坏；知道节约资源和保护环境的重要性。
5—6年级	1. 初步认识常见物质的变化，知道物体变化时构成物体的物质可能改变也可能不改变；知道自然界存在多种形式的物质变化。 2. 认识细胞是生物体结构的基本单位；初步认识生物体的结构层次，以及形态结构与功能的关系；简单描述生物与生物、生物与环境之间相互依	1. 通过分析、比较、抽象、概括等方法，抓住简单事物的本质特征，展示对事物的系统、结构、关系、过程及循环的理解，能使用或建构模型，解释有关的科学现象和过程。 2. 能形成事物动态变化的图景，掌握比较的方法和分类的基本要求，善于用类比的方法认	1. 能基于所学知识，从事物的结构、功能、变化及相互关系等角度提出可探究的科学问题和研究假设，制定比较完整的探究计划。 2. 能运用观察、实验、查阅资料、实地调查、案例分析等方式获取信息，用科学语言、概念图、统计图表等记录整理信息，表述探究结果。	1. 在好奇心的驱使下，表现出探究现象发生原因的因果兴趣；不盲从、不迷信权威，能以事实为依据作出独立判断，面对有说服力的证据，愿意调整自己的想法；善于有依据地质疑别人的观点，乐于尝试运用多种思路和方法完成探究和实践，初步具有创新的兴趣；

续 表

目标 年段	科学观念	科学思维	探究实践	态度责任
5—6 年级	存的关系,以及生物的多样性和进化现象。 3. 知道太阳、地球和月球的周期性运动以及相关的自然现象,能认识到太空探索拓宽了人类的视野。	识事物的特征,理解归纳推理和演绎推理的基本方法,并用于解决真实情境中的简单问题,抽象概括常见事物的本质特征,比较全面地分析问题的各种影响因素;针对具体问题提出假设,基于交流情境提出观点。 3. 具有基于事物的结构、功能等展开想象的能力,并利用影像、文字或实物表达自己的创意。	3. 采用不同方式呈现探究过程与结果,尝试运用科学原理进行解释,对探究活动进行过程性反思和总结性评价,完善探究报告。 4. 能自主制定和执行学习计划,掌握基本的学习方法,探索适合自身特点的学习策略,进行有效的总结和反思。	就科学问题在认识上的分歧,乐于与他人进行沟通交流和辩论,基于证据反思和调整探究活动。 2. 了解科学、技术、社会、环境之间的相互影响,以及科学研究和技术应用中需要考虑伦理道德;愿意采取行动保护环境、节约资源。

三 学科课程框架

"百思科学"的课程结构设置以学生的年龄和发展阶段为基础,将课程内容分为多个层次和模块,以适应不同阶段学生的学习需求。"百思科学"的课程结构设置注重科学知识的系统性和连贯性,从简单到复杂,从基础到高级,逐步提高学生的科学素养和综合能力。"百思科学"的课程结构设置注重课程的多样性和选择性,设计了不同难度的课程和活动,让学生可以根据自己的实际情况进行选择和学习。同时,"百思科学"还注重课程的趣味性和互动性,通过生动有趣的实例和互动式的学习方式,让学生更加主动地参与到学习中来。"百思科学"的课程结构设置还注重学科的交叉和融合,将不同学科的知识和方法结合起来,让学生更加全面地了解和应用科学知识。

（一）课程结构

"百思科学"课程结合学生的年龄特点和发展需求,设计了"百思科普、百思探索、百思实践、百思应用"四个部分的课程群。这些课程群既相互独立,又相互联系,形成了一个完整的科学教学体系(见图2-4)。

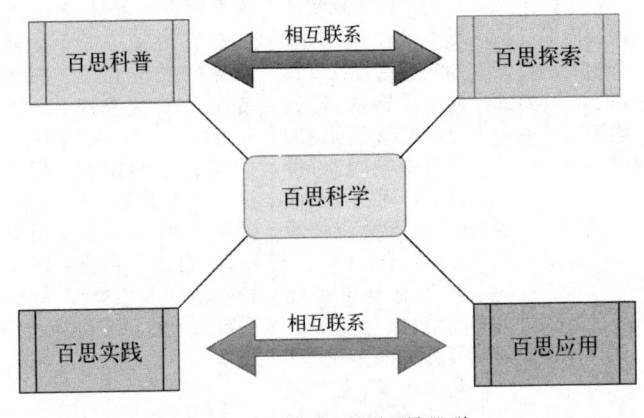

图2-4 "百思科学"课程群

"百思科普"旨在培养学生的科学知识和科学素养。通过系统、全面的课程设计,让学生了解自然科学的基本原理和方法,了解科技与社会、环境的关系。"百思科普"注重科学知识的系统性和连贯性,同时也关注科学知识的实用性和生活性。例如,介绍宇宙中的奥秘、生物多样性的奇妙、光世界的神奇现象等,让学生感受到科学的魅力和无限可能。

"百思探索"旨在培养学生的科学探究和实践能力。通过设计各种实验和探究活动,让学生主动发现问题、提出假设、进行验证和总结。"百思探索"注重学生的主动性和探究性,鼓励他们通过观察、实验、推理等科学方法,探究自然现象,形成科学结论。例如,组织学生开展"植物生长条件探究"等实验活动,让学生在实践中体验科学研究的乐趣。

"百思实践"旨在培养学生的实践能力和创新精神。通过组织各种实践活动,如制作科学模型、开展科学调查等,让学生在实践中巩固所学知识,提升实践能力和创新意识。"百思实践"注重学生的实践性和创新性,鼓励他们通过实践活动,将理论知识转化为实践经验,提高自己的实践能力和创新精神。例如,让学生动手制作太阳系模型,通过实际操作加深对天体运行规律的理解。

"百思应用"旨在培养学生的科学应用和实践能力。通过设计各种应用场景和实践项目,让学生将所学知识应用到实际生活中,培养他们的科学应用和实践能力。"百思应用"注重学生的应用性和实践性,鼓励他们将所学知识应用到实际生活中解决实际问题。例如,开展"变废为宝项目设计"等活动,让学生运用所学科学知识为环保事业贡献自己的力量。

"百思科学"还注重课程的多样性和选择性。根据不同年龄段和发展水平的学生,"百思科学"设计了不同难度的课程,让学生可以根据自己的实际情况进行选择和学习。"百思科学"也注重课程的趣味性和互动性,通过生动有趣的实例和互动式的学习方式,让学生更加主动地参与到学习中来。

总之,"百思科学"通过系统全面的课程设计和生动有趣的教学方式,希望能够在科学教育中发挥更大的作用,帮助学生更好地理解和掌握科学知识,提高他们的思维能力和实践能力,培养出更多的具有创新精神和实践能力的人才。

(二) 课程设置

"百思科学"课程致力于发展学生的科学素养和探究能力,让学生体会到科学研究的乐趣和意义,培养他们的创新精神和实践能力。

"百思科学"课程通过循序渐进的课程设置,培养学生的科学素养、探究能力、创新精神和实践能力,让他们在科学探究的过程中体会到科学研究的乐趣和意义,为未来的科学研究和创新发展打下坚实的基础。由此形成了符合学校实情的"百思科学"课程设置表(见表2-15)。

表2-15 "百思科学"课程设置表

课程类别 年级学期	百思科普	百思探索	百思实践	百思应用
一年级上	植物王国	我是小小植物学家	学会测量	测量与生活
一年级下	动物王国	我是小小动物学家	学会观察	物体与生活
二年级上	认识自然	做大自然的孩子	认识材料	材料与生活

续　表

课程类别＼年级学期	百思科普	百思探索	百思实践	百思应用
二年级下	神奇磁力	磁铁的原理	制作指南针	磁铁与生活
三年级上	水循环	水的三态转变	混合与分离	水与生活
三年级下	认识太阳系	寻找太阳系	养殖蚕宝宝	运动与生活
四年级上	身体的奥秘	食物的消化系统旅行	制作小乐器	声音与生活
四年级下	岩石的奥秘	比较岩石	搭建电路	电力与生活
五年级上	七彩光世界	光的传播	自制计时器	光与生活
五年级下	地球家园	船的研究	让资源再生	环境与生活
六年级上	微小世界	地球的运动原理	工具制作	工具与生活
六年级下	生物多样性	物质的变化	小小工程师	生物与生活

四　学科课程实施与评价

《义务教育科学课程标准(2022年版)》强化了科学课程在动手实践、实验探究和创新思维培养等方面的要求,强调项目式教学、跨学科综合实践能力等育人理念,对科学教师提出了更高要求。"百思科学"课堂旨在引领学生深入思考、广泛探索,把学习变成一种充满好奇与发现的旅程。"百思科学"课堂从建构"百思科普"的知识体系出发,为学生提供丰富的科学知识和案例,开阔他们的科学视野。通过"百思探索"环节,鼓励学生主动寻找问题的答案,培养他们的探究精神和创新能力。在"百思实践"中,学生将所学知识应用于实际,通过动手实践来加深对科学原理的理解。最后,通过"百思应用",学生将科学思维和方法融入日常生活,践行科学精神,推动科学知识的普及与应用。百思课堂始终致力于引领学生在科学的海洋中畅游,不断探索、发现、创新,为他们的全面发展奠定坚实的基础。"百思科学"作为一种以实践、探索和创新为核心的科学教育模式,对于培养学生的科学素养和核心素养具有积极的意义。

(一)建构"百思科学"课堂,提升课堂质量

"百思科学"课堂立足于科学教学的创新理念,以生动的科学实验和现象为基础,设计富有趣味性和启发性的教学内容,体现科学思维培养的系统性。它旨在通过引导学生主动探究、深入思考,培养他们的科学兴趣和实践能力,进而逐步提升科学课程的教学效果。在这个过程中,学生不仅能够掌握科学知识,更能够学会科学的方法和精神,为未来的科学探索和创新打下坚实的基础。接下来我们将围绕核心素养、小组合作两个方面,探讨"百思课堂"的要义与实施。

"百思科学"课堂能培养学生的核心素养。核心素养是指学生在接受教育的过程中应该具备的,对于适应个人终身发展和社会发展需要的必备品格和关键能力。在"百思科学"课堂中,核心素养的培养主要体现在以下几个方面:掌握基本的科学知识,形成初步的科学观念;掌握基本的思维方法,具有初步的科学思维能力;掌握基本的科学方法,具有初步的探究实践能力;树立基本的科学态度,具有正确的价值观和社会责任感。

"百思科学"课堂实施围绕着小组合作学习进行。小组合作学习是一种以小组为单位,通过合作、讨论、共享等方式进行学习的教学方式。在"百思课堂"中,小组合作学习具有以下特点:分组、任务分配、合作探究和成果展示。分组时,按照学生的兴趣、能力等因素进行合理分组,确保每个小组都有不同层次的学生。根据教学内容和目标,为学生分配不同的任务,使每个小组成员都有明确的职责。鼓励学生在小组内进行讨论、交流,共同解决问题,形成对知识的深入理解。每个小组将探究成果进行展示,与其他小组进行分享和交流,实现知识的拓展和深化。

"百思科学"课堂还应贴近生活,具有探究性、综合性和时代性。选择贴近学生生活实际的科学主题,引导学生运用所学知识解决实际问题。设计具有探究性的实验和活动,鼓励学生进行观察、实验、推理等科学实践。注重跨学科的知识整合,培养学生的综合思维能力和创新精神。关注科技发展的前沿动态,引入新的科学概念和方法,培养学生的科学预见能力。

教育部2023年发布的《基础教育课程教学改革深化行动方案》还提出,要提升教师教学评价能力。因此,基础教育课程改革需要全面提升教师的能力,但同时也需要明确不同能力的具体要求和提升途径。只有全面提升教师的能力水平，才能更好地实现课程改革的目标。因此，"百思科学"课堂不仅要评价学生，还要评价老师，促进教师的自我反思。评价细则如下（见表2-16）。

表2-16 "百思科学"课堂评价量表

四个维度	标准解读	星级
"百思"目标	教学的有效性，课程目标明确、清晰	☆☆☆☆☆
	教学目标符合学生的需求和实际情况	
	符合新课标要求	
"百思"资源	教学资源充足和有效	☆☆☆☆☆
	教学资源科学、严谨	
"百思"效果	教学效果达到预期目标，知识掌握程度较高	☆☆☆☆☆
"百思"方法	教学方法符合学生的认知特点和兴趣爱好	☆☆☆☆☆
	学生能认真参与小组讨论并进行展示	

（二）开发"百思科学"课程，启迪科学思维

"百思科学"课程旨在启迪学生的科学思维，引导他们通过深入地探究和实验，发现科学的奥秘与魅力。同时，这一课程也致力于拓宽学生的知识边界，让他们能够接触到更广泛、更前沿的科学领域，为未来的学习和创新奠定坚实的基础。

在"百思科学"课程中，教师应采取以下教学策略：第一，问题导向教学。通过设置问题情境，引导学生主动探究，培养他们的解决问题能力。第二，实践活动。组织多样化的科学实践活动，如实验、制作、调查等，让学生在做中学。第三，互动交流。鼓励学生进行小组讨论、课堂展示等互动交流活动，培养他们的合作精神和沟通能力。第四，反馈与评价。及时给予学生反馈和评价，指导他们改进学习方法，发展核心素养。

教育部2023年发布的《基础教育课程教学改革深化行动方案》提出："注重核心素

养立意的教学评价,发挥评价的导向、诊断、反馈作用,丰富创新评价手段,注重过程性评价,实现以评促教、以评促学,促进学生全面发展。""百思科学"课程作为一门以实践、探索和创新为核心的科学教育课程,其评价是至关重要的一环。因此,评价方法应多维度展开。

表现性评价维度是通过观察学生在实际操作、探究和解决问题过程中的表现,获取评价信息的方法。在"百思科学"课程中,表现性评价可包括观察学生在实验、制作、调查等活动中的表现,了解学生的探究能力和问题解决能力。

作品评价维度是通过评价学生完成的科学作品,了解学生的实践能力和创新思维。在"百思科学"课程中,作品评价可包括实验报告、调查报告、制作作品等。

口头表达与交流评价维度是通过学生在课堂上的口头表达和交流能力对其进行评价。在"百思科学"课程中,口头表达与交流评价可包括课堂发言、小组讨论和展示等。

综合测试与考试评价维度是通过综合测试和考试的方式,了解学生对科学知识的掌握情况和应用能力。在"百思科学"课程中,综合测试与考试评价可包括单元测试、期中考试和期末考试等。

结合学生自身发展特点和学科教学实际,"百思科学"课堂评价细则如下(见表2-17)。

表2-17 "百思科学"课堂评价量表

评价项目	评价内容	评价形式	评价等级
表现性评价	1. 运用科学知识解释自然现象,解决问题; 2. 具备基本的科学探究技能和方法; 3. 能理解科学对社会、生活的影响和应用; 4. 了解科学技术的发展和前沿动态。	实验、制作、调查	☆☆☆☆☆
作品评价	1. 能够提出合理的假设和猜想; 2. 能够设计实验进行验证和探究; 3. 能够运用科学方法进行分析和推理,得出结论; 4. 能够及时调整和改进探究方案,提高探究效果; 5. 作品满足工程设计要求,具有新颖性和实用性。	实验报告、调查报告、制作作品	☆☆☆☆☆

续 表

评价项目	评价内容	评价形式	评价等级
口头表达与交流评价	1. 对科学探究保持积极的态度和兴趣； 2. 能够主动参与探究活动，承担自己的责任； 3. 能够尊重事实和证据，不盲目相信传闻和谣言； 4. 能够善于思考和分析，不轻易否定他人的观点。	课堂发言、小组讨论、展示	☆☆☆☆
综合测试与考试评价	1. 能够正确使用实验器材进行实验操作； 2. 能够独立完成知识点测试； 3. 能够独立思考、自主学习。	测试	☆☆☆☆

"百思科学"课程秉持多维度、全面性的原则，确保评价不仅关注学生的知识掌握情况，更重视对学生实践能力和创新精神的培养。通过课堂评价，"百思科学"实时反馈学生在课堂上的学习表现，鼓励他们积极参与、主动探索；而教师评价则是对整个教学过程的监督和反思，旨在不断提升教学质量。这两个评价维度相辅相成，共同构成了"百思科学"课程评价体系的核心。未来，"百思科学"将会被继续完善，为培养学生的科学素养和创新能力提供有力支撑。

（撰稿者：成晶晶）

第三章
社团，照亮儿童内心世界的光芒

光不仅存在于世界的表面，更深深隐藏在每个人内心的深处。在生命的旅途中，我们不断寻觅着那些闪耀的灵感和深邃的智慧。"逐光社团"就是那一束束闪亮的光，悄悄地照亮着孩子们的内心世界，它们不仅有助于发展孩子们的兴趣爱好，更是成长道路上的一盏明灯。每个孩子都是等待发掘的一颗璀璨星辰，社团活动可以点燃孩子们内心的激情，激发他们对知识的渴望。每个孩子都有独特的光芒，被激活的兴趣如同耀眼的光束一般，点缀着他们的成长历程，可以为他们的学习生涯增添一抹绚丽的色彩，让他们在追寻光芒的路上更加自信与勇敢。

起源于20世纪70年代的具身主义运动,认为身体参与、身体动作和体验学习是知识观转换的重要步骤,强调知识建构过程中的身体参与和个人化理解的价值,重视经验和情境化知识,明确认知是嵌入身体的,具身动作和身体参与的过程就是认知获得的过程,是脑、身体与环境等多方面支撑的整个身体的活动。具身理论主要还梳理了认知个体与知识的关系,认为认知依靠身体的体验,而身体的体验可以从生物、心理、文化背景等多个层面获得。法国哲学家梅洛·庞蒂认为整个身体参与认知,使身体"明白"和"理解","当身体被一种新的意义渗透,当身体同化一个新意义的核心时,身体就能理解,习惯就能被获得"[①]。学生的学习有典型的具身性特征,"儿童乃是以整体的方式与世界相遇,游戏就是儿童融入世界的基本方式,儿童在游戏中交往,在交往中游戏,交往与游戏就是儿童的学习方式和成长方式"[②]。学生的学习过程不是简单的被动静听记忆的过程,而是嵌入身体与环境的,是学习者亲身参与、经历活动获得独特的感受和体验的过程。

"逐光教育"追求人的完善,是对教育的"逐光"过程。在"逐光教育"理念之下,我们创设"逐光社团",尊重学生的发展,尊重学生的成长,尊重学生个体的体验,鼓励学生亲身参与,基于个人感受形成具有个性化的兴趣爱好,让学生在社团活动过程中获得心灵的丰盈与人格的完型。每个学生都是一个多元智力体,社团的出现如同一道光,照亮学生的内心世界,有助于学生寻找自身的兴趣爱好。

在"逐光社团",教师思考的是现代学校教育中"身与心的二元分离和对立"问题——不考虑心灵生长的身体关切与不考虑身心活力的智力教学,我们强调激活学生的身体参与和感受,并以此促成知识与人的融合。在"逐光社团"中,教师坚信每个孩子都是鲜活的生命,每个孩子都有独特的生命之光,教育的过程是向阳而生,逐光而行的。我们将活动性、动手性、参与性作为"逐光社团"开设目标,充分尊重生命发展不同阶段所需的能力,以学生的兴趣爱好为依据,从身体的发展到心灵的发展,站在整体育人的高度,设置学校社团课程,保证每个学生都能够找到适合的发展方向。社团课程就是那一抹小小的光,点亮学生内心的激情,激发他们对学习的渴望。

---

① (法)莫里斯·梅洛·庞蒂.知觉现象学[M].姜志辉,译.北京:商务印书馆,2005:194.
② 刘铁芳,孙意远.儿童何以成为整全的生命:儿童教育的意蕴及其实现[J].湖南师范大学教育科学学报,2020,19(4):35-41,86.

社团课程倡导的是让学生在真实的情境中学习,在活动中学习。社团课程离不开学生的身体动作、身体参与和身体学习,强调具身学习认知的过程。社团活动可以让学生"身体动起来",让学生用"整个"身体去接触知识,与知识打交道,而不是静止地被传授知识,其强调学生整个身体的"浸润",充分尊重学生学习的具身性、游戏性和建构性,使得学生从身体出发去感受、体验、建构、表现,从而激发学生的天赋潜能,引导学生发现个人兴趣爱好。社团活动可将学生置于他人、事、物的关系中,以展现出学生的自然天赋、兴趣爱好,唤起学生内心的美好向往和憧憬,帮助学生感受到生命的力量和为未来学习的动力,激发学生对某种事物的喜好,以促使学生开启积极乐观、充盈丰润、灵动多彩的童年姿态,进而支持学生更好地创造性发展自身的兴趣爱好。

"逐光社团"犹如一束束多彩的光,其特征繁多且颇具特色,具体如下。

一是多样性。"逐光社团"以"尊重学生差异、开发学生潜能""择兴趣所选、扬个性所长"为目标,在对学生的发展需求、校内校外课程资源进行科学评估的基础上,开发可供学生自主选择的多样化社团课程。我校社团课程主要分为:人文素养类、体育健康类、科学素养类、艺术素养类、劳动素养类,共计5大类,涵盖艺术、体育、科技、文化、戏剧等社团。课时安排根据不同课程内容的需要,设置为每课时30分钟、40分钟或60分钟,组织学生进行集中学习或分散学习。社团课程可唤醒、发现每个学生的需求,让每个学生拥有自主发展的内驱力,让每个学生在自己的优势领域里发展,不断为其个人成长、成才助力。"逐光社团"就像一束由多种颜色组成的光,每一种颜色都代表着一种独特的社团类型。学术研究类社团如同深沉的蓝色,代表着知识的深度和严谨,社团成员通常对历史文化、社会现象等人文领域感兴趣,他们通过学习和讨论,培养自己的思考能力和文化素养;艺术素养类社团如同神秘的紫色,社团成员通常富有创造力,善于表达,他们通过艺术作品来传达自己的思想和情感,展现艺术的多元和创新;体育素养类社团如同富有活力、充满激情的橙色,社团成员通常充满活力,善于团队合作,追求卓越和富有竞争精神,展现出积极向上的精神和健康的生活方式;劳动素养类社团如同与大地、自然相符的棕色,社团成员通常注重实践,善于动手,他们通过参与各种劳动活动,培养自己的劳动技能和责任感;科创类社团如同与创新、科技和未来相关联的绿色,社团成员通常具备创新思维和科技能力,他们通过参与各种科技项目和创新实践,培养自身的科创能力。

二是主导性。"逐光社团"中学生不再是被动的知识接受者,而是成为活动的主体和推动者。学生可以根据自己的兴趣和特长选择社团,并在社团中担任不同的角色,发挥自己的作用。这种自主性让学生更加积极参与社团活动,成为活动的主动创造者和参与者。"逐光社团"中学生的主导性特征犹如一束自主闪烁的光,引导学生找到自我,塑造自我。在社团活动中,教师可以设计不同的学习任务、探究实践,引导学生亲身参与、自我管理、团队协作。这一过程,犹如一束由学生自我掌控的光,学生不仅能提升自己的组织领导能力和团队合作能力,还能更深入地理解自我,发掘自己的潜能和特长。

三是实践性。"逐光社团"注重实践,让学生在实践中学习和成长,这就像是一束指引之光,照亮了学生从理论到实践的道路。在社团活动中,学生并不停留在理论学习和讨论层面,而是通过实际操作和实践活动来深化理解和应用所学知识。他们通过亲手操作、亲身实践,将理论知识转化为实际操作能力,从而更好地掌握相关技能和知识。这种实践性可以让学生更加深入地了解所学内容,也可以提高他们的实际操作能力和解决问题的能力。在社团活动中,学生不再满足于现有的知识和技能,而是积极探索新的领域和尝试新的方法。他们通过参与实践活动,不断挑战自我、超越自我,发掘自己的潜力和可能性。这种探索精神让学生更加勇于尝试和创新,也培养了他们的好奇心和求知欲。实践性特征就像一盏指明方向的灯,培养学生的实际操作能力和探索精神。

四是多元性。多元指的是社团评价的多维度、多元化,建立合理的评价与反馈机制是社团课程永葆活力的重要手段,是丰富学生兴趣色彩的保障。社团评价作为"逐光社团"的重要组成部分,在推动社团的健康发展、提升教育质量、促进教师成长等方面都具有深远的意义。在评价内容上,包括社团管理(涉及社团人员名单、组织架构、社团章程、出勤记录、活动记录等,每次社团活动后及时撰写活动反思)、课程研发(意义、目标、教案等)、实施过程、展示宣传、活动成果五大方面。在评价方式上既有资料评价也有现场评估。在评价主体上有课程委员会评价,也有学生评价、家长评价。社团评价着重关注学生的兴趣发展需求,旨在培养学生的实践能力和创造能力,促进学生间的交往和互动,关注教师社团活动的组织和指导,促使社团活动正常、有序进行。社团评价和反馈,可以让组织者和参与者了解活动的优缺点,以便在今后的活动中加以发扬和改进。同时,通过评价和反馈机制,让学生的兴趣爱好得到更好的发展和提升(见表3-1)。

表3-1 "逐光社团"评价量表

社团	评价指标	权重	评估方式	得分
社团管理 (20分)	1. 社团具有规范的名称、制度和章程,并及时完善执行	4分	查看资料	
	2. 社团内部有严谨的机构设置,有社长、社员和社团学生,各项工作分工合理	4分	查看资料	
	3. 指导教师引导得当,社团活动场地及设施有严格的使用制度	4分	实地查看	
	4. 服从学校的管理及领导,按时参加各项会议,并按要求及时传达和执行	4分	查看记录 实地查看	
	5. 按时上交学期课程纲要、方案计划、活动记录、课程质量分析和学期总结	4分	查看资料	
课程研发 (25分)	1. 社团课程符合学校文化、培养目标,且主题鲜明、健康积极、富含特色,对学生具有较强的吸引力	6分	查看资料	
	2. 社团课程的研发具有稳定、规范的以及标准的工作流程	7分	查看方案	
	3. 社团活动内容能够促进学生个性发展,参与面广,展现学生自我特长	6分	查看资料 问卷调查	
	4. 每个学期都具有活动反馈、课程反馈以及实施反馈	6分	查看资料	
实施过程 (20分)	1. 活动期间组织纪律严谨,工作安排到位,整个活动井然有序	5分	实地查看 查看记录	
	2. 社团成员稳定,有成员花名册;学生出席有记录,课堂表现有记录	5分	查看记录	
	3. 活动有计划、有方案、有文字资料以及活动照片和活动小结	5分	查看资料	
	4. 学生展现出一定的课堂兴趣,整个课堂氛围和谐共融,具有较好的课堂效果	5分	实地查看 问卷调查	

续 表

社　　团	评　价　指　标	权重	评估方式	得分
展示宣传 （15分）	1. 能独立开展对外开放活动或参与校内大型活动,且主题突出鲜明,受师生欢迎	8分	查看方案 实地查看	
	2. 社团活动有一定的图片记录,每次活动都有宣传报道,具有一定的影响力	7分	查看资料 师生访谈	
活动成果 （20分）	1. 参与社团成果展示活动,以社团名义参加校内外大型活动,取得良好效果	10分	查看资料 实地查看	
	2. 以社团名义参与区级、市级、省级的大型比赛,并取得良好效果	10分	查看资料 师生访谈	
合计				

总而言之,"逐光社团"就像一束闪亮的光,温暖人心,给人力量,为学生成长的道路带来指引。这束光,汇聚了学生的热情与才华,让他们在校园中找到属于自己的舞台。这束光,点亮了知识的海洋,让学生在探索与实践中得到了成长。这束光,照亮了学生的成长道路,点亮了教育的希望。

（撰稿者：黄雅丽）

第一节 古诗新韵：丰厚人文素养

人文素养类社团的光照亮人们的内心深处，为学生提供了一个探索人类文化和价值观的平台。通过参与这些社团，学生能够深入了解历史、文学、哲学等领域的相关知识，培养学生的批判性思维和沟通能力。这些社团不仅丰富了学生的知识储备，还培养了学生对不同文化的尊重和理解，让学生在多元的文化中加深对传统文化的理解。

一 社团背景

古典诗歌是我国文学宝库中的瑰宝，其不仅内涵丰富，具有很高的审美价值和很强的艺术感染力，而且十分适合学生诵读。本项目主要通过"诗""乐""舞"相结合的形式，依托跨学科融合的课程设计理念，尝试将语文学科的古诗教学、音乐学科的吟唱教学与舞蹈教学有机融合。

二 社团目标

一是能正确、流利地朗读、背诵、吟诵古诗，体会古诗中对于"春天"景色的描绘，初步感受自然造化的神奇与美妙，人与世间万物的和谐共处，体会诗人对春天的赞美和喜爱。

二是能通过吟诵感悟诗歌的音律美。通过诗词吟诵、说唱教学，在还原诗歌本真"面貌"的同时，进一步领略诗情、品味诗韵。

三是通过拓展活动创编古诗舞蹈串烧，用肢体动作将诗歌内容表现出来，表达出"春天"的生机与活力，让舞蹈与古诗意境相融合。

三　社团内容

"古诗新韵"融合案例——以古诗吟唱的形式,将几首古诗串联成一部诗、乐、舞相结合的作品,分为"和诗以文""和诗以歌""和诗以舞"三个板块(见图3-1)。

板块一
通过带领学生了解作者生平、创作背景与文本内涵,帮助学生读懂古诗。

板块二
通过吟唱的方式,辅助学生体会音韵、格律之美。

板块三
主要结合诗歌的内涵、格律、吟唱、意境,创编手势舞,以表现诗中重点的意象、动作和情感。

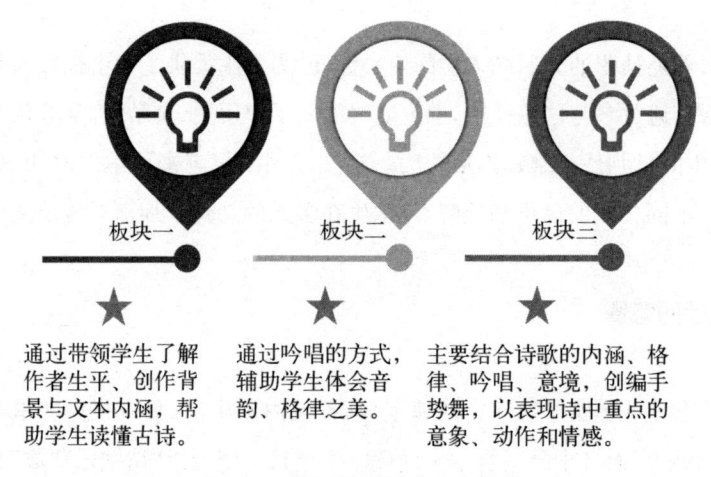

图3-1　"古诗新韵"的三个板块

板块一是"和诗以文"。古诗词是我国文学宝库中的瑰宝,其不仅内涵丰富、意蕴深远,还具有很高的审美价值和很强的艺术感染力,十分适合学生诵读学习。学生通过学习、赏析古诗文,在古代文学家、圣人的作品中,汲取了丰富的营养,为他们的人生奠定了良好的文学基础。板块一通过带领学生了解作者生平、创作背景与文本内涵,帮助学生厘清背景,读懂古诗词,理解大意,初步感知诗人情感,为其后续的学习打下基础。

板块二是"和诗以歌"。诗词与音乐的关系密不可分,音乐有旋律和节拍,诗歌也有格式和韵律,平长仄短,依字行腔。古诗词可合调歌唱,是文人以诗入乐的首选体式。古代诗人的创作,尤其是绝句,大多被诗人用来入乐,诗人通常在低吟浅唱间将情感表达出来。因此,板块二主要以播放视频或示范吟唱的方式辅助学生体会音韵、格律之美,将平仄、押韵用长短线来表示,学生在读、诵、吟的过程中找到诗词学习、积累的乐趣,进而在吟诵的过程中完成对诗词的背诵。

板块三是"和诗以舞"。手势舞的练习也是对"古诗"的一种创新性表达,将经典诗词和流行舞蹈有机结合在一起,以当代人更喜闻乐见的方式,去创造性地表现诗词,同时学生可以通过舞蹈练习,培养兴趣、协调四肢、强健体魄,这种学习方式在一定程度上可以教会学生用现代的方式去理解、传承、创新优秀的传统文化。板块三主要结合诗歌的内涵、格律、吟唱、意境,创编手势舞,以表现诗中重点的意象、动作和情感,帮助学生更精准地定位和抓取诗歌表现的意境及情感。

项目用"和诗以文""和诗以歌""和诗以舞"的形式促成"智育""美育""德育"的融合,加强学生对古诗词文化内涵、情感的理解,并创新其艺术表现形式。让学生在学习的过程中弘扬传统、培养兴趣、树立自信;在感受到诗歌的韵律美、意境美的基础上,通过吟唱、说唱、手势舞、舞蹈创编等方式,创造性地表达出对诗歌的理解。诗、乐、舞的融合活动,有助于学生传承中华文化、陶冶情操、增强体质,进而可以引导青少年美育、德育的可持续发展,拓宽学校"五育并举,协同育人"的新路径。

四 实施过程

本项目具体以《春晓》《惠崇春江晚景》《游园不值》《村居》《咏柳》等古诗为学习对象,依托跨学科融合的课程设计理念,尝试将语文学科的古诗教学、音乐学科的吟唱教学与舞蹈教学有机融合。项目重点突出诗词教学的"文学性""音乐性""审美性"特征,让古诗词教学内容更加宽泛,形式更加新颖。在蕴含"诗""乐""舞"的课堂中,让学生学会欣赏美、热爱美、创造美,实现中华优秀传统文化创新发展的目的,从而激发学生学习古诗词的热情,促成智育、美育、德育的有机融合。

本项目旨在通过合作学习,创新古诗词的学习模式,以"吟唱、说唱、手势舞、古诗词贴画"等形式,引导学生创造性地表达对诗歌的理解。项目的实施具体分为以下四个阶段。

阶段一:感诗意,悟诗情。

这一阶段,主要学习《春晓》《惠崇春江晚景》《游园不值》《村居》等关于"春天"的诗歌。教师引导学生正确、流利地朗读、背诵、吟诵古诗,体会古诗中对于"春天"景色的描绘;让学生初步感受自然造化的神奇与美妙,感受诗中春天的美好情景以及孩子们快乐活泼的形象;通过朗读,培养学生感受美、欣赏美的能力,并使之通过想象领悟诗人所表达的思想感情,树立保护自然的基本意识。鼓励学生积极观察自然、热爱自然,树立积极向上的人生态度。

在授课过程中,教师可首先出示四首古诗的诗配画作品,让学生初步感受春日的明媚、温暖与美好。随后教师可引导学生自主合作,初读古诗。以四人为一个小组,每个组员分别自选一首古诗,读给其他组员听。同时,教师应明确好朗读要求:一是读准字音、读通诗句、读出情感;二是认真倾听,并为组员的朗读打分。在充分朗读的基础上,教师随机抽取四名同学进行诵读展示并相机指导。

在细读品味、想象画面的环节中,教师可简要介绍四首诗歌的作者、时代背景及对重点词汇进行讲解,示例如下。

"裁":春风好似拥有一双妙手,"裁"将柳叶与春风巧妙地联系在一起,让柳叶有了神韵,让春风有了情义,也让读者生出无限想象,"是造物者之无尽藏也"。春风这会儿能将柳树裁剪成含羞少女,一定也能有更巧夺天工的创作。

"苍苔":是一种绿色的植物,空气潮湿的时候,特别是春雨过后就会贴着地皮长出来,沿着街门前的小路不断地生长。"苍"就是绿,"苔"就是沿街而上的。

"蒌蒿、芦芽、河豚":出示图片理解。

在弄懂词汇和背景的基础上,教师应进一步引导学生想象画面,读懂诗意。在教学中,教师可以先出示四首诗歌的插画,让学生结合插图,以小组合作的形式简要说出诗歌内容。随后,老师引导学生结合对诗歌内容的理解,充分发挥想象力,小组合作完成诗配画作品。在完成作品的基础上,老师可让学生自由选择其他关于"春天"的诗歌,完成古诗词贴画作品。

在初步理解诗歌内容的情况下,教师可以引导小组进行进一步朗读,读出诗境、感悟诗情;并通过古诗词临摹,让学生在静心书写的环境下,陶冶情操、理解内容、想象画面、感悟意境。

阶段二:吟诗句,品诗韵。

第二阶段,老师主要通过吟诵,引导学生初步感悟诗歌的音律美,并结合快板艺术,以更为活泼的形式,创造性地改编诗歌。

授课时,老师引导学生通过小组合作,分享自己课前搜集到的快板知识。教师介绍快板艺术的由来、演变及表演方式：快板是一种传统说唱艺术，属于中国曲艺韵诵类曲种。早年称作"数来宝"，也称为"顺口溜""练子嘴"，是从宋代贫民演唱的"莲花落"演变发展而成的。快板有单口、对口、群口三种表演方式。唱词合辙押韵自由，一段唱词可以自由转韵，称为"花辙"。表演时演员用竹板击打节拍，一般只表演说理或抒情性较强的短篇节目。

在充分了解理论的基础上，老师带领学生观看快板表演视频，让学生感受其表演的基本形式与效果。教师结合《惠崇春江晚景》的快板改编曲目进行展示，让学生感受快板的辙韵规律，和古诗词的"押韵"与"节奏"联系起来。

阶段三：舞诗魂，强体魄。

本阶段，老师主要引导学生结合对诗歌内容及音韵音律的理解，感受意境，想象画面。在授课过程中，教师需要结合诗歌重点内容，讲解舞蹈动作。学生观看教学视频，熟悉动作。通过拓展活动创编古诗舞蹈串烧，用肢体动作将诗歌内容表现出来，表达出"春天"的生机与活力，让舞蹈与古诗意境相融合。随后学生自由练习，教师相机指导。

此外，课程还根据教学设计，创造"真实"的学习情境，拓展"揖礼"的讲解与动作练习，既可以传承古代文化，也可以培养学生的品德情操。

阶段四：鉴成果，以评价。

评价包括以听课、自评、互评为主的阶段性评价和以"诗""乐""舞"展演为主的总结性评价两种。

阶段性评价包括学生每日课后根据自身及同学的基本听课学习情况的评价，将其纳入对学生的综合考评当中，是基于对学生日常学习的持续观察、记录、反思而作出的评价，旨在通过监督、提醒、激励的手段督促学生学习，促使其养成良好的学习习惯（见表3-2）。

表3-2 "古诗新韵"阶段性评价表

测评内容	测评指标	测评比例	得分
自我评价	学生能诚实地对自己的听课态度、习惯、能力等方面进行评价，培养学生在听课中的自省能力，使其更好地进行学习。	20	

续 表

测评内容	测评指标	测评比例	得分
小组评价	组员根据对方的课堂表现进行互评,彼此间真诚评价,以便相互取长补短,实现高效学习,共同进步。	20	
教师评价	对学生吟诵兴趣、习惯、能力、课堂表现等进行评价,树立榜样,以点带面,促进全体学生吟诵水平的提高。	20	
作品评价	以小组为单位,进行作品选择、舞蹈创编、练习,在"诗""乐""舞"展演比赛中进行表演,具体评价细则见表3-3。	40	

阶段性评价侧重于对学生的吟诵、舞蹈等综合能力进行考评,从语言表达、仪容仪表、肢体动作等方面进行评价,更侧重于学生的综合素养。老师可根据阶段性评价结果,选择出一支最为优秀的小团队,进行进一步的训练,打磨作品进行参赛。

总结性评价是对学生或学生团体展演的综合表现作出的评价,是综合学生的临场表现、语言表达、情感表现、展演效果作出的评价。除专业教师评委参与评价外,还可以邀请同级学生作为大众评委进行评审,让学生全程参与其中(见表3-3)。

表3-3 "古诗新韵"总结性评价表

评价内容	分值	评分标准	评分
主题呈现	20	内容生动丰富,寓意深刻,能体现出丰富的传统文化性、音乐性、舞蹈性。	
情感表现	20	契合作品内容,能恰当地表情达意,引人入胜,富有情感张力。	
吟诵效果	20	吟诵有感染力,声情并茂,富有韵味和表现力。	
舞蹈效果	20	能将舞台效果与朗读内容、作者情感、整体表现完美融合。	
乐器使用	10	表演能结合乐器,熟练使用乐器配合吟诵、舞蹈,完成一场高水平的表演。	
团队协作	10	动作恰当,自然大方,精神饱满,动作整齐,能呈现出团队的整体风貌。	
总分			

五 社团成效

社团旨在通过故事吟诵、表演,让学生在了解古诗词的基础上,弘扬中华优秀传统文化,并创造性地进行艺术改编。过程注重对感悟、吟诵、鉴赏、舞蹈能力的培养与提升,并致力于培养学生对传统古诗词进行创新性、艺术性改编的能力。旨在通过"美育""德育""智育"并举,提升学生的综合素养与能力。

通过"古诗新韵"学习,初步取得了以下成效:一是加深了学生对民族精神和中华优秀传统文化的理解。让他们在感悟、吟诵中亲近中华经典,感受诗词文化的魅力,从中华文化宝库中汲取资源、涵养品行,树立文化自信。二是通过"和诗以文""和诗以歌""和诗以舞"的形式将传统诗词经典与现代文化艺术相融合,通过乐理、舞蹈教学,初步熏陶学生的艺术审美能力,让学生学会在诗词文化中欣赏美、热爱美、创造美。三是初步形成小学低段古诗词教学与音乐、舞蹈学科的融合路径,促进"智育""美育""德育"的有机融合。

本社团以融合的形式,致力于将古代文学和现代艺术的形式打通,培养学生理解和传承传统文化的基本素养,并且进一步培养其对传统文化积极进行创造性、艺术性表达的素养。

(撰稿者:魏星)

第二节　种植小乐园：点燃劳动热情

劳动素养类社团的光照亮人们的实践之路，它们通过提供各种劳动和服务机会，帮助学生培养实际操作技能和团队合作能力。参与这些社团的学生可以学习到分配资源、解决问题和管理时间的重要性。此外，劳动素养类社团还能够增强学生的责任感和自信心，培养他们的领导潜力，并为其将来的职业发展打下基础。

一　社团背景

随着"双减""五项管理"等一系列政策文件的出台，为做好教育工作的"加减法"，有效为学生健康发展服务，切实落实立德树人根本任务，实现"为党育人，为国育才"的教育目标，学校结合本校教育特色和优势，积极探索学校课后托管服务，开发劳动教育的资源，努力打造"以劳育德、以劳促智、以劳健体、以劳树美、以劳创新"的特色目标。在"双减"政策背景下，学校创造性地组织学生开展了种植小乐园社团活动，增强学生的劳动意识，不断丰富学生的劳动体验，让劳动教育为学生成长"赋能"，旨在培养德智体美劳全面发展的少年。

《义务教育劳动课程标准(2022年版)》指出，新时代的教育要坚持德育为先，提升智育水平，加强体育美育，落实劳动教育。劳动教育是发挥劳动的育人功能，对学生进行热爱劳动、热爱劳动人民的教育活动。作为新时代教育改革的亮点之一，教育部正式印发《义务教育课程方案(2022年版)》，将劳动从原来的综合实践活动课程中完全独立出来，并发布《义务教育劳动课程标准(2022年版)》。义务教育劳动课程以丰富开放的劳动项目为载体，重点是有目的、有计划地组织学生参加日常生活劳动、生产劳动和服务性劳动，让学生动手实践、出力流汗，接受锻炼、磨炼意志，培养学生正确的劳动价值观和良好的劳动品质。

劳动是一切幸福的源泉。习近平总书记在全国教育大会上强调：要在学生中弘扬劳动精神，教育引导学生崇尚劳动、尊重劳动，懂得劳动最光荣、劳动最崇高、劳动最伟大、劳动最美丽的道理。劳动教育是中国特色社会主义教育制度的重要内容，是全面发展教育体系的重要组成部分，对全面贯彻党的教育方针，落实立德树人根本任务，培养德智体美劳全面发展的社会主义建设者和接班人具有重要的意义。

而《国家中长期教育改革和发展规划纲要（2010—2020年）》指出："开发实践课程和活动课程，加强学生社团组织指导。"社团活动以其实践性、丰富性、趣味性为学生提供了自主发展的平台。社团活动朝课程化方向发展势在必行。社团活动的课程化是指将课程建设的逻辑融入社团活动的开展之中，在育人目标、活动内容、组织方式、评价方式等方面形成完整的课程体系，不仅有利于规范社团活动，提升活动质量，而且能够有效推动学校的校本课程建设，由此带动整个学校教学与科研的深度发展。此外，社团活动是校园文化的重要组成部分，通过与劳动相结合，可以让学生在参与社团活动的同时，体验到劳动的价值和意义，进而丰富和拓展校园文化。不仅可以丰富学生的校园生活，培养他们的兴趣爱好和团队合作精神，还可以扩大他们的知识储备量，提升他们的社会责任感。

因此，在劳动教育越来越受到重视的背景下，以学校和教师为主导，成立了多个劳动社团，以种植小乐园社团为例，本社团旨在利用学校的土地资源，为学生提供一个亲近自然、体验植物生长过程以及培养环保意识的平台。社团由学校教师担任指导，并由自愿参加的学生组成。社团实践场所是学校的一片空地，经过精心规划和整理，成为一个适合植物生长的乐耕园。学生可以在这里进行实际的种植操作，并且可以在不同季节种植不同的植物。此外，社团还组织了一些户外活动，例如参观植物园或园艺展览等，以增加学生对植物和园艺的了解和兴趣。通过每周三丰富多样的种植实践，教师引导学生树立以辛勤劳动为荣，热爱劳动、辛勤劳动、诚实劳动的劳动精神。通过开展各种形式的劳动活动，让学生参与其中，亲身体验劳动的艰辛与乐趣，培养他们的劳动习惯和团队合作精神，提高他们的社会责任感和实践能力。同时，种植小乐园社团还可以为学生提供展示自己才华的机会，促进学生的个性化发展和自我价值的实现。

二　社团目标

种植小乐园社团的开设目标是通过实践性的劳动活动,培养学生的观察能力、动手能力和团队合作精神,同时增加学生对植物生长和生态环境的认识,提升他们的环保意识和科学素养。以下是对种植社团开设目标的详细阐述。

一是培养学生的观察能力和动手能力,在种植社团活动中,学生需要密切观察植物的生长过程和变化,还需要动手完成浇水、施肥、修剪等工作。二是帮助学生认识常见的农作物、蔬菜的名称及其生长特点等,学习种植需要的必要环节,初步掌握种植方法,学会种植常见蔬菜。三是培养学生的劳动观念,激发学生的劳动热情,让学生体会劳动人民的艰辛。四是激发学生的好奇心和求知欲,初步养成从事探究活动的正确态度,使学生获得探索的体验,培养学生提出问题、分析问题、解决问题的能力。五是培养学生的团队合作精神,种植小乐园社团活动通常需要多人合作完成,例如,在种植过程中需要分工合作、共同完成任务。六是增加学生对植物生长和生态环境的认识。在种植小乐园社团活动中,学生可以了解植物生长的过程和特点,了解植物与环境之间的关系,增加对生态环境的认识。这些知识不仅可以帮助学生在日常生活中更好地照顾植物,还可以帮助他们更好地理解自然环境和生态平衡。七是提升学生的环保意识和科学素养,种植小乐园社团活动是一种环保行为,在改善校园环境质量的同时也能够培养学生的环保意识。此外,在种植过程中,学生需要运用科学知识来解决一些问题,例如控制病虫害、提高产量等,还可以提高学生的科学素养和应用科学知识的能力。八是促进校园文化和特色发展,种植小乐园社团活动可以成为校园文化的重要组成部分,为学校营造劳动实践的氛围,促进校园文化的特色发展。

综上所述,种植小乐园社团的开设目标是通过劳动实践和团队合作,培养学生的观察能力、动手能力和团队合作精神,同时增加学生对植物生长和生态环境的认识,提升他们的环保意识和科学素养。通过合理的组织架构、年度计划和活动方案的制定以及成员的培训和管理等措施的实施,可以确保社团活动的顺利开展和取得实效。

三 社团内容

种植小乐园社团是一个充满趣味和探索的社团,它旨在为学生提供一个亲近自然、体验植物生长的场所以及培养劳动意识的空间。以下为开设内容。

一为植物知识分享。每节课进行种植实践之前,教师都会分享关于植物生长的知识和技巧,让学生了解植物的种类、生长过程以及所需的环境等基本知识。此外,教师还会穿插分享一些有趣的植物故事,如植物的生存策略、植物之间的竞争等,以增加学生对种植的兴趣。

二为种植技术实践。在了解了基本的植物知识后,学生们可以开始进行实际的种植技术实践。这包括学习如何选择合适的土壤、如何播种、如何控制光照和温度等。在实践中,学生们可以亲手照顾植物,观察它们的生长变化,并记录下来。

三为观察与记录。在植物的生长过程中,学生们可以通过观察和记录来了解植物的生长规律和特点。他们可以记录植物的形态、颜色、大小以及生长速度等信息,并尝试分析这些信息与环境因素之间的关系。这样不仅可以帮助学生更好地了解植物的生长过程,还可以提高他们的观察和记录能力。

四为环保意识培养。作为种植小乐园社团的一部分,学生们可以通过学习和实践来增强他们的环保意识。他们可以了解植物对于环境的重要性,包括净化空气、控制水土流失、提供栖息地等。同时,他们还可以学习如何保护植物和环境,如减少使用化肥和农药、合理规划城市绿化等。

五为合作意识培养。种植小乐园社团活动对学生进行分组,每组通过团结协作获取不同的"工分",根据团队合作情况和个人劳动情况进行"工分"积累。工分是学生兑换种植成果的"通行证",以激发学生的种植热情,让学生乐在其中。

六为分享与展示。在学期结束时,教师可以组织一次分享和展示活动。学生们可以展示他们种植的植物、记录的观察结果以及学到的知识和技能。这不仅可以让他们分享自己的经验和成果,还可以鼓励他们继续探索和学习。

具体到每一周的安排如下:第一周为平整土地,做陇;第二周为播种,把种子撒到地里,布置任务——制作观察日记;第三周为浇水技巧的学习;第四周为田间除草;第五周为幼苗的管理;第六周为认识害虫,植物病虫害的治理;第七周为学习如何科学施肥;第八周为学习各种植物生长期的养护;第九周为学习催肥;第十周为学习收获要注意什么;第十一周为种植新的植物;第十二周为植物的移栽;第十三周为学习科学浇水,施肥;第十四周为优秀观察日记评比。

四 社团评价

种植小乐园社团采用"工分制",每节课通过不同维度进行积分,对社员的评价主要从以下几个方面进行考量。

首先是积极性。社员是否积极参与种植活动,是否能够主动参与讨论和决策,是否能够与其他成员协作完成任务。

其次是技能水平。社员在种植方面的技能是否得到提高,是否能够掌握更多的实践技能和知识,是否能够更好地解决种植过程中遇到的问题。

再次是贡献度。学生是否对自己小组植物的种植作出积极的贡献,是否能够为其他社员提供帮助和支持。此外,还有对交流能力的考核。小组成员、小组与小组之间的交流和沟通是否顺畅,是否能够有效地表达自己的想法和意见,是否能够听取和尊重其他成员的意见。

最后是对组长领导能力的评价。组长有单独的两分考核分,主要考查其是否有能力领导和组织小组成员开展种植活动,是否有责任心和自信心,是否能够为其他组员树立榜样。

根据以上评价标准,可以对种植小乐园社团的成员进行全面的评价。评价具备阶段性、形成性的特点。每两周进行一次"工分大兑换",兑换物品为学生自己种植收获的各种植物。多劳者多得,"工分"高者优先进行兑换。学期末的优秀社员评比也依托于"工分制",评价结果可以作为学生在种植方面个人成长的参考,也可以为社团提供改进的建议和依据。

五　社团成效

种植小乐园社团的开设成效显著,它不仅提高了学生的综合素质,增强了学生的劳动意识和环保意识,还丰富了校园文化内涵,推动了学科交叉融合。具体可以从以下几个方面进行阐述。

一是学生们养成了热爱劳动的良好习惯,明白了"劳动光荣,不劳动可耻"的道理,加强了劳动意识,积极参与了每一次实践活动。通过亲自实践体会劳动的艰辛,在劳动成果的收获中感受其带来的快乐。

二是学生们对植物和种植的兴趣明显提高。在社团活动中,他们表现出了对植物生长的浓厚兴趣,从而积极参与到种植实践中,并乐于分享自己的观察和发现。

三是学生们在种植技术方面取得了显著的进步。他们学会了如何选择土壤、播种、松土、施肥等基本种植技巧,并能够熟练地进行松土、捡石子、除草、施肥等操作。

四是学生们掌握了更多的农业劳动基本知识,学会了种植辣椒、生菜、菜心等农作物的方法。了解了土壤的基本特性和施肥保水的作用等。

五是通过观察和记录植物的生长变化,学生们提高了自己的观察能力和科学探究能力。他们学会了如何记录植物的形态、颜色、大小以及生长速度等信息,并尝试分析这些信息与环境因素之间的关系。

六是学生们的环保意识有了明显的提升。他们了解了植物对于环境的重要性,并学会了如何保护植物和环境。在实践中,他们尽量减少使用化肥和农药,并积极参与班级、校园乃至城市的绿化活动。

七是种植小乐园社团活动增强了学生们的团队合作能力和领导力。在活动中,学生们分组进行讨论、合作解决问题以及分享经验和想法,从而培养了其团队合作的精神。同时,在活动中,一些学生还发挥了领导作用,带领团队完成了任务。

八是学生在与团队成员协作的过程中,体会到了分享的快乐,乐于将自己小组的劳动成果分享给其他小组。

九是"工分"考核制度提升了学生的良性竞争意识。除了培养团队精神外,种植小乐园社团也鼓励良性的同伴竞争，在完成小组种植任务的同时，教师依据个人完成任务的情况给予学生不同的工分奖励。每到植物收获时，学生使用自己"挣"来的"工分"进行兑换。良性的竞争与合作相互依存，学生对种植的兴趣也日渐浓厚。

综上所述，种植小乐园社团的开设对于学生的全面发展具有积极的作用，不仅能够增强他们的环保意识，培养他们的劳动精神和实践能力，还能够促进他们团队协作精神和良性竞争意识的发展。

（撰稿者：黄梅）

第三节　陶笛社团：熏染艺术气息

艺术类社团的光照亮人们的创造力，它们为学生提供了一个自由表达和展示才华的平台。学生通过参与音乐、舞蹈、绘画等社团，可以发展自己的艺术技巧和审美能力。这些社团不仅培养了学生的创造力和想象力，还提升了他们的表达能力和自信心。艺术类社团也能够培养学生的情绪管理能力，帮助他们在压力下找到情感的发泄方式，获得情感平衡。

一　社团背景

当学校的教育愈发注重培养学生的全面素养和创新精神时，社团建设成为塑造学生个性与发展潜能的重要途径之一。在这个多元化的时代，为了更好地满足学生的兴趣需求，学校决定开设陶笛社团，为学生提供一个展现才华、发挥创造力的独特平台。陶笛社团的设立旨在激发学生对音乐艺术的热爱，促使他们在轻松愉悦的氛围中培养协作精神，提高审美水平，从而在全面发展中取得更为丰硕的成果。通过深入挖掘陶笛这一传统乐器的魅力，我们致力于在学校社团建设中营造一种融合传统文化和现代审美的独特氛围，为学生提供一个展示个人风采、培养团队协作的独特平台。在未来的日子里，我们期待看到陶笛社团成为学校文化的亮点，为培养学生的创新能力和团队协作精神贡献力量，为学子们的成长之路添彩加分。

在教育部"人人会乐器"的文件要求下，各中小学以学校为单位选择某一种或某几种乐器进行全校的普及式教学。同时在"双减"政策背景下，为了推进素质教育，丰富学生课余生活，培养学生的个性发展，学校开设了不会太增加学习压力、不太难的陶笛社团。陶笛是一种古老而充满魅力的乐器，它起源于中国，具有独特的音色和音乐传统。陶笛不仅可以用来演奏美妙的音乐，还可以帮助人们放松心情、陶冶情操，是一种独特的乐器。

本课程旨在向学习者介绍陶笛的基本知识和演奏技巧,为初学者提供一个深入了解陶笛的机会。不论是否有音乐经验,本课程都将逐步引导学生进入陶笛的美妙世界。

二 社团目标

陶笛社团的开设目标分为以下两个方面。

一是总目标:通过校本课程"重启千年之声"——陶笛社团课的开展推动学校艺术教育的发展。陶笛是简单易学、便于携带的小乐器,既可锻炼学生的左右手,促进大脑发育,又可以丰富学生的艺术学习类型。对学生来说,乐器是有趣的、有吸引力的,能够学习掌握一种乐器的基本演奏方法是非常开心、自豪的。陶笛社团课可丰富学生的精神世界,促进其身心发展,推动其个性发展。

二是教学目标:掌握陶笛的基本知识,如种类、历史等;掌握一定的演奏技巧,能演奏简单的陶笛曲目;能够进行作品表演,展示他们的进步和成就,增强其自信心。

这些目标共同构成了一个全面而有针对性的陶笛社团发展方向,旨在为学生提供一个充满学术、文化和社交价值的学习平台。

三 社团内容

(一)讲解陶笛的历史和文化背景

陶笛是一种古老的乐器,其历史和文化背景可以追溯到几千年前。以下是陶笛的历史和文化背景要点。

一是起源和历史。陶笛起源于中国,可以追溯到公元前7世纪。最早的陶笛化石发现于中国河南省的遗址中。在中国,陶笛被称为陶埙,是古代农民和牧民的常用乐器,用于祭祀、庆典和娱乐活动。随着时间的推移,陶笛传播到亚洲其他国家和地区,如日本、朝鲜、印度等,各地演奏风格和制作工艺有所不同。

二是结构和制作。陶笛通常由陶瓷、黏土或陶土制成,具有一个吹口和若干个音孔。音孔的覆盖和开启控制了陶笛的音调。通过改变吹气的力度和覆盖音孔的方式,演奏者可以吹出不同的音符。

三是文化意义。陶笛在中国文化中具有深厚的历史和文化意义。它常常与田园生活、农业、自然和宗教仪式相关联。在中国古代文学中,陶笛常常被用来表达对自然和田园生活的赞美。陶笛也在一些中国民间传说和神话中扮演着重要的角色。

四是传承和演变。尽管陶笛是一种古老的乐器,但它仍然在现代音乐中存在并得到传承。一些现代音乐家和演奏者将陶笛与其他乐器和音乐风格相结合,创造出新的音乐声音。陶笛的制作和演奏技艺也得到了传承,一些陶艺家致力于制作高质量的陶笛。

总的来说,陶笛作为一种古老的乐器,不仅承载着中国的历史和文化,还在世界范围内产生了影响,成为音乐和文化遗产的一部分。它代表着人类对音乐和自然的探索,以及对古老传统的珍视。同时,陶笛也为人们带来了美妙的音乐体验。

(二) 认识陶笛的构造和不同类型

陶笛的构造基本相同,但在不同地域和文化中可能存在一些变化。以下是六孔陶笛的基本构造和一些主要类型示例。

一是基本构造。吹口:陶笛的一端有一个吹口,演奏者通过吹气产生声音。主体:陶笛的主体呈空心管状结构,一般由陶瓷、黏土或陶土制成。二是不同类型。中国陶笛(陶埙):中国陶笛是最常见的陶笛类型,通常由陶瓷或陶土制成。它有八个音孔和一个吹口,音调丰富,可以演奏多种音阶。日本陶笛(篠笛):日本陶笛外形细长优雅,通常由竹子制成。印度陶笛(班卡拉):由竹子制成,有六个音孔。印度尼西亚陶笛(生托卡):由陶瓷或陶土制成,外形粗糙,具有独特的声音和音调。

以上是陶笛的一些主要类型示例,实际上在全球范围内还存在许多其他富有地域性和文化性的陶笛类型。每种类型的陶笛都有其独特的音色和演奏特点,反映了不同地区和文化对音乐的独特理解和表达方式。

(三) 陶笛的基本音阶和音乐理论

陶笛的基本音阶和音乐理论与其他乐器基本一致,主要涉及音符、音阶和调式的概念。音符是音乐的基本单位,用来表示不同的音高。在陶笛演奏中,音符用乐谱上的符号表示,例如音符的形状和位置。陶笛的音乐理论涉及音符的持续时间、节奏、音乐表达等方面。演奏者需要理解和掌握音乐记谱法(如五线谱或简谱),以及基本的节奏感和表达技巧。

陶笛在不同的文化和音乐传统中可能具有不同的音乐理论和演奏技巧。在深入研究陶笛音乐时,了解该地区的音乐文化和传统对于更好地理解陶笛的音乐理论是有帮助的。

(四)陶笛的基本演奏技巧

一是吹奏姿势,演奏者应将嘴对准陶笛吹口,并将笛身稳定地握在手中。吹口和笛口之间的距离和角度会影响音调和音质,需要通过实践找到适合的姿势。二是气息控制,陶笛演奏需要控制呼出的气息。演奏者需要适当地调整吹奏力度和气息流量,以产生理想的音量和音质。吹奏时要注意形成均匀、稳定的气息流,并且在需要时调整气息的强度和连续性。三是指法,陶笛通常具有多个音孔,演奏者通过打开或封闭这些音孔来改变音高。演奏者需要熟悉陶笛的音孔排列,并掌握相应的指法。在演奏时,同时使用适当的手指和指法以产生所需的音符和音程。

另外在社团课程实施过程中发现指法和演奏姿势还不是最重要的,基本功练习时最重要的是拿法,六孔陶笛只有六个按孔,只需要用到大拇指、食指、中指即可,而小拇指和无名指则需要起到托举作用,否则高音"mi"则难以顺利吹奏出来。

(五)学习简易陶笛曲目

选择适合自己水平和兴趣的流行曲目。学生可以选择一些简单的流行歌曲或旋律明快、易于记忆的曲目,如《玛丽有只小羊羔》《送别》《爱尔兰画眉》等。将曲目分解成小节,在适当的速度下逐步学习每个小节的音符和指法。演奏小节时,重复练习直到熟练,并逐渐将小节连接起来形成完整的曲目演奏。进行技巧和装饰练习,根据曲目需要,适度地运用这些技巧和装饰,增加音乐表现力和个性。录音并进行自我评估,请学生逐个展示并进行小组交流、小组展示。

陶笛社团的内容包括学习有关陶笛的历史发展方面的理论知识,认识不同的陶笛构造,学习基本的演奏技巧和简易的曲目,完成同伴评价与自我评价,课程内容丰富。

四　社团评价

陶笛社团的评价是一个全面而系统的过程,需要考虑各个方面的表现和影响,是基于多个维度综合考量的评价。以下是评价陶笛社团社员的维度。

一是音乐表现水平。教师带领社员使用自评、同伴评价、教师评价的方式评估成员的音乐表现,包括音准、音色、节奏感等,以及整体社团的演奏质量,并在表演中考查社团成员在音乐方面的成长和进步,是否有持续的提升和改进。二是评价技术水平和技巧掌握,从而评估成员的陶笛技术水平,包括吹奏技巧、指法、乐理知识的掌握情况。三是考查团队协作能力,通过考察评估社团成员在共同创作、排练和演出中的团队协作能力。

五　社团成效

本课程的开设,有助于学生的个性发展,通过参加本课程,学生不仅能够掌握陶笛的基本演奏技巧和音乐理论知识,还能够演奏简单的陶笛曲目,了解陶笛的历史和文化背景,并通过音乐表演和与其他学员互动分享,提高自信和音乐技能。具体成效包括以下几个方面:一是个人成长。加入陶笛社团可以促进个人技能和兴趣的发展。成员可以学习如何制作和演奏陶笛,提高自身音乐技能,并培养自己的创造力。这对于学生的个人成长和自我表达能力的提高非常有帮助。二是社交机会。社团是社交的好地方,可以帮助成员建立友谊和社交网络。共同的兴趣和活动将成员聚集在一起,有助于成员彼此建立深厚的人际关系。三是文化传承。陶笛是一种传统的音乐工具,陶笛社团能开设有助于保护和传承文化遗产。社团成员可以学习关于陶笛的历史和文化意义,从而更好地理解和尊重传统文化。四是教育价值。社团活动通常包括培训、工作坊和演出,这些都具有教育价值。成员可以从教师或其他成员那里学到有关音乐、工艺和演出技巧的知识。五是艺术创作和表演机会。陶笛社团通常会组织演出和表演,这为成员提供了展示他们的艺术成果和表演才能的机会。这有助于提高成员的自信心和表达能力。六是团队合作。在社团中，成员通常需要合作进行排练和演出。这有助于培养其团队合作能力，促使其学会与他人协作，一同追求共同的目标。七是娱乐和放松。社团活动也可以是一种娱乐和放松的方式。在繁忙的生活中，社团为成员提供了一个放松的环境，让他们远离压力，享受音乐和社交。

社团成员在社团课程中能获得个人成长、社交机会、艺术创作和表演的机会并进行团队合作，同时也可以获得一定的娱乐和放松。

（撰稿者：李美玲）

第四节 绳采飞扬：激活跳动的生命

体育类社团的光照亮人们的身体，它们为学生提供了一个锻炼身体和培养团队精神的机会。通过参与足球、篮球、游泳等体育社团，学生可以培养自己的体能和协作能力。这些社团不仅促进了学生的健康发展，还培养了他们的毅力和竞争意识。体育类社团也能够培养学生的领导潜力和团队合作能力，帮助他们在困难中迎接挑战。

一 社团背景

跳绳是我国广为流传的一项体育活动，被称为"运动之王"，这项运动花样繁多、趣味无穷且对场地没有太大限制，只要一根绳，一块平地，就能开始练习。正是由于跳绳方便且对场地要求不高这一特点，跳绳运动才能真正实现人人可行、校校可做、家家可玩，所以跳绳运动获得了大多数人的喜爱，也是最容易入门的运动之一。而在体育新课标中，花样跳绳更是作为新兴体育类运动项目被选入其中。因此，开设跳绳社团符合社会发展与健康生活的需求，同时也符合丰富学生生活，满足学生交往的需求。

为更好地落实立德树人根本任务、落实"双减"政策，促进学生的全面发展，同时也为响应国家"全国亿万学生阳光体育运动"的号召，切实提高青少年的身体健康素质，依据坪山区教育局《关于印发坪山区"品质课程系列"建设方案的通知》及《坪山区"品质课程系列"建设方案》相关要求，对照坪山区校园跳绳品质课程推广评估体系与评估标准，学校开设了"绳采飞扬"跳绳社团。开设此社团有利于学校体育工作更加广泛、深入地开展，可以丰富学生校园文化生活，培养学生热爱运动的行为习惯，激发学生对跳绳的兴趣，从而为学生营造充满活力、健康向上的校园体育文化氛围。

本社团以体育学科课程标准为指导，结合不同年龄阶段学生的身心发展特点，确立了"以绳健体、以绳强心、以绳启智"的全新理念，在传统跳绳的基础上注入了体操、舞蹈、武术、艺术等元素,精心创编了各种花样动作,让学生在练习跳绳的过程中强身健体,愉悦心情,体验美、创造美。通过把运动美与艺术美完美结合,实现了"以绳促育"的教学目的。社团本着健康向上、积极进取、开拓创新的宗旨,丰富学生课余生活,装点校园,形成独特的跳绳校园文化。社团根据学生的兴趣爱好,充分发挥学生的想象力、创造力、跳跃力、身体协调力,让跳绳成为培养学生情操的一项特色活动。

二 社团目标

本社团紧扣课标指导思想,以品质课程评价标准为指导,确立了以下目标:一是通过社团活动培育学生对跳绳的兴趣,使学生掌握正确的跳绳与花样跳绳的基本动作和基本要领,发展学生的柔韧性和协调性,使学生的身体素质有大的提高。二是培养学生在活动中的合作精神,促进学生身心健康发展,在每天的体育大课间及阳光体育活动中推广和传播校园跳绳文化,提升学生的自信心。三是以"学—练—赛—评"一体化为方向,通过让学生学习跳绳基础知识以及日常训练打造出一支能积极参与各类竞赛的特色团队,从而实现让学生带着跳绳走出课堂,走出校园,走进社会。

三 社团内容

一是单跳。单跳是跳绳社团的基础项目,每位学生手持一根短绳,通过不断练习单绳飞跳来锻炼身体的协调性和灵活性。单跳看似简单,实则蕴含了跳绳的精髓,是后续复杂跳法的基础。

二是双脚交替跳。双脚交替跳是提升双脚配合能力的好方法。每位学生手持一根跳绳,左右脚轮流起跳,通过不断地练习,可以逐步提高双脚的协调性和反应速度。

三是交叉跳。交叉跳是考验身体协调性和节奏感的跳法。在跳起的同时,双手需交叉摇动绳子,这需要学生拥有出色的平衡能力和手眼协调能力。

四是花式跳。花式跳是在单跳的基础上加入单脚跳等元素,通过变化多端的跳法展现出跳绳的魅力和创意。这种跳法不仅能锻炼身体,还能提高学生的创新能力和表演水平。

五是双人跳。双人跳是一项需要双人配合完成的跳法。两位学生手持一根跳绳，其中一人负责单脚跳，另一人则负责摇动绳子。这种跳法不仅能锻炼身体，还能加强学生之间的合作与默契。

六是双摇跳。双摇跳是跳绳社团中的高级项目，需要学生在双脚起跳的同时，让绳子迅速摇动两次。这种跳法不仅考验学生身体的协调性和灵活性，还更需要学生拥有出色的控制力和节奏感。

七是8字跳长绳。8字跳长绳是跳绳社团中的集体项目。十名成员分成两组，每组五人，其中两名同学间距3.6米负责摇动长绳，其他八名学生在长绳中间穿梭跳跃，形成一个"8"字形的图案。这种跳法不仅能锻炼身体，还能培养学生的集体荣誉感和团队合作精神。

通过这些丰富多样的跳绳形式，跳绳社团的学生不仅能够锻炼身体，提高身体素质，还能在跳跃中感受到团队合作的快乐和成功的喜悦。

四 社团评价

学生评价分为日常出勤、学生自评互评、比赛或测评情况（见表3-4、3-5）。

表3-4 跳绳社团技能评价量表（定性评价参考）

社团等级	1分钟单摇	30秒双摇	30秒双人跳	30秒交叉跳	3分钟十人跳长绳
优秀	动作完成质量好，姿势正确，动作轻松、自然、协调、优美，富有创造性（会4种以上花样跳）				
良好	动作完成质量较好，姿势较正确，动作轻松、自然、协调（会3—4种花样跳）				
合格	能完成动作，姿势基本正确，动作不够轻松、自然、协调（会1—2种花样跳）				
还需努力	不能完成动作，姿势不正确，动作紧张，不够轻松、自然、协调（不会花样跳）				

表3-5 跳绳社团次数评价量表(定量评价参考)

社团等级	1分钟单摇	30秒双摇	30秒双人跳	30秒交叉跳	3分钟十人跳长绳
优秀	240个	70个	60个	60个	300个
良好	200个	60个	50个	50个	240个
合格	160个	40个	30个	30个	180个
还需努力	160个以下	40个以下	30个以下	30个以下	180个以下

五 社团成效

一是跳绳队自成立以来,代表学校多次进行展演活动,如开学典礼、大课间、体育节开幕式等。

二是参加区级跳绳赛事成绩:获2020年坪山区跳绳品质课程三等奖;获得2021年坪山区中小学跳绳比赛小学乙组团体总成绩第五名,混合团体3分钟十人长绳8字跳绳第五名,林子杨、周梓璇获小学乙组30秒一带一单摇跳第四名;2023年中小学生跳绳锦标赛刘依一30秒单摇146个获小学女子甲组第七,2分钟单摇第八名,周梓璇获小学女子甲组30秒双摇第八名,林烜羽获小学男子甲组30秒单摇第八名,女子4×30秒接力获小学女子甲组第六名,十人长绳获小学甲组第七名。

(撰稿者:欧阳凯)

第五节　机器人编程：打开思维大门

科创素养类社团如同光线照亮人们的未来，它们为学生提供了一个探索科技世界和创新思维的平台。通过参与编程、机器人、科技创意等社团，学生可以学习计算机编程知识，培养解决问题的能力。这些社团培养了学生的逻辑思维和创造力，培养了学生的团队合作和沟通能力，为他们未来的科技创新之路奠定基础。

一　社团背景

科技推动教育，知识改变命运。随着时代的快速发展，机器人教育与教育机器人走入中小学课堂已经成为一种必然趋势。教育机器人作为一种教学载体，将素质教育、创新教育与前沿研究相结合。教育机器人本身也具有实践性、探究性、趣味性和综合性，易于吸引中小学生积极参与。机器人技术的突破对我国未来的发展有至关重要的作用，少年强则国强，为了开阔学生的眼界，应该让学生提早接触机器人方面的知识。机器人教育作为一种新的教育范式方兴未艾，教育机器人作为增强学生学习兴趣、培养学生动手能力、促进学生工程素养与计算思维的教学载体，正在中小学中迅速普及。

社团由浅入深、由易到难、由低阶至高阶的课程设置方式，循序渐进地培养学生的综合能力，在知识点的传递和社团的难度上呈螺旋式上升，融合"STEAM"教育战略和创客教育理念，采用任务驱动式教学，将搭建类机器人、人形机器人融入教学场景。

二　社团目标

课程目标是培养学生的创造力、人文素养和计算思维能力，运用计算机科学解决问题的能力，使学生了解人工智能基础运行模式，具备把人类的能力和人工智能机器人的能力分开的能力，进而具备与人工智能协作的能力。

具体分为以下三个过程目标：

一是小学1—3年级，从科普教育以及机器人搭建与编程中让学生产生感性认识、理性欣赏和价值评判；二是小学4—6年级，深化学生对机器人搭建及编程的支撑技术、构成及特征、基本原理、应用价值等的知识理解和知识迁移能力；三是初中7—9年级，通过采取社团式学习的方式，培养学生在实践中利用机器人解决问题及实践创新的能力，逐步培养学生高阶的计算思维能力。

三　社团内容

通过前期应用、拓展、创新三个阶段的学习，让学生接触到真正的机器人技术，领悟到工程结构思维和编程思维，在创新实践和团队协作中分享快乐，享受创作、创新、创造的乐趣。

基础篇——机器人搭建与编程，主要面向1—3年级低龄段学生开设，课程内容包括学习机器人的机械搭建和组装，学习简单的图形化编程，控制马达转等简单动作。学生能够在之前的基础上完成打蛋机、越野车、电报机等简单小型机器人的搭建和编程。

竞技篇——MAKE·X，面向4—8年级学生，主要内容为学习事件积木、参数与运算、程序结构、案例分析、差速运动、全向运动以及各类传感器的运用，通过参加校内、校际等小组竞技比赛，将多学科知识应用在实际问题中，感受团结协作的力量，学习策略分工，提升交流合作能力。这项课程主要面向从基础课程中筛选出的对机器人、编程具有浓厚兴趣，且掌握知识水平较高的学生，使这部分感兴趣的学生能更上一个梯度，得到更加专业的机器人知识学习和锻炼。

综合篇——人形机器人的应用和技术，此课程包含一部分人工智能知识，面向5—8年级学生，主要内容为学习人形机器人结构设计原理与基本动作编辑，掌握机器人编程技巧。学生可完成机器人话剧、舞蹈、足球、拳击等竞技比赛的动作编辑；学生通过对逻辑、编程和对传感器的灵活使用完成不同场景的搭建，调用传感器功能，赋予更多感知能力，如完成避障、搜索警戒、温湿度等；学生通过学习图形识别功能，体验基础的人工智能理念。

四 社团评价

机器人编程课程评价不仅要评估学生对机器人、编程等相关基础知识的掌握程度,更要注重评估学生创新能力、小组协作等综合实践能力。课程评价主要包括过程性评价和终结性评价两个部分。

过程性评价分为课前、课中和课后三个板块。课前评价主要指标为学生课前预习、资料搜索及学习的完成情况。课中评价的主要指标为:一是小组合作情况,包括创意设计、实践探究、作品完成度以及小组成员分工协作效果四个维度。二是作品展示环节打分,小组成员推举一人或多人进行作品讲解,从语言组织和表达、内容逻辑和丰富度、PPT制作等方面进行综合评价。

终结性评价主要包括期末测评及综合能力评价两个方面,期末测评主要考查学生对传感器、机器人编程等知识的掌握程度;综合能力评价主要包括实践动手能力、信息素养、自主学习能力、合作协调能力以及创新能力五个指标。

(撰稿者:王志娟)

第四章
节日,心灵深处拥有的获得感

节日,对于现代孩子来说,是习以为常的。孩子们喜欢节日,是因为节日总是给予他们意想不到的惊喜。在我们看来,节日不仅仅是一种"给予",更是一种"共享"。在这里,每个人都在参与,都成为一种真实的存在。我校"逐光节日"课程努力让孩子们的心灵深处拥有一种获得感,那就是生长的感觉。在一个个特定的日子里,孩子们在共庆与狂欢中完成了生长的仪式,达到了文化的共通和情感的享受。

一 "逐光节日"课程内涵

"逐光节日"课程根植于传统文化、立足于现代文化、着眼于学校文化，在蓬勃发展的文化园林中，"逐光节日"课程如同一棵蓬勃生长的大树，深深根植于中华传统文化的沃土，枝繁叶茂地展现着现代文化的生机。更为独特的是，"逐光节日"课程是由独有的文化元素所构成的。

（一）"逐光节日"课程根植于传统文化

传统文化是一座桥梁，将教育理念与扎根祖国深厚的传统文化有机结合起来，这不仅是对传统的致敬，更是对追逐生命之光的教育理念的生动阐释。中秋佳节，学校组织师生制作带有专属标识的月饼、制作花灯、猜灯谜等，既是对中秋传统文化的传承，又与学校生命之光的教育理念相契合。月饼象征着圆满和团圆，通过亲手制作，学生在体验传统手艺的同时，也强化了团结合作的意识，体味着共同奋斗的团队精神。这个过程不仅是对传统文化的传承，更是对生命价值的感悟和珍视。

汉服体验日，不仅是对中国传统服饰文化的敬仰，也是对生命之光的追求。汉服代表了中华文明的辉煌，穿上汉服，学生仿佛穿越时光，感受着传统的庄重和仪式感。这个过程是对中华传统文化的尊重，同时也是对个体生命在传统文化中找到归属感的一种表达。

舞麒麟文化作为学校特色，将传统舞蹈与学校追逐生命之光的理念相融合。舞动麒麟，传递了学生对吉祥和美好未来的期许，更展现了学生对团结和协作的理解。舞动的和谐律动，体现了学生对生命节奏的理解和共同奋斗的追求。

这些活动不仅在形式上展示了传统文化的魅力，更在精神内涵上融入了学校独有的"逐光教育"理念，使传统与现代、文化与教育相得益彰，为学生们构建了一个丰富多彩、有内涵的校园文化。这样的"逐光节日"课程既是对优秀文化的传承，也是对未来的热切期许。

（二）"逐光节日"课程立足于现代文化

基于"儿童友好"理念发展学生的创造性技能，"逐光节日"课程，如教师节、母亲节等也强调"五育"价值,强调尊重、友爱和团结,鼓励学生发展良好的道德品质。母亲节学生通过手工制作小礼物、撰写感谢卡片等方式,锻炼了动手能力,更表达了对母亲的感激之情,从而培养了感恩之心;教师节学生通过制作贺卡、表演节目等方式,明白教育对他们成长的重要性,从而形成互敬互爱的教育氛围。

"逐光节日"课程在追逐生命之光的理念下,充分体现了"儿童友好"和"五育融合"的概念,使得学生在感恩、友爱、尊重的氛围中茁壮成长,也成为学生人格塑造和价值观培养的重要环节,为他们未来的发展奠定了坚实基础。

(三)"逐光节日"课程着眼于学校文化

"逐光节日"课程是学校文化的一项重要组成部分,我校开展的系列节日课程,如文学节、英语节、体育节、戏剧节等,为学生提供了丰富多元的学科体验,全面促进了他们综合素养的提升和个性的发展。

文学节通过让学生参与文学作品创作、朗诵比赛、读书分享等活动,在学生心中播下了文学的种子,为他们打开了广阔的文学视野;英语节通过让学生进行英语演讲比赛、英语歌曲演唱、英语剧表演等活动,提高了学生的语言技能,增强了其对国际文化的理解,搭建了促使学生拓展国际视野的平台;体育节,强调身体健康与团队协作,让学生体验到了运动的乐趣,树立了锻炼身体、追求卓越的信念;戏剧节,通过舞台剧表演、戏剧工作坊等活动,培养了学生的创造性思维和团队协作的技能。这些节日旨在培养学生成为具有国际视野和创新思维的综合型人才,为学校文化的传承和发展贡献了重要力量。

"逐光节日"课程独具魅力,其根植于丰富的传统文化之土壤。同时,在传统文化的基础上,立足于现代文化的脉搏。更为重要的是,"逐光节日"课程凝结了学校独有的文化特色,成为学校文化的一面旗帜。"逐光节日"课程向学生传递着对传统的敬畏、对现代的热爱、对学校文化的自豪。它不仅是一次文化盛宴,更是学校凝聚力量、传承精神的载体,为全体师生提供了共享传统文化、感悟现代文明、凝聚校园共识的珍贵机会。

二 "逐光节日"课程的目的及意义

赓续中华文脉,推动中华优秀传统文化创造性转化和创新性发展,是时代赋予我们的使命。深圳作为中国特色社会主义先行示范区,是城市文明典范,须成为新时代"举旗帜、聚民心、育新人、兴文化、展形象"的引领者。坪山区则是深圳市东进的桥头堡,承袭岭南四支文化血脉,也是深圳市教育改革的先行者,在坪山区的文化建设中必将身先士卒、不遗余力。

学校文化是学生文化培养过程中的重要一环,也是学校的核心竞争力,教育的根本作用是促进人的成长与发展,学校文化建设的出发点和最终归宿都是关注人的发展。而节日作为文化的载体,是弘扬传统文化、培养学生爱国情怀的重要途径。优秀的校园节日文化活动能够突出学生的年龄特点、思维方式,给予学生正向的价值引导和心理素质培养,并在这一过程中实现良好的德育功能,拉近学生与同学、与教师、与学校的距离,营造校园和谐氛围。

针对当下深圳市的教育需求制定的"逐光节日"高品质课程,厚植于优秀的中华传统文化沃土,搭建多维立体的沉浸式文化学习体系,旨在为每个学生提供一个全面、均衡、有深度的学习体验,培养他们成为具有爱国精神、全球视野、本地情怀的公民。

(一) 满足学生成长需求

学校教育是学生接受社会化的主要场所,学校课程不只是向学生传授知识,更应该发现每个学生的发展潜能,为他们提供自由表现和发展个性的机会,鼓励儿童内在精神的提高。人是教育的根本目的,生活是教育的唯一主题。每一个学生都是鲜活的生命,是动态发展且有灵动个性的人,我们要有全人教育、全员教育、全时空教育、全过程教育的视野和格局,才能培养出能适应未来社会的建设者和接班人。学校开发"逐光节日"文化课程,利用节日的趣味性激发学生的积极性,使学生能够全程参与到教学的过程中来,而非传统的被动接受知识灌输。这不仅能有效促进教学工作的展开,也能让学生在课程中得到成长。

在伽达默尔看来,节日是人类原始的共存性,它具有化腐朽为神奇的力量。在某种意义上,节日是一种"给予"——给予物质、给予知识和给予情感的活动。[1] 马斯洛

---

① (德)H. G. 伽达默尔.美的现实性[M].张志扬,等,译.北京:生活·读书·新知三联书店,1991:66.

的需求层次结构是心理学中的激励理论,包括人类需求的五级模型,从层次结构的底部向上,需求分别为:生理、安全、社交、尊重和自我实现。"逐光节日"课程的开发满足了学生的社交需求、尊重和自我实现需求。

第一,社交需求。"寓教于乐"的"逐光节日"文化课程,有利于提高学生主动参与的积极性,锻炼学生的智力发展,有利于培养学生积极向上的竞争力与团体合作精神。此外,课程中设置了丰富多彩的趣味活动,为学生提供团体交流协作的机会,同时潜移默化地影响着学生的沟通能力。这些课程不局限于课堂,而是将学生的视野开阔至远方,更多的实践活动能锻炼他们的操作能力和表达能力,从而塑造学生的性格,提高其综合素质。节日课程鼓励孩子走进社会生活,将节日校园文化与传统文化、城市文化、社会文化有机结合。参与节日课程的团队项目可以让学生学会合作,建立友谊,彼此分享快乐,从而满足学生成长过程中的社交需求。

第二,尊重和自我实现需求。"逐光节日"课程尊重个体差异,强调以学生为本,允许学生在节日活动中以自己独特的方式参与。一方面,学生可以选择参加他们感兴趣的活动,表达他们自己的自我实现需求;另一方面,在不同的活动中对学生并无固定的要求和标准的评价体系,鼓励学生敢于表达自我,发挥个性,进行独特的创造。"逐光节日"文化课程通常包括手工制作、书法绘画、音乐朗诵、话剧表演等创造性活动,鼓励学生培养个性,实现思想和情感的创造性表达。学生通过设置目标、制定计划、努力完成这一系列的节日课程活动,体会到活动后的成就感与满足感,从而实现自我价值。在"逐光节日"课程中,学生可以发挥自己的优势制作节日物品。例如,在亲子嘉年华中,学生和家长一起用黏土制作指尖月饼、用彩纸制作花灯;在英语戏剧节上,学生学以致用,用外语架起沟通世界的桥梁;在开心劳动节的班级布置中,学生们天马行空的想象力与创造力得以彰显。

综上所述,"逐光节日"文化课程不仅满足了学生的尊重需求,还鼓励他们实现自我价值。这些课程为学生提供了有益的经验,有助于他们建立积极的自我认知和自我实现。

(二)增进节日快乐体验

传统的校园节日文化活动建设多局限在传统模式上,校园节日文化活动单一,缺乏活力,千篇一律,不是邀请教师进行德育讲座,就是局限在课堂上放教育影片,比如

《感动中国》等,学生缺少参与的积极性与兴趣,大多数学生只是"人在心不在",特别是随着经济与科技的飞速发展,手机的普遍运用、网络信息的膨胀发展更是让枯燥的校园节日文化活动成为摆设,学校的文化教育工作效率变得极其低下。不同于以往的校园节日活动,"逐光节日"文化课程将吸引学生、"寓教于乐"作为重要考量,在把握知识性的同时力争保证趣味性。

"逐光节日"文化课程将传统元素与现代元素相结合,融入新鲜时尚的元素,创新了节日活动的形式和内容。在传统节日课程中,我们不仅引导学生了解传统的民俗文化,还通过让学生利用现代工具亲手制作传统手工艺品、表演传统节目等,让学生更加深入地理解和体验传统文化。"逐光节日"文化课程注重学生的参与性和互动性。我们通过设计各种团队项目、亲子活动等,鼓励学生与老师、家长一起参与,让学生在互动中体验到快乐和成长。课程中设置的传统食品和美食体验活动,让学生和家长、老师一起制作、品尝和了解不同地域、不同文化的美食。通过愉悦的味觉体验,增加学生对节日的兴奋感。在手工艺品制作活动中,学生可以通过从网上搜索传统工艺品的制作方法,亲自动手制作来抒发情感和享受制作的乐趣。历史故事分享活动,包括与节日相关的历史、故事和传说的分享,增强了学生对节日的理解和欣赏。

此外,"逐光节日"文化课程还注重培养学生的创造性和探究精神。我们通过设计各种创新性的活动,如科技制作、编程竞赛等,鼓励学生发挥自己的想象力和创造力,探究未知领域。最后,"逐光节日"文化课程还注重与学生的生活实际相结合。我们通过设计各种生活化的活动,如环保公益活动、职业体验等,让学生在活动中了解到社会的发展和变化,培养他们的社会责任感和职业意识。

"逐光节日"文化课程通过创新活动形式和内容、注重学生参与和互动、培养学生的创造精神和探究精神、与学生的生活实际相结合等方式,让学生更加深入地理解和体验文化,丰富了学生的快乐体验和成长发展。通过活动、互动和学习,"逐光节日"课程为学生提供了一个感受节日快乐的机会,这有助于他们在学校生活中创造美好的回忆,并增强他们的文化意识和社交技能。这些经历可以使学习更加有趣,能够激发学生的学习兴趣和积极性。

(三) 浓厚校园育人氛围

以文化人、以文育人,是文化固有的功能与使命。那么,文化何以育人呢? 事实上,文化的这种"化人""育人"效果总是借助一定的方法和手段来实现的。文化育人方法既有"灌输式"的文化知识教育,更有春风化雨、润物无声式的隐性教育,其中,"环境濡染法"是重要的育人方法。在推进文化育人过程中,正是通过创设"逐光节日"文化课程,来潜移默化、循序渐进地浸润学生、感染学生、熏陶学生,营造出浓厚的校园育人氛围,最终达到"入芝兰之室久而自芳"的效果。

环境育人思想是中国传统文化育人的重要理念,从"孟母三迁"的故事到"蓬生麻中,不扶自直"的成语,无不强调环境对于人的成长的重要性。孔子、孟子、荀子、墨子等思想家,都提倡要主动创设环境,使受教育者受到熏陶教化。中国古代以书院为代表的高等教育机构在办学中充分融入环境育人思想,书院在选址时远离市井的喧嚣,依山傍水、择栖圣地;建筑的整体布局讲究中轴对称之美,辅以自然园林,彰显了人与自然和谐共生、天人合一的思想;同时,融合空间"尊礼"与植物"比德",又对学生的品德与心灵起到教化和熏陶作用。

节日是时间的标记,自出生起,我们就沉浸在各类节日的熏陶之中。家庭对小孩进行的节日文化教育,实际上就是他们的启蒙教育,教导他们"应该做什么",而学校教育则应深入到"为什么这样做"的层次。开发"逐光节日"文化课程,能创造良好的教育环境,让每个学生都参与其中,并融入日常生活。该课程的目的是丰富学生对节日文化的认识,帮助他们整理个体经验。结合地方节日文化特色,能丰富学校课程内涵,充实学生的课外生活,引领家长参与学校教育活动,促进学校、家庭和社区的合作,为学生的健康成长提供良好的教育环境。

此外,节日是学生亲身体验的实践活动。因此,节日课程具有实践性。传统节日活动的自主性符合杜威所倡导的"教育即生活"的教育理念。学生通过参与节日文化课程获得知识经验,并在实践中得到锻炼。家长参与学校教育是促进教育效率的有效方式,有家长参与的课程开发与实施对学生的影响是潜移默化的。学校和家庭共同营造轻松愉快的教育氛围,让教育取得更好的效果。无论是教师还是家长、学生,都参与到节日活动的准备与实施过程中来。共同构建节日文化课程,能最大限度地发挥节日的教育价值。在亲身的实践活动中,行为影响的效果往往更持久,对学生来说印象更深刻,教育目的的实现效果也会更好。

（四）构建道德教育体系

当前学校德育面临着德育载体缺乏、内容单一、形式枯燥，学生缺乏代入感、参与不积极，工作存在口号化、形式主义等问题，德育工作没有发挥其应有的作用。德育体系的缺乏、特色化德育文化的缺失是多数小学德育管理工作的短板。"逐光节日"文化课程伴随着浓厚的节日氛围、丰富的节日活动，以校园节日文化活动为载体，挖掘出节日文化中的德育因子，并将德育融入"逐光节日"文化课程中，丰富与创新了德育体系，从而创造出具有学校特色的德育课程与校园文化，具有时代感强、操作性强、德育效果好等优势。

"逐光节日"文化课程活动形式丰富多样，学生参与过程也灵活多变，因此能够促进学生的心智教育。许多纪念日都以尊重历史、缅怀先烈为前提，学校组织纪念日文化活动便可以在此基础上利用多种方式来进行。例如，通过角色扮演、诗歌朗诵、歌舞表演等形式，使学生能够身临其境地体验历史长河中的某一段背景。在此过程中，学生需要发挥想象力，主动参与，对每一段历史进行深入思考。这样不仅能够提高学生的能力，而且能够使他们接受良好的思想教育。通过追忆和缅怀历史，学生能够启发心智，树立正确的唯物主义历史观，端正爱国主义思想，实现身心健康发展。

在策划"逐光节日"课程活动的德育过程中，校方充分整合全校之力，发挥各班级、部门的作用，鼓励全体教师、工作人员及学生共同参与，从而全面提升活动影响力，实现对学生的全方位教育引导。此外，活动过程中教师坚持以人为本的原则，使所有参与者都能准确理解节日文化所蕴含的德育价值，并结合坪山区发展建设的独特性以及学生的思想政治水平，有针对性地开展德育活动，以全面提升"逐光节日"课程活动的德育效果。

在实施过程中，严格重视方式方法，有效利用各类活动载体，对学生进行高效的思想政治教育，营造人人参与、人人关注的节日文化活动氛围，从而真正达到德育的目的。例如，学校在设立"逐光节日"劳动活动时，组织了全校范围内的清洁大扫除活动，通过张贴宣传条幅、校园广播播送等方式营造全校范围内的活动氛围。这样的活动设计结合了学生的年龄特点，使他们既能感受到团结协作的乐趣，也能直接感受到劳动成果带来的喜悦。全校工作人员和教师的共同配合，更进一步增强了活动效果。

总而言之,学校通过开展"逐光节日"课程文化活动,积极挖掘了文化活动背后的教育资源,对学生进行有针对性的教育培养,实现了显著的德育效果,值得我们进一步推广。

三 "逐光节日"课程实施

伽达默尔尖锐地指出:"'正在庆祝的节日'没有了'主人'与'主语',节日只是在'庆祝',而没有实质性的参与。在这样的语境中节日缺乏'主人'与'主语',从而使得节日变成了一个在人们生活之外的角色,这无疑减弱了本来应该具有的感染人的力量,没有了生命成长的价值。"①这给我们的节日课程实施带来了启发,"逐光节日"要从学生的角度解读,要有学生立场,让学生成为节日课程的"主人",他们才是节日课程的"主语"。

"逐光节日"课程旨在深入挖掘节日文化的内涵与价值,引领学生领略节日之美,提升其综合素质。为确保课程的顺利实施,以下是"逐光节日"课程实施的详细步骤。

一是明确目标。在实施"逐光节日"课程之前,首先要明确课程的目标。这个目标应该具有明确性、可衡量性和可达成性,例如,增强学生对节日文化的理解,培养学生的团队协作能力,提高学生的跨文化交流能力等。这些目标将为整个课程实施提供方向和指导。

二是精心策划。在确定了目标之后,需要制定详细的课程计划。这个计划应该包括课程的时间、地点、内容、教学方式等。此外,还需要考虑到学生的年龄、兴趣和能力,以确保课程内容能够吸引学生的兴趣并满足他们的需求。同时,课程计划的制定也需要考虑资源的合理利用和时间的合理安排。

三是准备资源。为了确保课程的顺利进行,我们需要准备充足的教学资源。这包括但不限于与节日相关的教材、PPT 课件、活动道具等。此外,我们还将利用多媒体资源,如节日主题的电影、纪录片等,为学生提供更加丰富的学习材料。

---

① 刘彦顺.被"事后阐释"虚无化了的"事中"之时—空——依据审美时间哲学对伽达默尔节日论的细读与语法诊断[J].西北大学学报(哲学社会科学版),2019,49(5):71-79.

四是组织实施。在课程实施过程中,我们将采取多种形式的教学活动,如讲座、小组讨论、角色扮演等。通过讲座,让学生了解节日的基本知识;通过小组讨论,引导学生深入思考节日的文化内涵;通过角色扮演,让学生亲身体验节日的氛围,从而增强其对节日文化的感性认识。在课程实施过程中,教师需要关注学生的学习进展和反馈,根据实际情况调整教学方式和内容,以确保教学的质量和效果。同时,教师还需要引导学生积极参与教学过程,鼓励他们分享自己的见解和感受,促进学生的思考和交流。

五是评估反馈。课程结束后,我们将对学生的学习成果进行评估,以了解课程实施的效果。评估的方式可以包括测试、学生自评、教师评价等。同时,我们还将根据评估结果对课程进行总结和反思,以期在今后的教学中不断改进和完善。

六是总结经验。在总结"逐光节日"课程的实施经验时,老师需要提炼出成功的教学方法和案例,同时也要找出存在的问题和不足之处。通过对成功经验和不足之处的分析和思考,可以更好地认识课程的优劣和不足,为今后课程的实施提供更加科学的指导和实践经验。

"逐光节日"课程实施将遵循既定的课程目标有序进行,具体的实施方法如下。

一是环境创设。用心营造节日氛围。学生的思维直观、形象,情感容易受环境的影响,因此,要充分把握好环境这一隐性教育因素,积极创设丰富多变、文化气息浓厚的节日环境,使环境发挥应有的节日教育功能。学校对于墙面、走廊、门厅、过道等校园外环境,利用各种材料进行环境装饰,烘托出浓厚的文化气息。在整体环境创设上强调"两个体现",即体现节日主题和艺术特色。不同的主题、多变的环境布置,彰显同一理念,即在童趣、互动中凸显文化气质。在环境装饰内容的选择上,我们强调"三个性",即创新性、教育性、互动性。

二是活动引领。为了让仪式、节日、庆典作用于学生的心灵,唤起学生内心的神圣感,使他们的生命能够经常与伟大事物交汇在一起,从而形成长久的动力,学校在节日活动的设计与组织上力求创新。

首先,创新内容,突出节日韵味。每一次节日活动,我们都力求创新,在统一中求新、求变,以此凸显节日的文化韵味。我们研究"节日文化活动"共性方案:以班级主题课程的开展为基础,以班级、教研组和全校特色活动为主体,以环境烘托、家园共育为手段,在全园营造浓郁的节日文化氛围。最后,运用活动专题片、公众号推文等途径达到总结、展示、交流、提升的效果。我们突出每个节日的个性,使不同节日体现不同的文化理念,带来不同的文化影响,产生特定的教育效果。

其次,创新形式,推动节日进程。学生永远是活动最重要的目标,"节日文化"必须在学生的主动参与中才能实现内化与融合,因此,在设计活动内容和形式时,我们根据学生的经验和对不同年级学生的了解,设想学生可能会出现的想法,采用学生喜欢的活动形式与活动内容来体现学生的主体性,使每个活动真正成为学生成长、发展的"文化盛宴"。

最后,创新组合,提升节日品质。多样的活动,丰富的组织形式,不断推进我校节日文化活动的进程。为了提升节日文化品质,打破学生的年龄、班级、年级的界限,我们运用多种不同组合形式开展了节日联合庆祝活动,主要的组合形式包括五种:组合一是"对应班联动",即以一(1)班、二(1)班、三(1)班、四(1)班、五(1)班作为一个活动整体。年级联合活动,让学生收获欢乐,体验责任。组合二是"平行班联动",即同一教研组的班级合作。中秋节,学生其乐融融,聚在一起感受中秋节浓厚的氛围。精致的甜品台、飘逸的纱幔、璀璨的舞台,把学生带入了浪漫世界。他们聆听月亮的故事,欣赏嫦娥仙子的舞蹈,品尝美味的月饼,表达对中秋的喜爱之情。组合三是"友好班联动",即任意两个或几个班级合作。足球节来临,一班学生和友好班级约定,来一场别开生面的小足球游戏比赛。他们制作挑战书,向友好班级发起挑战,约定比赛时间,自己搭建球场,组合训练,学生在足球场上犹如一只只小猛虎,足球在他们的脚下飞舞,欢声笑语在校园里回荡。组合四是"特色班联动",即同一特色的班级组合。美术节拉开了帷幕,有美术特色的班级携手创作,共同布置美术作品:有富有创意的脸谱、憨态可掬的企鹅、粗犷的图腾、形态各异的鱼宝宝等,美术节成了学生尽情想象、自由发挥、任意创作的小天地。组合五是"全校性联动",即开展多层次、多层面的全校联动活动。在"运动节"中,我们充分利用学校的有利资源,开展"动感早晨"晨练活动,全校学生一起参加,跑步、拍皮球、扔沙包等运动场面十分宏大,气势恢宏。

三是家校社协同共育。充分发挥家庭、社会资源的有利优势,营造良好的家园一体的活动氛围,共同促进学生的发展。"亲子节"我们开展"共读一本书"亲子阅读活动,"国庆节"我们开展家庭旅游摄影展,"科探节"开展机器人制作活动,"儿童节"开展汉服展表演活动等,这些活动都在校园内网资源库及时更新。

四是融入生活，持续渗透。节日文化中蕴含着丰富的教育资源，我们努力挖掘节日文化精华，不仅将节日文化与校本课程进行整合，还在一日活动的各环节中无痕渗透。这既是对节日文化的保存、继承和发扬，也是对校本课程资源的丰富，同时节日文化对于学生认知、情感和社会性的全面发展，都具有积极的促进作用。

实施"逐光节日"课程时，还需要注意以下几点：一是尊重多元文化。"逐光节日"课程的一个重要目标是培养学生的跨文化理解能力。因此，在介绍不同国家和地区的节日时，要尊重不同文化的特点和传统，避免文化歧视和偏见。教师需要引导学生以平等、开放的心态去理解和欣赏不同文化背景下的节日习俗和传统，促进学生对多元文化的认识和理解。二是强调文化交流。"逐光节日"课程是一个文化交流的平台，学生可以通过这个平台了解不同国家和地区的文化传统和价值观。因此，在课程实施中需要鼓励学生之间的文化交流，让他们在交流中互相学习、理解和尊重不同的文化，培养学生的国际视野和文化包容心态。三是关注学生的体验。"逐光节日"课程的实施需要关注学生在学习过程中的体验和感受。教师需要关注学生的学习进展和反馈，及时调整教学方式和教学内容，以提高学生的学习效果。同时，教师还需要注重营造良好的学习氛围和学习环境，让学生能够在愉悦的氛围中学习和成长。四是培养学生的综合素质。"逐光节日"课程的实施不仅需要传授知识，更需要培养学生的综合素质。学生通过节日文化的学习和实践活动的参与，可以培养思维能力、沟通能力、团队合作精神和创新精神等综合素质。这些素质是学生未来发展所必需的，也是教育的核心目标之一。

四 "逐光节日"课程评价

根据不同年段学生的差异，学校结合课程目标，制定了感知与认识、理解与体验、欣赏与评析、拓展与创作四个维度的评价指标。在总体评价指标下，根据课程中不同节日的不同实施途径，设置了相应的活动评价指标。

（一）多元化评价方式

课程评价的目标是促进学生全面发展，并非单纯评价结果。"逐光节日"课程除了关注结果性评价,还关注过程性评价,及时跟踪学生在学习过程中的表现,采用调查报告、课堂观察、主题展示等形式进行评价。同时注重评价主体的多元化。以英语戏剧节为例,包括两种评价方式:以每月班级"小剧场"表演为主的形成性评价和以"小剧场"展演为主的终结性评价。形成性评价是指对学生日常学习过程中的表现、所取得的成绩以及所反映出的情感、态度、策略等方面的发展作出的评价,是基于对学生学习全过程的持续观察、记录、反思而作出的发展性评价。目的是激励学生自主学习,帮助学生有效调控学习过程,使学生不断获得成就感,增强自信心,培养学生独立思考能力和团队合作精神。终结性评价指的是在教学活动结束后为判断其效果而进行的评价。终结性评价是检测学生综合语用能力发展程度的重要途径,也是反映教师教学效果和学校教学质量的重要指标。英语戏剧节的终结性评价是成果展示评价,就是展示学生的表演作品。

"逐光节日"课程中还有三种评价方式对学生的全面发展起着积极的作用,即自评、互评、他评。这三种评价方式各有利弊。学生之间的"互评"和"自评"受到自我认知的影响,其评价结果的主观性比较强。这种主观性评价的结果在很大程度上会影响评价的准确性。因此,在评价的过程中,教师要正确引导学生以客观科学的态度进行有效的评价,把自评、互评、他评相互结合,实现评价方式优势互补,以此促进学生自我认识、自我反思、自我激励能力的发展培养,实现评价促发展的教育目标。

(二)评价结果应用

评价结果除了"以评促课程建设"——促进课程开发者发现课程设置方面的不足外,更能对学生起到鼓励作用,促进他们反思,从而最终提升他们的认知、能力、情感。以英语戏剧节为例,大多数学生在获知评价结果后,对英语学习更加认真,对戏剧表演也产生了更深的理解与兴趣。

随着"逐光节日"课程的实施推进,学生对节日文化审美的广度和深度较之前更加完整和系统。"逐光节日"的文化多样性,极大地丰富了学生在文学、外语、劳动、艺术方面的积累。学生的学习方式变得更加主动,学生不断地产生创造性的思考,实现了全面而富有个性的发展。

(撰稿者:李澈、郑悦、辛雅)

第一节 英语戏剧节：向世界讲述中国故事

英语戏剧节对突破课堂局限具有显而易见的效果，可以开展生活化教学，建立良好的人际关系，给学生搭建创意与创新的舞台，同时也能有效建立校园人文环境。从英语剧本的创意编写、角色的塑造与刻画，到道具服装的创意设计、舞台上的精彩演出，学生们享受的是创作的过程。教师组织学生挑选剧本，人人参与，班级选拔，年级展演，全校汇演，英语戏剧节俨然已经成为本校的一大风景线，成为学生展示才华的舞台，也是师生们的英语嘉年华。通过这种英语学习模式可以培养学生的语言能力、学习能力、思维品质、文化意识，还可以提升学生的审美和音乐鉴赏能力。这些综合素养，正是"逐光节日"孜孜不倦追求的目标。

一、课程背景

讲述中国故事，弘扬爱国主义精神，必须把爱国主义教育作为永恒主题。新时代的爱国主义教育，要坚持政治性和道德性相统一、知识性和情感性相统一、灌输性和启发性相统一、历史性和时代性相统一、全覆盖和抓重点相统一、理论性和实践性相统一、显教性和隐教性相统一的原则，把爱国主义教育融入贯穿国民教育和精神文明建设的全过程，面向全体人民开展深入、持久、生动的爱国主义教育，使学生不断领悟爱国之理、厚植爱国之情、砥砺强国之志、实践报国之行。

立德树人是教育的永恒话题，中国故事是中华优秀传统文化的集中代表。为促进学生德智体美劳全面发展，推进学校英语特色及美育特色发展，以庆祝中华人民共和国成立73周年为契机，学校决定开展以"向世界讲好中国故事，为伟大的祖国庆生"为主题的英语戏剧节，以激发广大师生的英语表达能力及艺术表达能力，增强班级的凝聚力。本校英语、音乐、美术、语文、劳动科组与德育处联合开展"向世界讲好中国故事"英语戏剧节课程。每年的戏剧节俨然已经成为二外校园的一大风景线。这是一个让学生通过实践探究和表演课程提高各方面的能力和了解传统文化并让中国文化走向世界的大好契机。

二 设计思路

英语戏剧节融合了戏剧、英语、美术、语文等学科知识，设计了适合我校学生开展的戏剧节系列课程，分别是"中国故事我来演""戏剧道具我来做""戏剧海报我来画""戏剧作品我来赏"。课程充分挖掘出中国元素，充分发挥出传统引领的时代价值，发挥出中华优秀传统文化的精神价值。让学生感受到一个时代有一个时代的主题，一代人有一代人的使命。无论岁月如何变迁，根植于我们血脉中的传统文化，永远彰显着精神的力量，闪烁着耀眼的光芒，为谱写新时代新篇章积蓄精神力量。

三 课程目标

1. 学生通过剧本创作提高主动思考能力和语言水平，在组织编排中提高倾听、团队协作、创造力和现场随机应变的能力，并通过戏剧表演提高表达能力和表演能力，提高艺术素养。学生通过真实环境以及布景，身临其境地体会主人公的喜怒哀乐，使学生有更多情感体验的机会。

2. 由于英语是本次课程的指定使用语言，学生得以在浸泡式的英语环境中提高说英语的机会。同时，学生在小组合作表演中会进行沟通与互动或个人独白的体验与表达，这能有效提升学生的英语综合运用能力。

3. 学会采用网络查询、询问长辈、同伴合作等多种途径和方式收集戏剧所需资料，并对各种资源进行筛选、整理与分析，能由探讨课程获得新的发现和认知，培养出对戏剧表演的信心和乐趣，初步养成勇于挑战的正确态度。通过课程，获得戏剧表演的丰富经验，学会与人合作，增强相互合作的团队精神，激发参与课程的成就感，培养对课程的学习兴趣。

四　课程实施

中国故事我来演。穿过历史的风雨,跨过时间的长堤,全校以班级为单位报送戏剧节目,各班的戏剧作品需要围绕课程主题开展,要求用全英文的方式讲述传统的中国故事,锻炼学生的口语表达能力,以及对英语戏剧化的节奏、语调、情感的掌握。学生通过自身表演去感受文化的博大精深,用所学语言来演绎爱国精神,传承中国传统文化,发扬爱国主义精神。

戏剧道具我来做。在英语戏剧节举办期间,组委会鼓励各班学生自制班级戏剧节目所需要的道具,大胆发挥想象力和创造力。学生对自己扮演角色所需的道具进行了设计,大家亲自动手制作了道具。

戏剧海报我来画。在英语戏剧节举办期间,组委会鼓励各班学生都为自己班的戏剧节目画一张专属节目海报,学生发挥绘画潜质,为班级作品做宣传。

戏剧作品我来赏。在观看完英语戏剧节目后,组委会鼓励学生用文字记录下对作品的所思所想,以此在提升学生文字表达能力的同时帮助学生建立审美意识。

五　课程成果

英语戏剧节优秀改编作品众多,全校共演出包括民间传说《年的故事》、名著选段《三打白骨精》《穆桂英挂帅(选段)剧本》、成语故事《闻鸡起舞》《狐假虎威》等共 26 个优秀戏剧作品。每个班都为本班的英语戏剧设计了海报,26 张海报贴于演播厅外的背景墙处,成为校园里一道美丽的风景线。其中戏剧《年的故事》代表学校参加区学生"用英语讲好中国故事"之"英语童声"短剧比赛并获二等奖。

六　课程设计——以作品《年的故事》为例

遵循教育戏剧课程设计的 PDP 原则,即 Prepare(准备)、Design(设计)、Practice(练习)。Prepare 环节包括确定教育戏剧脚本及课程主题、背景分析、困难设想、场景

第四章 节日,心灵深处拥有的获得感

设计等前期的准备;Design 环节就是正式的改编教育戏剧脚本的过程,在课堂上组织教育戏剧教学的过程,以及教育戏剧的舞台排练的过程等;Practice 是学生自己的练习。

在该过程中,教师需要采用某些活动和范式加深学生对故事主题、关键情节和角色特点、心理活动等的理解,也需要采用戏剧导演和排练的某些技巧和学生一起进行戏剧排练。因此,英语戏剧课程每个剧目一般分为三个课时,学生在教师的指导下进行创编剧本准备,进行戏剧场景台词道具设计和合作制作彩排戏剧作品的戏剧课学习(见图 4-1)。

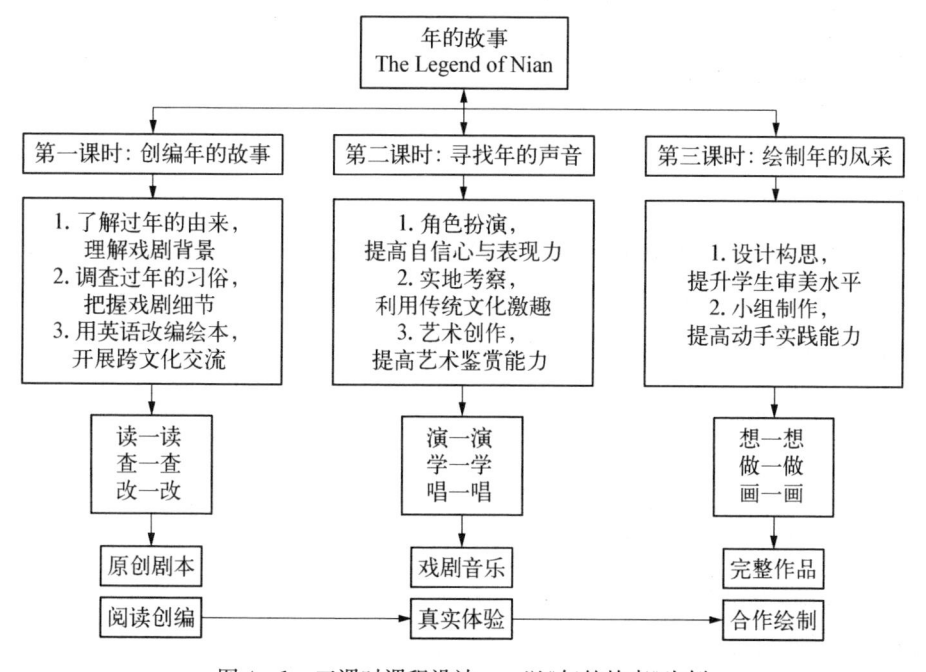

图 4-1 三课时课程设计——以《年的故事》为例

以《年的故事》第一课时为例,学生将通过"读一读"(阅读年的故事绘本)、"查一查"(调查过年的习俗)、"改一改"(把中文绘本改编为英文戏剧)的学习方式创编《年的故事》原创本。

（一）Prepare：准备

教师通过"爆竹声中一岁除,春风送暖入屠苏"的猜谜导入,同学们猜出教师说的正是我国的传统节日——春节。春节是中华民族最重要的传统节日,过年是每个中国人最期盼的事情。教师将全班分成 A、B、C、D 四个大组,每组选择自己感兴趣的一个问题,自由组合成立小组,在课前解决以下问题：1. 年是否存在,它长什么样子,有什么习性？2. 年即将到来,古人以前如何过年？3. 后来年还存在吗？它是怎么消失的？4. 古人过年有哪些习俗？现代人过年跟古人有什么相似之处？发现与解决核心问题后,学生根据查询到的背景资料等作前期准备。

（二）Design：设计

小组合作创编剧本。本次展示主题是：向世界讲述中国故事。其目的是用英语把故事讲给世界各地的人听。每个小组先决定角色,再通过讨论合作的方式创作《年的故事》英语剧本,教师会根据小组同学的需求进行指导,为其提供帮助。创作时间截止后,各组根据自己的剧本进行简单的表演,师生一起选出最完整、最能突出角色的剧本,借鉴其他小组创作的剧本的优点,一起修改直至剧本完善。

（三）Practice：练习

在这个阶段,所有的语言技能、歌唱技能和舞蹈动作都要练到纯熟,教师让学生们自由发挥自己的想象力,每个学生对自己的角色都会有更加深入的理解,碰撞出更好的火花,这也是学生能力得到提高和升华的最佳阶段。教师通过语言表达和肢体语言展示出自己的角色,为学生营造深入其中的氛围。学生根据角色自己练习,教师需要加深学生对故事主题、关键情节和角色特点、心理活动等的理解,也需要运用戏剧导演和排练的某些技巧和学生一起进行戏剧排练。

（撰稿者：李澈、郑悦、辛雅）

第二节 语文文学节：诗歌探秘，传统文化之旅

根据语文课程标准的要求，学校应创造条件，积极开展多种形式的语文学习活动，为学生提供丰富的语文实践环境。为了贯彻这一精神，我校每年都会安排时间来举办与语文学习有关的活动，我们称之为"语文文学节"。语文文学节以其精彩纷呈的活动和多样化的呈现方式，已经成为校园文化的重要组成部分。利用语文文学节这一趣味载体，一方面可以极大地激发学生们学习语文的兴趣和积极性，另一方面可以使中华优秀的传统文化在校园中焕发勃勃生机。

一 课程背景

小学语文综合实践活动教学是语文教学的重要组成部分，具有真实的情境性和实践性。在教学过程中，教师们应采用适宜的教学方式，突出学生的主体地位，发挥教师的主导作用，努力使学生将语文知识转化为综合能力素养。

随着时代科技的发展，学生面临着众多的课业压力和电子产品的诱惑，阅读逐渐淡出他们的生活中，并且学生的价值观念尚不成熟，容易受到外来文化的影响，越来越多的西方节日和文化受到学生的追捧。然而，他们对中国传统节日和传统文化的了解却相对较少。这种情况对学生的健康成长产生了一定的消极影响。因此，在小学语文综合实践活动中融入传统文化教育，有助于学生形成正确的价值观念。

文学是人类智慧和情感的结晶，具有深厚的历史积淀和文化内涵。本次文学节以"诗意润生活，燃阅点人生"为主题。通过参与文学节活动，学生可以感受到古代文人墨客的情怀和智慧，增加对传统文化的了解与尊重。同时，通过朗诵、表演、创作等各种形式的活动，学生得以积极参与，充分展示自我，提高表达能力、思维逻辑和团队合

作能力。

二 设计思路

文学节活动紧紧围绕阅读和诗教这两大主题展开,作为阅读示范校,我校积极推进阅读形式的变革,以比赛和活动为驱动,帮助学生确立阅读目标,不断拓展学科学习的广度和深度,给学生提供了全方面、多维度的阅读体验。围绕诗词教学,文学节还安排了古诗配画、古诗吟诵、古诗讲解等精彩活动,以阅读为形式,开展亲子绘本剧、传承经典的演讲比赛等系列活动。

三 课程目标

1. 学生在亲身体验中放松自己,全身心投入学习中,享受学习,同时促进学生的学习自主性提升,提高他们的语文学习水平。

2. 学生一边学习古诗词,一边接受传统文化的熏陶,使得中华传统文化渗透进学生的生活,让学生对文化有了更深刻的感悟,拉近了学生与传统文化之间的距离,促进了学生对传统文化的理解,并使学生可以将其运用于生活中,从而将传统文化发扬光大。

3. 丰富了学生的认知,使其接受传统文化的熏陶,促进对传统文化的传承,让博大精深的中国文化焕发生机与活力。

四 内容安排

语文文学节共包含"汉服体验、衣袂传香""图书漂流、四溢芳香""亲子悦读、书卷弥香""古诗吟诵、经典蕴香""古诗赏析、文雅清香""纸笔情长、翰墨飘香""童真想象、神采留香"七个活动,分为集体项目和年级项目,活动周期一个月。

五　课程实施

（一）汉服体验，衣袂传香

"中国有礼仪之大故称夏，有服章之美谓之华"，"礼仪"和"衣冠"一直是我国传统文化的重要组成部分，反映了中华民族的精神面貌。在中西方文化不断交流融合的今天，重建对汉民族传统服饰的认知，有利于增强民族凝聚力和民族归属感。汉服融合了中国特有的民族性、文化性、艺术性，是建设文化传承体系不容忽视的一环。小学是传承传统文化的重要阶段，开设汉服体验日，可以使学生初步掌握汉族传统服饰的含义与特点，重构民族传统文化，加强现代与过去的联结。

学校特邀专业汉服老师，从最基本的汉服知识开始教授，并在此基础上拓展延伸，为学生讲解汉服的历史渊源和服饰文化。首先，教师为学生们普及汉服基本形制：上衣下裳制，即衣裳类；上下连裳制，即深衣类；上下通裁制，即通裁类。为保持学生的课堂专注力，教师在课上添加了游戏和问答竞赛环节，以调动学生的学习积极性，提高课堂的趣味性。通过图片、视频、实物展示等方式，学生能直观感受到汉服文化的魅力，这提高了他们的课堂参与程度，同时激发了他们深入探讨的兴趣。接下来，教师引导学生们探讨汉服里的文化象征符号和诗词成语中的汉服知识。最后，教师组织学生穿着汉服参加传统节日，让汉服重回传统节日庆典中，营造出有利的社会氛围，从而加深学生的认知，培养他们对汉服文化的兴趣。

通过亲身体验，学生初步掌握了汉族传统服饰的含义与特点，同时熟悉了古代礼仪小知识，其中的道德认知、礼仪文化会长远地影响学生的价值观塑造。教师通过教学使学生重新构建对汉服文化的认识，并将这种知识从课堂辐射到社会的许多方面，从汉服辐射到文化的许多方面，体悟这些知识背后博大精深的文化体系。汉服体验日使学生更深入地了解文化是沟通现代与过去的中介，是一个民族得以立足的支撑。汉服体验日培养了他们的审美能力和创造力。

（二）图书漂流，四溢芳香

根据新课标的要求，学生应培养良好的阅读习惯，让学生感受阅读的乐趣，并爱护图书。学生需积累自己喜欢的成语和格言警句,背诵优秀诗文50篇(段),每学期的课外阅读总量不得少于5万字,整个小学阶段的课外阅读总量应不少于145万字。教师需根据新的语文能力实践系统,致力于提高学生的语文综合素质,推动语文课程与学生学习方式的转变。在教学方法上,教师应转变教学方式,并指导学生自主选择阅读材料。为此,我校小学部在每个班级都成立了一个图书角,学生自愿将自己喜欢的书籍放置在图书角。

为了有效引导学生阅读,教师们关注学生的阅读内容,并且鼓励他们阅读优秀的书籍,同时为其提供适当的阅读方法指导。目前,"最美阅读"班级图书角的建立与运用获得了家长和学生的一致好评。但如何使班级图书角发挥更广泛的作用,解决学生长期且艰巨的阅读兴趣问题,仍需要继续探索。我国古代教育家孔子曾言:"知之者不如好之者,好之者不如乐之者。"这充分说明,兴趣不仅是学习的动力,更是获取知识的先导。学生对阅读产生了兴趣,就会主动去读,从而逐步提升阅读能力。因此,从内心深处激发学生的阅读兴趣,是推动学生持续阅读和提升语文综合能力的关键。当学生阅读量增加,其知识储备也会随之丰富,语文综合能力自然会得到提升。因此,我校老师积极激发学生的课外阅读兴趣,让他们在愉悦的氛围中拓展阅读,不断汲取所需的语文知识。

(三)亲子悦读,书卷弥香

绘本是儿童文学的重要组成部分,是早期阅读的主要载体,其创造性地把语言和绘画两门艺术结合在一起,帮助学生感知和表达生活的美好,有利于传承民族文化,培养学生的大爱情怀。学生在获得文学启蒙的同时学习语言表达的艺术,得到文化与美学的滋养,从而提升自身审美能力,这对于学生的成长有着重要的推动作用。绘本剧,顾名思义,是一种将绘本故事转化为戏剧形式进行表演的艺术。它巧妙地融合了绘本的文字之美与戏剧的表演之魅力,旨在激发学生的情感、想象力和表现力。在小学低年级的教学体系中,亲子绘本剧被视为一种重要的教学手段,对于培养学生的艺术表现力具有显著的作用。

在亲子绘本剧表演过程中,学生和家长可以挑选自己喜爱的角色。为了增强代入感,教师提供了一些简单的服装和道具,在表演过程中,教师不断激励家长和学生运用动作、声音和表情来诠释各自的角色。此外,教师还设计了一些互动环节,让不同角色的学生进行对话和情感表达。例如,教师鼓励学生编写并表演三只小鸡的对话,借此锻炼其表演技巧与沟通能力。这样的集体表演形式不仅有助于激发学生的创造力,还能更好地展示他们的角色扮演能力。

(四)古诗吟诵,经典蕴香

王维的诗歌被誉为"诗中有画,画中有诗",其诗意境深远,神韵独特。在小学语文教材中,许多古诗都富有画面感,诗的意境与画的神韵紧密相连,相辅相成。古诗配画活动,激发了学生的思考和创造力。学生根据诗词的内容,运用自己喜欢的绘画方式,如简笔画、水彩画、蜡笔画或国画等,来表现诗词的意境。这种方式不仅提高了学生的动手能力,还让他们更深入地理解和感受了古诗的美。通过结合绘画与诗词来欣赏,学生能够从被动的学习者转变为积极主动的学习者。这种学习方式具有吸引力和感召力,能够引起学生的共鸣,让他们感受到学习的每一刻都是一种享受,一种快乐,更是一种满足。

吟诵,作为中国古诗词的独特表现形式,它承载了深厚的历史底蕴与文化情感。古诗的语言质朴而意味深长,就如同清澈的溪水,润物细无声。对于这些诗词,学生通过自读自悟,往往能够获得更为真实、深刻的体会。组织学生吟诵这些诗词时,教师十分注重对细节的把握。首先教师让学生在小组内反复诵读,这不仅能够帮助学生读准字音、记准字形,还能够促进学生之间的互动与合作。在诵读过程中,教师要求学生应声音洪亮、字正腔圆,不读错别字。只有这样,才能够真正传达出诗词的情感与韵味。此外,教师还向学生介绍了一些关于平仄的知识,帮助他们更好地理解古诗的节奏与韵律。同时,教师引导学生根据自己对诗词的理解,运用恰当的手势、眼神或其他肢体语言来表达情感。这样的教学方式能够赋予诗词以生命,使诗词在学生的心中活起来。

(五)古诗赏析,文雅清香

在文学节的经典故事赏析环节中,教师以严谨的态度,为学生深入剖析了经典古诗的丰富背景、深远意义以及卓越的艺术特色。他们不仅细致地讲解了古诗的韵律和修辞,还引导学生领略了古诗所蕴含的深厚文化底蕴和诗人的人文情怀。通过这一环节,学生得以更全面、深入地理解古诗的内涵和意蕴。

经典故事赏析活动,不仅加深了学生对古诗的理解和欣赏能力,还激发了他们的学习兴趣和热情。同时,通过朗诵比赛这一形式,学生不仅锻炼了自己的语言表达能力和舞台表现力,也在比赛中收获了成长和自信。教师也从活动中看到了学生的潜力和未来发展的可能性,为他们的教育事业注入了新的动力和希望。

(六) 纸笔情长,翰墨飘香

在现场撰写作文的过程中,学生将沉浸于文字的海洋,寻找那些触动心灵的瞬间。他们笔触细腻,情感真挚,将阅读过程中的感悟与心得一一记录下来。无论是对于故事情节的描绘,还是对于人物形象的刻画,都将展现出学生独特的审美视角。在本次活动中,学生要现场创作一篇深入人心的作文,主题聚焦于他们对阅读的热爱与收获。他们以笔墨为媒,描绘出各自独特的阅读之旅,其中既包含了他们对知识的渴求,又彰显了他们对美文的钟爱。在选材方面,他们精心挑选自己深爱的书籍,诸如科幻、历史、动漫等类别,每一本著作都承载着他们的情感与思考。

在文学节的舞台上,学生展现出了他们独特的创作思维和艺术表达能力。他们将自己的作文或故事生动地呈现给观众,让人们感受到文字带来的独特魅力。教师从内容、情感传达和舞台呈现等方面进行全面评估,选出最优秀的学生并对这些优秀的作品进行表彰。学生通过参与文学节,不仅提高了自己的创作和表演能力,还拓宽了视野,增强了文化素养。

(七) 童真想象,神采留香

传承经典文化有助于保持文化的根基,促进价值观传递,加强文化联系和多样性,以及促进文化对话。这对于学生社会文化的丰富性具有深刻的意义。民间故事是一种重要的文化遗产,反映了当地人的文化、信仰、习俗和生活方式。民间故事是中国文化的重要组成部分,它们反映了中华民族的丰富历史和文化传统。通过讲述民间故事,可以传承和弘扬中华优秀传统文化,让每一代人都了解历史和文化。

通过口头表达的方式,学生不仅传递出自己对阅读的热爱与收获,更展示出了卓越的思维、情感和表达能力。学生的声音或低沉醇厚,或高亢激昂,每一个字句都充满了情感的力量。在这个过程中,学生不仅展现了他们对阅读的热情与收获,更引发了在场观众的共鸣与思考。他们的演讲如同一道道璀璨的光芒,照亮了观众的心灵,激发了大家对阅读的无限遐想与向往。整个活动现场洋溢着浓郁的文化氛围,成为了一场知识与智慧的盛宴。

六 课程成果

各种文学形式的体验和实践活动,提高了学生的语文素养、创作表达能力和艺术修养。同时,这些活动也为学生提供了展示自我的机会,增强了他们的自信心和团队合作意识。学生亲身参与其中,感受到了文学的魅力,并提高了语文素养和表达能力。

汉服体验,让学生深入了解了汉服的历史渊源和文化内涵。汉服体验是一种身临其境的文化体验,能够激发学生对中华优秀传统文化的兴趣和热爱,培养他们的审美情趣和文化自信心。

图书漂流活动,共享优质的阅读资源。学校会定期组织一系列的阅读反馈活动,如亲子阅读会、读书汇报会、优秀读书笔记展评、积累册展示会、手抄报评比等。这些活动形式多样且富有活力,激发了学生的阅读兴趣和热情。通过奖励和评价机制,能够有效地检查学生的阅读情况,巩固阅读成果。这不仅能让学生享受阅读的乐趣,还能进一步调动他们的阅读积极性,推动课外阅读活动的深入开展。

亲子绘本剧表演,学生和家长共同参与了剧本创作和表演过程,增强了亲子关系,提高了学生的合作和表达能力。形成了《最奇妙的蛋》《逃家小兔》《猜猜我有多爱你》《虎斑猫黑猫》等六个精彩的绘本剧。

学生通过古诗的配画和吟诵,将经典诗歌与自己的想象结合起来,展示了自己对古诗的理解和艺术创造能力。其中多个课堂在坪山区"阳光阅读亮课程"的比赛中获得名次,其中包括《春夜喜雨》教师诗词讲解、《凉州词》诗教课堂、《任务驱动,兴发感动——浅谈小学低段古诗词教学有没有策略》诗歌教学论文、《冬》诗词诵读本、《小雅·鹿鸣》诗词诵读、《江畔独步寻花·其六》学生诗词讲解、《咏柳》学生诗词讲解等。

讲好民间故事和读书心得比赛,展示了学生的文学创作才华和讲故事的能力。学生通过纸笔与言语，表达了自己的思想和情感，吸引了观众并引发了共鸣。

　　学生在文学节中得以全面发展自己的艺术表达能力、语言组织能力、合作精神和创造力。通过这些活动的有效组织和引导，学生能够更好地理解、欣赏和体验文学的魅力，提高他们的语文素养和文化水平。

（撰稿者：王全聪、符美娟）

第五章
研学，丰厚儿童生命体验的旅途

在黑暗中追寻光明，是每个人的内心本能。向阳而生，逐光而行，是生命的希望与力量。我们带领孩子们走进深圳马峦山、湿地公园、海洋，感知自然的奥妙；走进深圳红色历史，品味中华传统文化的博大精深；走进深圳独具特色的科技产业，体验科技的魅力，开拓创新视野；走进田间地头，锻炼生活技能。逐光之旅，是教师与学生共享成长的欢愉，是心灵在晨曦与暮霭中的升华。孩子们在旅程中成长，老师在陪伴中发现教育的独特视角。情感和文化共通，文化与德育共融。逐光而行，前途无限。

当下教育长期以来有着重说教而轻实践、重道德灌输而轻情感体验的倾向，学生学习活动大多是在教室完成的。学习过程大多是通过纸笔训练完成的，缺乏真实的、体验的、实践的教学。此外，现代教育过于应试功利化与工具化，人文素质日益滑坡。当下小学阶段往往以"小升初"为导向，初中阶段教学往往以"中考"为导向。很多孩子在学习阶段被家长灌输了学习目标，做好了"吃苦"的准备。因此，"逐光之旅"是对当下教育忽略内容的一种有效的补充和延伸，弥补了学生们对祖国文化的了解仅限于课本和媒体的不足。同时，"逐光之旅"课程有利于改变这种将学习成效当作个人价值的做法，引导学生体会学习的快乐，提升自身的人文素质。

文化自信应从娃娃抓起。"逐光之旅"让学生们利用课余时间和假期，走进中华优秀传统文化，加深他们对传统文化的认识、认同，充分体会其中积淀着中华民族最深层的精神追求，包含着中华民族最根本的精神基因，体现着中华民族独特的精神标志。

以核心素养为导向的"逐光之旅"课程目标如下：一是形成中华优秀传统文化与德育相融的教育路径。"逐光之旅"课程首要教学目标，就在于通过研学教学，真正培育学生内在的"核心素养"，通过"走读"的所见、所闻、所感，让学生感受到中华优秀传统文化的博大精深，热爱深圳本土文化，主动去学习深圳本土的优秀传统文化，将其内化为自身的财富。二是形成文化践行的独特育人模式，树立学生的文化自信。广大中小学生是中华优秀传统文化的继承者和发展者，通过体验传统文化，引导中小学生为传统文化固"根"守"魂"，反对以洋为尊、唯洋是从，抵制庸俗、低俗、媚俗之风，坚定文化自信。"逐光之旅"课程更深刻的意义在于让青少年培育家国情怀，将个人利益与国家利益、民族利益紧密联系起来，引导学生铸牢中华民族共同体意识。三是建立师生共同的文化学习圈。"逐光之旅"课程由师生共同实施，增加了师生共同学习和相处的机会，而且使学生和老师之间的感情更加深厚和牢固，形成了一个稳定的、和谐的师生共同的文化学习圈子。基于实践育人的基础，我们确立了以下分阶段教学目标。

小学阶段"逐光之旅"教学目标是：引导学生感受自身所处自然环境的特点和周围的自然风物，培养他们爱护环境的意识、与环境和谐相处的态度及爱祖国、爱家乡的思想感情；引导学生体验集体生活、参与集体活动，培养他们的纪律观念、合群合作意识、共同学习与生活的能力；引导学生体验生活、参加劳动，培养他们简单的生产生活技能、热爱劳动的思想感情和尊重劳动者、珍惜劳动成果的态度；引导学生感受科学技术的魅力,培养他们的好奇心和动脑、动手的习惯;引导学生认识自我、认识生命,了解生活中可能出现的困难与困惑,培养他们远离危险的意识、自我保护的基本能力和乐观向上的生活态度。

初中阶段"逐光之旅"课程的教学目标是:引导学生认识家乡和国家的环境问题,了解当地的文化传统和主要物产,培养他们的环境保护观念、环境友好行为和热爱和平、爱国爱乡的思想感情;引导学生参加集体生活和集体活动,培养他们的自律意识、团结合作意识和公平竞争的观念;引导学生参加生产生活实践,培养他们的自立意识、生产生活的基本技能和热爱劳动的思想感情;引导学生体验身边的科学,了解基本的科学原理,培养他们尊重规律、热爱真理的人生态度和勤于思考、乐于探究的良好习惯;引导学生认识当代人类社会的主要问题,培养他们自尊自强、珍爱生命的态度和拒绝不良诱惑的意识。

新课标指出,在义务教育阶段,学生要形成对家乡、国家和中华民族的认同,具有国际视野,有理想、有担当。然而,家国情怀的形成仅依赖知识的传授远远不够,还需要学生亲身体验。基于此,我校"逐光之旅"课程设定自然、历史、科技、劳动四大类主题,具体如下。一是走进自然:进入深圳马峦山、湿地公园、海洋等自然环境,与其亲密接触并完成相关任务,从而反思物质世界、网络时代的生存方式,学会关注生活、关注生命、关注人与自然的和谐共生。二是走进历史:行走于深圳红色历史基地,游览文化胜景,如大鹏所城、东纵纪念馆等,了解和感受深圳历史上的风土人情。三是走进科技:体验深圳独具特色的科技产业,如人工智能、电动车、芯片等,感受科技的魅力,培养创新意识,开阔视野,放眼世界。四是走进劳动:教师与家长合作,带领学生进行农耕劳动、服务劳动、生活劳动体验,感受劳动的魅力。

在四大主题课程内容下,我校的"逐光之旅"课程展现出三个特点:体验性、具身性、群体性。因此,"逐光之旅"研学课程将紧扣这三个特点展开课程内容设计。

体验性:以体验式、项目式学习为主的"逐光之旅",通过精心设计的活动,让学生在参与过程中观察、反思和分享,从而获得对自己、他人和环境的感受和认识,丰富自身的情感体验。例如,在"逐光之旅——走进历史"中,教师在带领学生参观深圳东江纵队纪念馆时,引导学生从革命先辈的角度思考抗日战争的深远意义。

具身性:加深学生的理解内化学习是认知、身体与环境三者相互作用的过程,学生通过参与"逐光之旅"加深对于学习内容的理解与认识。"逐光之旅"课程为学生提供了许多具身参与的机会。例如,在"逐光之旅——走进劳动"中,教师将课堂搬到校外农田间,学生化身为小农夫,通过亲身体验水稻插秧、采摘等活动,不仅掌握了劳动的知识与技能,而且加深了对"一分耕耘,一分收获"的体会,有助于学生树立正确的劳动观。

群体性:以学生为主体,家校合作的学习共同体模式。"逐光之旅"研学课程倡导学生群体性合作行动:每次课程前,各班分成若干小组,小组内必须有分工,形成"学习共同体"。课程中以家长为组织主体,教师作为课程导师,带领学生体验农耕劳动、服务劳动。学生小组完成课程任务后,要进行合作分享。分享可以多元化,如分享会、PPT展示、手抄报、调查报告等形式。充分调动学生的主观能动性,由内而外激发学生对深圳、国家和民族的认同感。

"逐光之旅"主要创新之处如下:一是课程理念创新。"逐光之旅"将核心素养中的"六大素养"落到课程的实处,对学生的人文底蕴进行多层次、多角度的熏陶。二是学习机制创新。学生从传统课堂走出去,从聆听教师授课转变为亲身体验,变教材授课为实践授课,由依赖个体的"悟性"式的学习方式转变成以沟通、协调为主的"学习共同体"学习方式。"逐光之旅"的开发让核心素养在学生的"能动性""主体性""真实性"的学习过程中落地。三是评价方式创新。相比于分数等级评价,"逐光之旅"评价采用形成性与终结性评价相结合的方式,更重视对学生创意表达的培养,弱化考试的功利主义。创新的评价方式将让学生充分发挥想象力和创造力,真正实现实践创新。四是"人的全面发展"引领"逐光之旅"课程的全面创新。"逐光之旅"课程摒弃传统单一学科课程模式,每一个实践任务都体现不同学科的内在关联,促进学科互动,培养学生对知识进行整合、联系的思维方式,真正让学生将对世界的认识还原成一个整体,让学生视野更加开阔,让学生成为全面发展的人。

(撰稿者:胡婷)

第一节　走进自然：品读生命史诗

"逐光之旅"课程设定为自然、历史、科技、劳动四大类主题,其中走进自然研学课程是"逐光之旅"课程的重要组成部分。本节围绕自然这一核心主题,在课程理念的基础上,确定了课程目标,分析了课程内容以及设计原则和思路,最后呈现了小学、初中两个学段的走进自然研学课程设计案例。卢梭将教育划分为三种:自然的教育、人的教育和事物的教育。[①] 走进自然研学课程完美地实现了三者的融合,在走进自然研学课程中,让学生亲身观察和感受自然现象,了解自然规律,学生不仅能够受到自然的教育,还能受到人和事物的教育。通过与同伴和老师的合作和交流,学生能够获得来自人的教育。同时,通过与自然环境和周围事物的互动和经验,学生也能获得来自事物的教育。这种综合的教育方式有助于学生的全面发展,提高他们的科学素养、实践能力和创新思维,促进新时代素质教育的实现。

一　课程理念

走进自然研学课程是指以自然为主题,依托自然环境资源开展的研学课程。它旨在引导中小学生走进自然,在本真的自然环境中通过沉浸体验、研学教育、合作探讨等形式学习成长,培养学生的科学素养和实践能力。该课程以游览自然风光、探索自然规律等为主题,具体包含欣赏自然风景、参观自然博物馆、体验农作活动、保护生态环境等内容。课程目的是引导中小学生在自然环境中树立尊重自然、爱护自然的理念,在生态环境中培养学生对自然的热爱,对自然生命力的感知,对自然规律的感悟,增强学生的环保意识和可持续发展观念。

---

① （法）卢梭.爱弥儿[M].李平沤,译.北京：商务印书馆,2016：8.

二　课程目标

教育部等十一部门联合颁发的《关于推进中小学生研学旅行的意见》中强调，各中小学要结合当地实际，把研学旅行纳入学校教育教学计划，与综合实践活动课程统筹考虑，促进研学旅行和学校课程有机融合。① 因此，利用自然资源开展教育教学，也是中小学研学旅行的重要内容。走进自然研学课程作为研学旅行课程设计中的一环，其课程目标的制定宗旨离不开研学旅行"四位一体"的具体课程目标。同时，走进自然研学课程自身最大的特点是依托祖国大地"山川美景、多样生物、名胜古迹"等自然资源，来引导中小学生了解人与自然的关系，培养"爱护环境、共守家园"的责任意识，感受自然风光，领悟自然规律等，具体包括：风景欣赏、动植物参观、农作物研究、农事活动体验、生态环境保护、自然类常识科普等。

结合走进自然研学课程的特点和目的，以"核心素养"为导向，以中华传统优秀文化为媒介，围绕"立德树人"的根本目标，将走进自然研学课程的目标设计如下：

（一）价值体认

走进自然研学课程中的价值体认是指通过学生的亲身体验，让学生参与到大自然中，在行动中探索世界，通过实践获得真知，以达到热爱大自然的目的。具体包括以下两个方面目标：第一，欣赏祖国山川美景，观察祖国多样生物，通过视觉和触觉领略和感受自然之美，形成对自然的热爱；第二，在实地探究自然、亲近自然的过程中，通过亲身体验和细致观察，了解大自然的生态系统、多样物种和自然资源，思考人与自然发展的内在联系，了解人类与自然和谐共处的重要性，培养对自然环境的保护意识，逐渐形成社会参与的责任意识和可持续发展理念。

（二）问题解决

学生在通过走进自然研学课程获得了一定的价值体认之后，还需要将这种意识转

---

① 教育部.印发《关于推进中小学生研学旅行的意见》[J].基础教育课程，2017(1)：4.

化为实践,并通过实践来解决现实问题,并在此过程中体会理论的运用或发现理论,培养探究能力。具体包括如下目标:第一,在自然环境中运用所学知识分析自然现象,对感兴趣的自然问题进行探索;第二,通过实地考察和实践活动,激发学生的好奇心和探索欲望,同时以小组合作为手段,培养他们的团队合作精神和沟通协作能力,提高他们的社会交往能力;第三,通过科学的方法开展自然类研究,经历问题研究的过程,获得探究体验和经验,形成观察、发现、提出、分析并解决问题的能力,提升自然知识和素养,培养批判质疑、勇于创新的科学精神。

(三)身心健康

2020年,中共中央、国务院办公厅印发《关于全面加强和改进新时代学校体育工作的意见》,强调:"推动青少年文化学习和体育锻炼协调发展,帮助学生在体育锻炼中享受乐趣、增强体质、健全人格、锤炼意志,培养德智体美劳全面发展的社会主义建设者和接班人。"因此,发展学生身心健康是走进自然研学课程的一个必要条件,学生身心健康是自身进步的基础,也是落实立德树人根本任务的基石。具体包括如下目标:第一,在领略大自然秀丽风光中放松身心,提高自然审美情趣;第二,体验自然文明发展,养成和谐健康的行为习惯和绿色生活方式,学会生活,提高生活质量和品位;第三,通过爬山、徒步、骑行等身体活动,磨炼体魄、锤炼意志,培养吃苦耐劳精神和抗挫能力,提高自我保护和户外生存能力。

(四)责任担当

走进自然研学课程的开设要能够培养学生的综合素养,首先是要有保护自然环境的责任意识,此外,通过小组合作学习能培养学生互帮互助的合作意识,在参与学习的过程中,也能形成一定的社会责任感。具体包括如下两个目标:第一,形成对自然生命的关怀意识,让学生亲身感受到环境污染、资源浪费、生态破坏所造成的恶劣影响,强化他们的环境保护意识和责任感,激发他们积极参与环保行动的热情;第二,养成文明礼貌和积极参与和谐社会建设的意愿和能力,形成社会责任感以及积极履行公民义务的意识和行动能力。

三 课程内容

走进自然研学课程内容围绕自然风景、自然现象、自然生态、自然与生活等方面，通过欣赏、体验、考察、探究等活动展开。走进自然研学课程内容在不同学段应有相应的区分。小学阶段的课程应以参观游览和观光体验为主，考虑到小学生活泼好动、喜欢玩的特点，课程应更加突出趣味性和游戏性的内容，让学生在看、听、触摸等具体生动的活动中获得对自然的直接体验。在乡土乡情的基础上，带领小学生初步领略祖国的壮丽河山和优美风景。初中阶段的学生相对小学阶段的学生而言知识更加丰富，理解能力和探究能力也获得了提升。因此，初中阶段的研学课程在欣赏自然风光和体验性活动的基础上，应增加对自然现象、自然生态、自然文化等方面的探究学习，设计更多理解性内容和探索性内容。

（一）欣赏自然风景

走进自然研学课程的内容包括欣赏和游览自然风景。学生在课程中不是走马观花式地无目的地游览，而是在学校精心设计好的课程路线和活动之中，有方向地游览自然风光、体验自然之美。对自然风景的欣赏是逐光之旅走进自然研学课程的重要内容，学生可以获得对深圳大好自然风景的直接经验，这种经验具有教育性。例如，观马峦山的奇、看东西冲海岸线的险，探索大自然，体验大自然的美。

（二）探究自然现象

走进自然研学课程内容包含对自然现象的识别和考察，具体来说主要是在自然风景中了解自然现象及其成因，分析深圳的特殊自然现象；认知深圳自然资源与灾害的区域特征，提出对深圳应对自然灾害及保护自然资源的对策措施的初步评价和改进建议；发现、欣赏深圳当地自然现象的美学特色。

（三）考察自然生态

考察自然生态包括了解深圳的自然生态环境，实地感受深圳自然生态状况，了解深圳海洋区域自然生态特征及成因，提出对深圳生态建设的意见、建议。具体来说，学生可以观察记录动植物的生长环境和状态,了解常见的动植物名称、种类及习性,参加海洋养护和保护志愿活动。

（四）走进自然生活

自然与生活息息相关,走进自然生活研学课程内容以探究观察自然与生活之间的关系为主。例如探究深圳水稻与中部地区水稻种植的差异,探究深圳荔枝生长的独特自然环境以及深圳人饮食与自然气候和环境的关系。

四 课程的设计原则

走进自然研学课程的设计应促进学生对自然的理解和认知,充分激发学生的学习兴趣,增强他们的环境意识和生态素养,注重培养学生的探究能力、实践能力和合作能力,提升他们的创新思维和综合素养。为保证课程能够顺利实施,课程设计的原则主要包括主题选定、课程内容选择、活动方式设计三个方面。

（一）课程主题选定的基本原则

走进自然研学课程的主题应以自然风光和景象为核心,引导学生欣赏、体验和探索大自然的奇妙之处。同时,课程还应包含自然知识的相关探索,以突出研学旅行的自然性质。在主题设计上,需要注重全面性和综合性,结合地域特色,融合跨学科知识,以实现校内和校外生活的统一,使学生在自然环境中树立尊重自然、爱护自然的理念,将所学知识与不同学科进行有机结合,促进学生全面发展。基于此,将课程主题选定的基本原则分为两个方面。

一是走进实际自然环境。走进自然环境是学生将学校和实际生活联系起来的途径之一,通过结合实际自然环境,让学生能够从教室走到自然之中,直接接触、观察和感受大自然,从而激发学生热爱生命、爱护自然、敬畏自然的意识,促进学生形成可持续发展理念。[①] 在设计自然类研学旅行课程主题时,应广泛考虑地域特色、季节性和

---

① 袁欢.自然教育研学旅行的课程设计与实施[J].中小学信息技术教育,2021(4):90-92.

安全性等因素,让学生能够充分了解所在地的地理环境、自然资源等特点,亲身感受并了解家乡的自然环境。同时,根据季节性变化,设计适合不同季节的自然类研学旅行课程,让学生能够观察到不同季节的自然变化。此外,在课程设计时,要充分考虑安全因素,确保学生能够在安全的环境下进行研学活动。

二是凸显深圳地域自然特色。凸显地域自然特色也是走进自然研学课程在选定主题时要注意的原则之一。深圳地域自然特色包括地方自然风貌、深圳文化和深圳产业三个方面。深圳自然风貌展现出地方的自然环境、地理特征和生态系统。通过接触和了解深圳的自然风貌,可以让学生更加关注海洋环境保护,培养绿色生活习惯和可持续发展的观念。深圳文化是展现地方特色和独特魅力的文化形态。作为一个移民城市,该地区的人文精神和社会特征有着独特的特点,通过传承和弘扬深圳五湖四海的文化,可以使学生更好地认识和了解中华不同文化的根源,增强文化自信,加强他们的归属感和认同感。通过对深圳产业的参观,如比亚迪、大疆、腾讯等企业,可以让学生了解深圳经济与人文社会的变迁,从而将城市精神延续下去。

(二) 课程内容选择的基本原则

走进自然研学课程内容选择的基本原则首先是以学生为中心,尊重学生的个体差异和兴趣爱好,充分考虑学生的需求和意愿。通过前期调研,选择学生感兴趣的研学内容,提高他们学习的积极性。同时,也要考虑到学校的实际情况、各地区的情况与学生自身发展的情况,紧密结合所在地区的自然环境,选择与当地自然资源和生态环境相关的研学旅行课程,让学生通过实地考察、观察和实践活动增强对自然的认知,学会关注自然和爱护自然。

其次,注意课程内容设计的综合性。课程内容选择应多样化,结合不同的学习方式和教学资源,如讲座、实地考察、小组合作、游戏等,以满足学生的不同学习需求和兴趣。此外,注意跨学科知识的整合,融合数学、物理、化学、历史、地理、生物等学科领域资源,使自然研学旅行内容更加丰富多样和富有深度,从而培养学生的综合素养,包括科学素养、环保意识和社会责任感等,从而促进学生个人素质与精神内涵的全面提升。

(三) 活动方式设计的基本原则

首先,坚持安全第一的原则,走进自然研学课程涉及天气、自然灾害和交通等问题,在研学过程中需要做好安全预案。在设计课程活动之前,要进行详尽的风险评估,制定详细的紧急事件应对预案,包括如何应对自然灾害、疾病或意外事故等突发情况,确保能够及时有效地应对紧急情况。同时,在研学中,要确保每个活动都有经验丰富且专业的指导人员,他们能够提供合理的指导和保护,以确保学生在活动中的安全。

其次,活动方式要丰富。在以自然环境为活动载体时,要根据学生的年龄、能力和课程目标,选择适合的自然景区或实地研究基地作为活动的载体。设计多样化的活动形式,包括实地考察、实践操作、团队合作、小组讨论等,以促进学生的自我发展和培养学生的合作意识。充分利用现代科技手段,整合各类教育资源,如互动课堂、实验操作和VR体验等,为学生提供更加直观和生动的学习体验。

最后,要坚持以学生为活动主体。充分尊重学生的个体差异,鼓励每个学生根据自身感受和理解参与活动,并给予他们充分的自主选择权。根据学生的能力和兴趣,提供个性化的学习支持和指导,帮助他们在活动中充分展示自己的潜能。鼓励学生主动提问、探索和解决问题,培养其自主学习和解决问题的能力。

五　课程的实施思路

课程实施思路是指在对走进自然研学课程进行设计的过程中,思考从哪些方面进行架构,以确保课程能够得到有效地实施。关于课程实施思路,主要从课程设计、实施过程、评估和跟进三个方面进行论述。

(一) 课程设计思路

确定课程目标。自然教育是一种以自然环境为背景,通过体验、观察、探究等方式,促进人们对自然的理解和认知,增强人们的环境意识和生态素养的教育方式。首先,明确自然类研学旅行课程的教育目标,除了基本知识和基本技能的学习,还需要激发学生热爱生命、爱护自然、敬畏自然的意识,促进学生形成可持续发展理念等。其次,由于跨学科整合,该课程的目标设计要从各学科课程目标中进行提炼和重新建构。最后,学生作为活动的主体,该课程的目标则要根据学生掌握知识和能力的实际情况进行设计。

设计课程主题和内容。针对学生的不同年级、实践能力、兴趣爱好和学习内容等选择合适的自然类研学主题,例如生态环境、动植物认知等。接下来确定研学地点,可以选择自然教育研学旅行基地、常规自然旅游景区和自然教育研学旅行营地等各类活动场景,使形式与项目更为丰富。在选择研学地点的过程中,可以与相关机构或专业机构合作,确保研学方案安全可靠,并了解当地的法律法规和安全措施。

制定活动计划。根据课程目标、主题和内容,设计包括实地观察、探索和实践等的多种活动形式,确保学生在活动中能够亲身参与和感受,并帮助他们从中获得知识和经验,同时可以准备相关的学习资源,如参考书籍、影像资料、实验器材等,以支持学生的学习和理解。①

(二)课程实施过程

地点选择与介绍。根据课程主题,选择具有代表性的自然生态环境作为研学地点。在出发前,向学生介绍目的地的地理位置、自然环境、特色生物等信息,激发学生的好奇心和探索欲。

技能培训。针对不同年龄段的学生,提供不同层次的技能培训。如对于低年级学生,注重培养他们的观察能力和动手能力;对于高年级学生,则加强他们的探究能力和创新思维。

小组合作与交流。将学生分成若干小组,每组选出一名组长。在观察过程中,小组成员互相协助,共同完成任务。观察结束后,各小组进行成果展示和交流,分享彼此的发现与体会。

实地观察与记录。引导学生运用观察工具(如放大镜、望远镜、录音设备等)对自然环境中的动物、植物、地貌等进行观察,并记录下自己的发现。鼓励学生发挥想象力,将观察到的现象与所学知识相联系。

成果展示。实践活动结束后,组织学生进行成果展示。可以通过制作海报、PPT、短视频等形式展示实践成果,也可以进行口头报告或现场演示。通过展示,学生感受到自己的努力和付出得到了认可,增强了自信心和学习动力。

---

① 袁欢.自然教育研学旅行的课程设计与实施[J].中小学信息技术教育,2021(4):90-92.

（三）课程评价工具

课程评价是为了检测课程目标是否实现。为落实学生的核心素养，要突破传统的评价方式，不能仅以最后的考试分数代表学生的最终成绩，而且教师单方面的评价可能出现片面性。课程评价主体应该多元化，可以是教师评价，也可以是学生自评、互相评价和其他参与人员的评价。走进自然研学课程的评价应该贯穿于整个课程，由过程性评价和总结性评价构成。

根据评价结果，给予学生及时的反馈和指导，帮助他们发现不足并改进，激发他们的学习动力和自主学习能力。教师及时总结课程实施的经验和问题，进行反思和改进，提高教学效果。同时对整个课程进行系统总结和评估，包括活动设计和实施过程的优点和不足之处，并根据评估结果进行改进，提高研学旅行课程的质量和效果。

六 课程案例

案例一：走进野生动物园

小学"走进自然研学课程"是以深圳野生动物园为研学基地，课程适用对象为小学1—6年级学生，围绕"保护野生动物，共建和谐生态"理念创设课程，采用考察探究、小组协作等多种活动方式，内容兼具趣味性、实践性和知识性，符合小学生的身心发展特点。

"走进野生动物园，探索神奇大自然"课程内容包括带领小学生走进深圳市野生动物园基地，近距离观察各类野生动物的生态环境和行为特点，学习野生动物的分类、习性和保护知识，体验保护野生动物的重要性和责任。通过参观和互动，学生们可以深入了解野生动物的生活方式、生态系统的平衡以及人类与野生动物的关系。课程时长为一天，结合小学生已有的知识基础，综合多门学科，与校内学习内容紧密联系，旨在培养学生保护野生动物的意识和环保观念。

一、研学目标

通过本次自然研学课程，首先可以让学生了解野生动物的多样性和重要性，增强对野生动物的关注和保护意识；其次可以掌握基本的动物分类知识，培养科学观察和分类的能力，然后了解野生动物的生态环境和保护现状，认识到可持续发展的重要性，最后通过制定保护行动计划和制作宣传海报，培养环保意识和行动能力。

二、研学内容

自然类研学课程内容能让学生获得全面的自然科学知识、科学研究和实践技能，培养对自然的兴趣和保护意识，并发展学生观察、分析和解决问题的能力。研学内容主要分为知识准备、课题研究和研学拓展三个方面。

一是知识准备，通过绘本、图片、视频等形式向学生展示相关的知识内容，让他们对野生动物和环境保护有一定的了解。

二是课题研究，参选课题为"我最喜欢的野生动物""携手保护野生动物的家园""探索动物食物链之间的奥秘""野生动物保卫战"，这些课题研究题目都以学生的兴趣和认知水平为基础，通过观察和了解动物及其生态环境，培养学生的观察力、思考力和表达能力。同时，这些题目也能够引导学生关注和关心野生动物的保护问题，小组合作完成课题相关素材的收集、分类和学习。

三是研学拓展，研学结束后，可以举办"保护野生动物"研学旅行征文比赛，组织班会课讨论并与同学们交流分享，或者制作一张以"野生动物保卫战"为主题的手抄报，做小小宣传者，向身边人宣传保护野生动物的重要性，也可以选择一个最喜爱的野生动物，通过观察和了解该动物的特点和习性等，写一篇观察日记。

三、活动过程

活动一：观察我最喜欢的野生动物

活动内容：在实地参观深圳野生动物园基地之前，研学导师将学生分为观察小组和考察小组。给观察小组分发动物观察记录表，小组成员进行动物观察，记录动物的特征、行为和生活习性，并进行简单的分类，并写一篇观察日记。考察小组负责考察野生动物的生态环境，了解动物的栖息地和生存条件，小组合作制定出保护野生动物的行动方案。让学生在实地观察中，体会生物多样性，培养自己的观察力和思考能力，拓宽自己的科学视野，了解一些濒危动物的保护现状和面临的威胁，培养学生保护动物的意识和责任感。

课本链接:《语文》四年级上册课文《爬山虎的脚》,作者对于动植物进行了连续观察,鼓励学生将草本植物作为观察对象,学习写观察日记;《科学》六年级上册《生物多样性的意义》,让学生更好地理解生物的多样性和重要性,增强环境保护的意识。

活动二:野生动物的饲养员

活动内容: 分组体验动物饲养活动,小组合作完成小动物的喂食、清理动物饲养区,亲身感受动物的需求和照顾动物的责任,并完成以"我是小小饲养员"为题目的习作,记录自己在这一过程中的心得体会。

课本链接:《语文》五年级上册"习作:介绍一种事物"部分,将生活中发生的事情通过习作记录下来,并将课堂知识运用在生活中。

活动三:野生动物保卫战

活动内容: 将每个班分成4—5组,各小组设计制作宣传手抄报,向游客宣传保护野生动物和自然环境,共同呵护地球,并收获游客的点赞签名,限时2个小时,获得最多签名的一组获胜。为了呼吁人们保护生态环境,关爱濒危野生动物,共同守护美好家园,各组制定保护行动计划,比如减少使用塑料、节约用水、保护野生动物等具体措施,在动物园公告栏处张贴倡议书。

课本链接:《语文》六年级上册课文《只有一个地球》,了解野生动物的生态环境和保护现状,体会可持续发展的重要性,增强环保意识并完成习作"学写倡议书";《道德与法治》四年级上册课文《我们所了解的环境污染》,了解环境污染给我们生活带来的影响。

活动四:参观地震科普馆

活动内容: 参观地震科普馆,了解地震的成因、预防和应对措施等知识。通过模拟地震场景和实验展示,可以更深入地了解地震的危害和对环境的影响。以班级为单位组织学生参与地震应急演练,学习正确的避险姿势和应急逃生知识,并设计有奖竞猜,分小组进行比赛,答对最多的一组获胜。

课本链接:《科学》五年级上册课文《地震的成因及作用》,了解地震的成因、预防和应对地震的措施等知识,学习如何在地震发生时保护自己和他人的安全,增强环保意识和安全意识。

四、活动评价

自然类研学小组活动评价表用于评估活动组织、环境互动、知识获取、团队协作和创新思维。它衡量活动是否符合目标、活动完成质量、参与者的学习效果、团队合作能力以及创新程度(见表5-1)。

表5-1 自然类研学小组活动评价表

组名		小组编号		姓名		性别		年龄		学号	
活动名称				活动主题					班级		
活动日期						活动参与人员					
活动情况记录	评价内容		自评		小组评		教师评		综合评价		总结
	活动一:"观察我最喜欢的野生动物"		★★★★		★★★★		★★★★		★★★★		
	活动二:"野生动物的饲养员"		★★★★★		★★★		★★★★		★★★★		
	活动三:"野生动物保卫战"		★★★		★★★		★★★		★★★		
	活动四:"参观地震科普馆"		★★★		★★★★		★★★		★★★★		
	活动团队互助精神										
	活动讨论质量										
	活动心得与体会										
	活动总结										
	小组作业完成质量										
评价意见及建议	班主任(签字): 日期: 年 月 日										
备注											

案例二：走进南泥湾

初中研学旅行课程以深圳市南泥湾耕读小镇为研学基地。深圳市南泥湾耕读小镇位于深圳市大鹏新区大鹏街道鹏城社区东山路2号，占地面积近500亩。该地环境优美，景色宜人，设有南泥湾农场、蔬菜森林、瓜果乐园、陌上炊烟、红色剧场等区域，是开展校外自然类研学旅行课程的最佳选择之一。

课程内容包括带领学生走进深圳市南泥湾耕读小镇的蔬菜森林、瓜果乐园和种植基地，零距离观察各类蔬菜以及瓜果的生长状况和特征，体验先进的种植方式和方法，分析现代农业与传统农业的区别，理解种植、养殖与生活及经济的关系。课程时长为一天，课程主要为初一、初二学生设计。结合初中生的知识学习情况，本课程设计结合了生物课课程以及劳动课课程。

一、研学目标

本次南泥湾之旅自然研学课程的目标：首先，让学生了解常见农作物的特征，认知传统农具；其次，增强学生的动手能力，使之掌握各个具体劳动项目的操作要领；最后，帮助学生认知科技进步和劳动工具的改进对社会进程的巨大推动作用。

二、研学内容

南泥湾之旅自然研学课程能让学生感受田园风光并掌握农业种植方面的相关知识，培养学生对自然的热爱和对田园劳动的兴趣。南泥湾之旅自然研学课程内容主要分为知识准备、课题研究和研学拓展三个方面。

一是知识准备，课前鼓励学生利用网络搜集等方式了解常见农作物的基本知识。

二是课题研究，参选课题为"南泥湾耕读小镇——蔬菜生长的奥秘""记录我的耕读故事——劳动的意义与价值""传统农业与现代农业区别研究"，这些课题研究题目均以学生的兴趣和认知水平以及初中阶段学生劳动教育要求为基础，通过观察和了解各类蔬菜以及瓜果的生长状况和特征，体验先进的种植方式和方法，感受劳动的意义与价值以及现代农业与传统农业的区别。

三是研学拓展，研学结束后，举办南泥湾耕读故事征文活动，让学生用文字来表达此次南泥湾之旅的所学、所思以及所感；同时，还可以举办南泥湾蔬菜幼苗认领活动，让学生学以致用，将此次研学中学到的知识运用到具体的实践中，体验劳动的意义与价值；此外，还可以举办"我心中的南泥湾耕读小镇"绘画比赛，让学生以绘画的形式展示他们心目中的南泥湾风光。

三、活动过程

活动一：蔬菜旅行——参观南泥湾耕读小镇蔬菜森林

学生在基地导师的讲解和引导下零距离观察各类蔬菜的生长状况、了解蔬菜生长环境的要求以及不同蔬菜的特征，让学生到真实的场景中去观察、体验、思考，由此提升自己的创造力，丰富见闻，积累丰富的写作素材。此项活动设计主要结合人民教育出版社《生物学》七年级第三单元"生物圈中的绿色植物"，让学生了解生物的观察方法以及生物圈中的绿色植物的特征，了解绿色植物的整个生长过程。

活动二：瓜果探秘——参观南泥湾耕读小镇瓜果乐园

学生在基地导师的讲解和指导下，通过触摸、观察、探究等方法，了解瓜果的特征、生长故事、营养成分等知识，丰富学生的认知经验，加深学生对农业生产的认识。让学生了解生物的观察方法以及生物圈中绿色植物的特征，以及植物种子从发芽到生长再到开花结果的过程。

活动三：打理小菜园——农耕劳动体验

学生在基地导师的指导下进行挑水浇菜以及除草大作战，给蔬菜补充水分，认识除草工具，学会辨认农作物与杂草。小组成员齐心合力，共同完成挑水、除草任务，让学生在锻炼身体、提高动手能力的同时，感受劳动的艰辛和不易，学会珍惜劳动成果，养成持之以恒的劳动品质。此项活动设计主要结合北京师范大学出版社《劳动实践指导手册》八年级活动三"打理小菜园"，帮助学生了解菜园的打理过程及方法。

活动四：营养钵育苗——新型育苗技术体验

学生在基地导师的指导下体验新型的育苗技术，学习操作营养钵育苗的方法并动手实践，揭开营养钵育苗提早成熟和增产的奥秘。教师需提醒学生在导师的指导下进行新型育苗技术体验并注意安全。

活动五：土培农作物——传统农业栽培方式体验

学生亲自土培一株农作物，结合生活经验，运用观察、比较、分析、推理等科学方法，真实体验植物生长对水和阳光的需求，进一步体会生命的意义。

（撰稿者：胡婷、刘茁）

第二节　走进科技：点亮智慧之光

走进科技研学课程，是一种依托科技旅游和参观资源进行的综合实践活动，旨在全面培养学生的科技创新素养。正如著名教育家杜威提出的"教育即生活""学校即社会"等口号，主张以学生为主体，把学生从教师的束缚下解放出来，走进科技研学课程正是将这一理念付诸实践。为了更有效地推进这一课程，我们需深入理解其内涵，明晰其涵盖内容，探究其目标及设计原则。这不仅是对教育理念的深化，更是对学生全面发展需求的回应。

一　课程理念

随着科技的飞速发展和社会的日益进步，科技创新素养已成为当代学生不可或缺的核心素养之一。走进科技研学课程，作为一种将科技研究性学习和实践体验相结合的创新教育模式，它是有组织、有计划、有目的的校外实践活动，旨在围绕科技研学主题，让学生深入体验科技的魅力，提升他们的科技创新能力。为了更好地推进这一课程，我们首先要深入理解其内涵、内容、目标及设计原则。

不同于其他类型的研学课程，走进科技研学课程的进行常依托于具有科技教育属性的资源，比如科技馆、研究所或者数字展馆等，让学生了解相关科技知识在现实中的应用，了解科技发展的过程及其给人类社会带来的影响与变化。这种综合的教育方式有助于学生的全面发展，提高他们的科技素养、实践能力和创新思维，推动新时代科技教育的实现。

二　课程目标

走进科技研学课程目标应指向学生对科技知识与技能的学习，通过实践活动培养学生的科技研究兴趣、方法、能力，以及科技研究报告的撰写技巧。其在培养学生的科学素养方面起着至关重要的作用。该课程不仅应聚焦于科技知识的获取，更应注重跨学科的综合学习。

因此，该课程的核心目标之一是对科技知识的学习和掌握，这不仅包括课本上的基础知识，还包括课外拓展的新知识。通过研学旅行，学生可以在实践中感受科技的力量，从而更加熟练地掌握科技知识，加深对其的应用理解。

其次，走进科技研学课程是一门融合多学科、多领域的综合性知识课程。科技知识并非孤立存在，而是与人文知识、道德教育、心理健康教育和劳动教育等领域紧密相连。在研学课程中，我们应当强调这些领域的交叉融合，使学生在掌握科技知识的同时，也能够提升其他方面的素养。然而，鉴于研学旅行时间的有限性，我们不能期望在短时间内灌输过于深奥的科技知识。相反，我们更应聚焦于激发学生对科技的兴趣和好奇心。只有当学生真正对科技产生浓厚的兴趣，他们才会在未来的学习中更加积极、深入地探索科技知识。简而概之，走进科技研学课程的核心目标在于培养学生的科技素养，注重科技知识的学习和实践，同时也不忘跨学科的综合学习，以推动学生的全面和健康发展。

此外，走进科技研学课程在校外进行科技研究实践活动时具有独特的优势，因为它让学生有机会接触到真实的资源与环境。这种真实的体验有助于激发学生的好奇心和探索欲望，从而培养他们的科技研究兴趣。通过亲身参与实践，学生不仅能够深化对科技知识的理解，还能学会如何运用这些知识去解决实际问题。

在情感、态度与价值观教育方面，走进科技研学课程可以借助国家的重大科研成果和国内知名科学家的生平故事，有效地激发学生对科学技术的热爱和崇敬，这种热爱不仅是个人的情感，更是对国家和人类的责任感和使命感。学习科学技术不仅仅是为了个人利益，更重要的是为了服务国家和推动人类社会的进步。

值得注意的是，早在21世纪初，我国就明确提出了将学生的价值观培养纳入中小学教育目标体系的要求。这意味着，我们在走进科技研学课程的设计中，必须注重学习者价值观的培养。为了实现这一育人目标，我们可以设置与科研人员的职业道德、学术伦理道德相关的内容，引导学生理解科学研究的道德规范和责任。同时，融入科学哲学知识也是非常重要的，这有助于学生更深入地理解科学知识的本质和意义，避免被极端的"科学至上"或"科学万能"思想所误导。因此,以隐性课程的形式呈现这些内容是更为合适的选择。通过潜移默化的方式,我们可以更好地感染和影响学生,使他们真正内化这些价值观,相比之下,单纯的文本描述和说教往往难以达到理想的教育效果。

三 课程内容

党的二十大报告指出,教育、科技、人才是全面建设社会主义现代化国家的基础性、战略性支撑,如何推动教育、科技、人才"三位一体"统筹发展,如何为全面建设社会主义现代化国家贡献教育力量,成为共同关注的话题。同时,《教育部关于加强新时代中小学科学教育工作意见》指出,着力在"双减"中做好科学教育加法,一体化推进教育、科技、人才高质量发展,积极调动社会力量,推动中小学科学教育学校主阵地与社会大课堂有效衔接,提高学生科学素质,培育具备科学家潜质、愿意献身科学研究事业的青少年群体,培养社会主义建设者和接班人,并强调工作原则重在实践,激发兴趣。要以学生为本,因材施教,推进基于探究实践的科学教育,激发中小学生的好奇心、想象力和探求欲,培养学生的科学兴趣,引导学生广泛参与探究实践,做到学思结合、寓教于乐,自觉获取科学知识,培养科学精神,提升科学素质,增强科技自信自立,厚植家国情怀,努力在孩子心中种下科学的种子,引导孩子产生当科学家的梦想。此外,还要创造条件丰富内容,拓展科学实践活动。各地要按照课程标准,开展实验和探究实践活动,落实跨学科主题学习原则上应不少于10%的教学要求。各校要由校领导或聘任专家学者担任科学副校长,原则上至少设立1名科技辅导员,至少结对1所具有一定科普功能的机构(馆所、基地、园区、企业等)。要将"请进来""走出去"相结合开展实践活动。在"请进来"方面,开展"科学家(精神)进校园"、少年科学院、流动科技馆、流动青少年宫、科普大篷车、科技节、科学调查体验等活动;在"走出去"方面,组织中小学生前往科学教育场所,进行场景式、体验式科学实践活动。

科技类研学旅行课程应基于科技馆、科技博物馆、高新技术企业、科研院所、科研基地和科研设施、高科技生产基地等科技元素浓厚的研学基地展开。比如,就科技馆、科技博物馆而言,首先要选择市级或省级这种大型的、资源丰富的科技馆或科技博物馆;就高新技术企业而言,则应首先选择大型国有企业或口碑较好的民族企业,如华为、大疆、中芯国际等。就科研院所、科研基地和科研设施而言,首先要选择具有标志性的大型科研院所、科研基地和科研设施,如深圳航天科技创新研究院、中国科学院深圳先进技术研究院、深圳清华大学研究院、深圳华大基因研究院、深圳市人工智能与机器人研究院等。总之,科技类研学旅行课程必须凸显浓重的科技特色,能够让学生充分体会到我国的科技力量。

从研学旅行进行的不同阶段来看,科技类研学旅行课程应涵盖行前、行中、行后三个阶段的内容。行前是研学旅行的准备阶段,行中是研学旅行的具体实施阶段,而行后是研学旅行的总结与分享阶段。其中,行前阶段包括研学基地与主题的选择,其中涉及目标的确定、安全知识的学习、研究方法的介绍,以及与本次活动相关的物理、生物、化学、信息技术等多学科知识的学习与温习等。行中主要涉及活动与相关任务的设计。这个阶段的课程内容要体现教育和旅行的深度结合。以娱乐性质的任务或者问题为导向,鼓励学生结合课堂所学,与教师、同学、社会人员等进行充分交流,从而不断地完善自己在科学技术方面的知识与技能。行后阶段主要涉及学生本次研学报告的撰写、研学感悟的分享、相关知识的复习、后续活动的开展等。

从研学旅行所涉及的具体知识来看,科技类研学旅行课程以书本上所涉及的物理、生物、化学、信息技术等各学科知识与技术为主,而学生在这类研学旅行活动中会接触到大量书本上没有的知识和技术,这些知识和技术往往具有较高的实用价值。对于这类科技知识,课程设计者不应直接把它们收入课程之中,而是对其进行简要介绍,以体验与任务设计的方式引导学生去自主了解与学习。此外,科技类研学旅行课程还应与劳动教育、心理健康教育、德育、美育、体育、智育等有机结合起来,让学生在学习研学科学技术知识的同时,还能得到全面的进步与发展。

四 课程的设计原则

随着深圳这座现代化城市的快速发展,其教育环境、相关产业以及科技实力均呈现出日新月异的面貌。在这样的背景下,设计一套走进科技研学课程显得尤为重要。

本课程旨在通过实践与探索相结合的方式,让学生在科技研学的过程中,深入了解科技知识,培养创新精神和实践能力。以下是本课程设计的三大基本原则。

(一)课程主题选定的基本原则

深圳作为改革开放的前沿城市,具有浓厚的创新氛围。课程主题选定应充分体现这一特点,选择能够激发学生创新思维的科技领域,如创新设计、智能制造等;同时也需要注重培养学生的实践能力,使学生能够深入了解科技知识,掌握科技技能,为未来的学习和生活打下坚实的基础。因此课程主题的选择需要把时代性与前瞻性结合,紧密结合深圳的科技发展趋势,体现时代特征,同时要有前瞻性,能够预见未来科技的发展方向,引导学生关注前沿科技动态,把教育性与趣味性结合。课程主题既要具有教育意义,能够传授科学知识;又要具有趣味性,能够激发学生的学习兴趣,让学生在轻松愉快的氛围中学习。此外,课程主题的选择也需要把跨学科与综合性结合,课程主题应涉及多个学科领域,实现跨学科的综合学习,以培养学生的综合素养和解决问题的能力。

(二)课程内容选择的基本原则

走进科技研学课程内容选择的基本原则:应紧密结合深圳的科技发展实际,注重实践性和体验性,强调跨学科融合,符合学生的认知特点和兴趣需求,并注重安全教育和科学伦理教育。通过科学的课程设计和丰富的教学活动,使学生能够深入了解科技知识,掌握科技技能,培养创新精神和综合素质,具体选择原则分为以下三个方面。

一是符合学生的认知特点和兴趣需求。在选择科技研学课程内容时,还应充分考虑学生的认知特点和兴趣需求。根据学生的年龄、知识背景和兴趣爱好,选择适合他们的课程内容和难度等级。同时,要注重课程的趣味性和互动性,通过丰富多彩的教学形式和活动设计,激发学生的学习兴趣和积极性。

二是注重实践性和体验性。科技研学课程的核心目的是让学生在实践中学习和体验科技知识。因此,在选择课程内容时,应注重实践性和体验性,确保学生能够亲自动手参与科技实验、项目制作等活动。可以选择一些具有实际操作性的课程项目,如机器人编程、3D打印、智能硬件开发等,让学生在实践中掌握科技知识和技能,提高动手能力和解决问题的能力。

三是强调跨学科融合。科技领域的发展往往需要多个学科的交叉融合。在选择科技研学课程内容时,应强调跨学科融合,将不同学科的知识和技能有机结合起来。例如,可以将物理、化学、生物等自然科学知识与计算机科学、工程技术等应用技术结合,设计出具有综合性、创新性的课程项目。这样的课程内容不仅有助于学生掌握全面的科技知识,还能培养他们的创新思维和综合能力。

(三) 活动方式设计的基本原则

以学生为中心,关注兴趣与需求。考虑学生的年龄、知识背景和兴趣爱好,设计个性化的科技研学活动内容。例如,对于低年级学生,可以设计趣味性强的科普实验和手工制作活动;对于高年级学生,则可以设计更具挑战性的科技探究项目。

活动方式要注重实践性与体验性。设计以实践探究为主的活动方式,让学生在动手实践中学习科技知识,如科技实验、项目制作等。通过实践活动,培养学生的创新思维和实践能力;也可以通过让学生参与科技实践活动,如科技比赛、创新设计等,让学生沉浸式学习,在体验中感受科技的魅力,增强学习动力。

安全性与灵活性相结合。在进行设计前,对活动进行风险评估,确保活动的安全性。对于可能存在的安全隐患,制定相应的预防措施和应急预案,充分考虑学生的安全,确保活动过程中的安全措施到位,同时也要注重灵活性,能够根据实际情况调整活动方案,确保活动的顺利进行。

五 课程的实施思路

走进科技研学课程以深圳教育环境和科技企业为背景,旨在通过精心设计的课程内容、灵活多样的实施过程以及科学有效的评价和跟进机制,为学生提供一个深入了解科技产业、培养创新精神和实践能力的平台。走进科技研学课程实施思路主要从课程设计思路、课程实施过程、课程评价和跟进三个方面进行论述。

(一) 课程设计思路

确定课程目标。结合深圳教育环境和科技企业背景,本课程旨在培养中小学生的科技创新能力和科技素养。具体目标除了让学生了解深圳的科技发展现状和趋势,增强对科技的兴趣和热爱,培养学生的科学思维和创新能力,提高解决问题的能力外,还包括提升学生的实践能力和团队协作精神,为未来科技领域的发展奠定基础。

确定课程主题与内容。针对不同年级学生的学情,可以设计科技史与前沿科技、科技创新实践活动、科技企业参观与交流和科技应用调研与案例分析等课程主题。例如分别组织学生参观深圳的知名科技企业,如华为、腾讯等,了解企业的科技产品和研发过程,让学生了解科技发展历程和重大科技成果。此外,可以针对不同学段学生,开展系列科技创新项目,鼓励学生自主设计并制作科技作品,如智能设备、3D打印模型等。

制定活动计划。首先是前期准备,要确定活动的时间、地点、参与人员等基本信息;安排交通、住宿等后勤保障工作;准备必要的研学材料和设备。其次是活动安排上,根据课程主题和内容,安排具体的活动内容和时间。例如,可以安排一天的时间参观科技企业,了解企业的科技产品和研发过程;另一天则安排科技实验和科技项目设计等活动。最后在安全保障上,要高度重视学生的安全保障;制定详细的安全预案和应急措施,确保学生的生命安全和身体健康。

(二)课程实施过程

组织学生分组。根据学生的兴趣和特长,将学生分成不同的小组,每个小组选择一个科技领域进行深入研究。这样既可以发挥每个学生的优势,又可以培养他们的团队合作精神。

开展实践活动。组织学生参观深圳的科技企业、科研机构等实践场所,让学生亲身感受科技产业的魅力。同时,鼓励学生动手实践,参与科技项目的研发或创新活动,培养他们的实践能力。

进行互动交流。在课程实施过程中,定期组织学生开展讨论、分享等活动,让学生分享自己的研究成果和心得体会。同时,邀请科技企业的专家举办讲座或进行指导,与学生进行互动交流,解答学生的疑问。

（三）课程评价和跟进

建立评价体系。建立科学的评价体系，对学生的课程学习、实践活动、创新能力等方面进行全面评价。评价方式可以包括作业、报告、实践成果等多种形式，以确保评价的客观性和公正性。

提供个性化指导。根据学生的评价结果和反馈意见，为学生提供个性化的指导和建议。对于表现优秀的学生，可以推荐他们参加更高层次的科技竞赛或项目；对于需要改进的学生，可以给予有针对性的指导和帮助，提高他们的学习效果。

跟进课程效果。在课程结束后，对课程实施效果进行跟进和评估。通过收集学生的反馈意见、观察学生的成长变化等方式，了解课程对学生的影响。同时，根据评估结果对课程不断进行优化和改进，以提高课程的质量和效果。

六 课程案例

案例一：研学科技馆，根植科技梦

小学科技馆研学课程是以深圳科技馆为研学基地，专为小学1—6年级学生设计的。此课程围绕"激发科技兴趣，培育创新思维"的理念，结合科技馆丰富的科技资源，运用观察、实验、小组讨论等多种活动方式，旨在培养学生的科技素养和创新能力，同时满足他们的好奇心和探索欲望。

课程内容包含引导学生参观科技馆的各个展区，亲手操作科技设备，体验科技的神奇与魅力。学生们将学习科技知识，了解科技发展的历史和趋势；同时培养他们的逻辑思维、问题解决能力和团队合作精神。

此课程紧密结合学校教学内容，旨在激发学生对科技的兴趣和热爱，帮助他们树立科技梦想，培养未来的科技创新人才。通过一天的研学活动，我们希望能在学生们的心中播下科技梦想的种子，让他们在未来的学习和生活中持续探索、创新，为科技发展贡献自己的力量。

一、研学目标

通过本次科技馆研学课程，让学生近距离接触科学技术，拓宽科学视野，激发科学兴趣,培养科学思维和实践能力,同时加深对科技与社会、科技与环境关系的理解,形成科学的价值观和人生观。

二、研学内容

科技馆研学课程内容涵盖自然科学、技术科学、工程科学等多个领域,通过展览参观、实践操作、互动体验等多种形式,让学生在亲身体验中感受科技的魅力,培养科技素养和创新精神。研学内容主要分为科技体验、课题研究和拓展实践三个方面。

一是科技体验:组织学生参观科技馆各个展区,了解科技的发展历程、最新成果和未来趋势,体验各种科技互动项目,感受科技带来的乐趣和便利。

二是课题研究:引导学生结合所学知识,选取感兴趣的科技主题进行深入研究,如机器人技术、航空航天、环境保护等,通过查阅资料、实验探究、撰写报告等方式,培养学生的科研能力和创新思维。

三是拓展实践:组织学生进行科技制作、科技创新等活动,如制作小型机器人、设计环保科技产品等,让学生在实践中锻炼动手能力,培养创新意识。

三、活动过程

活动一:科技馆探秘之旅

组织学生参观科技馆,了解各个展区的主题和内容,引导学生观察、思考和提问,鼓励学生亲手操作科技互动项目,感受科技的魅力。结合人教版《科学》等相关教材,让学生在参观过程中结合所学知识,加深对科技知识的理解。

活动二:科技小课题研究

引导学生结合所学知识,选取感兴趣的科技主题进行深入研究,如机器人技术、航空航天、环境保护等。学生需查阅资料、设计实验、撰写报告等,完成课题研究任务。结合人教版《科学》《道德与法治》等相关教材,让学生在研究过程中将课堂知识与实践相结合,提高综合素质。

活动三:科技制作与创新大赛

组织学生进行科技制作、科技创新等活动,如制作小型机器人、设计环保科技产品等。学生需发挥创意,动手实践,完成作品并展示。评选出优秀作品进行表彰和展示。结合人教版《科学》《美术》等相关教材,让学生在制作过程中将科学知识与艺术创作相结合,提高综合素质。

活动四:科技馆科普讲座

邀请专家学者或科技馆工作人员为学生举办科普讲座,介绍科技前沿动态、科技与社会的关系等内容,拓宽学生的科技视野。结合人教版《科学》《道德与法治》等相关教材,让学生在讲座中了解科技与社会的联系,增强科技素养和社会责任感。

案例二:深圳创新基地游,百态科技韵悠悠

初中科技研学旅行课程以深圳少年创新教育基地为研学目的地。深圳少年创新教育基地以科技、创新为主题,鼓励青少年儿童勇于创造、乐于创新,让"创客梦"融入"中国梦"。深圳少年创新教育基地是集学、玩、思、创为一体的综合型创新科学体验馆。该创新教育基地由创想星球探知馆、奇趣创客馆、机器人竞技馆、WOW 小剧场、深港交流馆、土星水吧六个主题场馆组成,强调科学探索、创新实践、科学教育、艺术审美的融合与关联,致力于为广大青少年提供一个全面的科学体验及创新教育空间及平台。在这个基地中,学生可以参与各种有趣而富有挑战性的活动,是开展校外科技类研学旅行课程的最佳选择之一。

一、研学目标

科技研学课程引导学生走进深圳少年创新教育基地,认识现代科学技术,思考现代科技高速发展给人类的生产、生活带来的日新月异的变化。科技研学旅行课程着重于学生"四力"的锤炼和培养。致力于提升学生创造力,丰富学生见闻,引导学生到真实的场景中去观察、体验、思考。同时鼓励学生充分发挥个人想象、创意,完成 DIY 手工制作;并在实践的过程中,培养学生专注力,激发学生热爱科学、崇尚科学、善于发现、勇于探究、追求真理的求知精神,帮助学生建立民族自信、文化自信,培养学生以科技强国为己任的不懈奋斗精神。

二、研学内容

研学内容分为知识准备、课题研究和研学拓展三个方面。

一是知识准备,通过资料、图片、视频等形式向学生展示相关的知识内容,让他们对相关的科技知识有一定的了解。

二是课题研究,参选课题为"探究编程技术的应用""探究我国航空航天技术的发展""探究科技为人类生活带来的变化",这些课题研究题目都是以学生的兴趣和认知水平为基础,通过观察和体验相关的科技场馆,激发学生的创造兴趣,加深学生对科学技术重要性的认知。

三是研学拓展,研学结束后,可以举办"科技改变生活"绘画比赛,组织学生讨论并交流分享,激发学生创造兴趣,让学生感受科技的魅力。

三、活动过程

活动一:科技创新与互动体验

学生在基地导师的讲解和引导下体验科技课、王者机甲、大疆 S1 编程车、XBOX 游戏。让学生到真实的场景中去观察、体验科技的魅力,思考科技的重要性;同时丰富学生见闻,加深对中国科技创新的认识和理解。

活动二:航空航天技术带你走近浩瀚星辰

学生在基地导师的讲解和指导下进行科普互动,了解星际大作战、火箭科普知识等,拓展自己的科普知识,加强对不同航空航天技术的认识,领略航空航天技术的重要性和魅力。

活动三:结构搭建与益智桌游体验

学生在基地导师的讲解和指导下用吸管体验工程搭建技术,搭建自己的作品,亲身体验榫卯、鲁班锁制作技术,在真正的实践中体验技术的魅力。学生还可以在小组内介绍自己的作品,进行分享,交流心得和感悟。

(撰稿者:刘芷、渠文洁、杨志强)

第三节 走进劳动：开启成长之旅

走进劳动研学课程旨在让学生通过亲身体验和实践操作，深入了解和体验劳动的意义与价值，培养学生的劳动习惯、劳动技能和劳动精神。课程注重知识的实际应用，将理论知识与劳动实践相结合，使学生在参与劳动的过程中，增强对社会的认知，提升自我成长。通过亲身参与，学生们能够深刻感受到劳动的艰辛和收获，从而更加珍惜劳动成果，理解劳动人民的伟大和辛勤，培养起对劳动的热爱，增强社会责任感。

一 课程理念

走进劳动研学课程，坚守"以劳为基，知行合一"的教育初衷，致力于为学生构建一个亲身参与、实践体验的学习环境。这门课程将传统的理论学习与实践操作、探索紧密结合，让学生亲身感受劳动的辛勤和收获成果的喜悦，培养他们的劳动精神和实践能力。

走进劳动研学课程应以学生当前教育阶段所掌握的劳动知识为基础，结合劳动资源，开展综合性社会实践活动。首先，旨在让学生在研学活动中深入了解劳动文化，感受劳动价值，生成对劳动和劳动者的尊重和敬意。在课程的设计中，必须富含深厚的劳动知识和实践技能。通过选择具有代表性的劳动任务和工具，引导学生参与其中，感受劳动的辛勤和技能的精湛。其次，实践操作是不可或缺的一环。学生需要亲身参与劳动过程，通过实际操作、动手实践，深入了解劳动技能和实践智慧。这种实践性的学习方式能够让学生更加直观地理解劳动，增强他们的实践能力和创新意识。最后，课程需要强调劳动与社会的紧密联系。劳动不仅是生活的必需品，更是社会的基石和未来的希望。

二 课程目标

走进劳动研学课程应以学生为主体,重点培养学生的价值认同、实践内化、身心健康、责任担当等。对于走进劳动研学课程目标的设计,我们应该以劳动的达成为任务,重点关注学生在相应活动中所获得的体验,进而探究这种劳动对学生日后身心发展所产生的独特价值。具体而言,走进劳动研学课程的目标涉及以下方面。

拓展学生的认知领域。从认知层面上讲,走进劳动研学课程所要达成的目标应在于拓展学习者所拥有的认知领域,进而促使其对所劳动对象生成新的认识与理解。劳动研学课程不仅帮助学习者深入了解劳动对象及其所蕴含的知识内容,还培养他们在劳动过程中的各种基本能力,如收集、获取、分析、处理信息的能力,实践能力,创新创造能力,终身学习和探索的能力等。通过亲身参与劳动,学习者能够更全面地认识和理解劳动对象,形成自己的见解和看法。与传统的研学课程相比,走进劳动研学课程更强调学习者在实际劳动中的应用和创新。在特殊的劳动情境中,学习者需要综合运用已有的知识和能力,这不仅能够提升他们的实践能力,还能培养他们的创新思维和终身学习能力。走进劳动研学课程的目标不仅局限于对劳动对象的认识,更包括对劳动活动本身以及通过这一活动所取得的发展的理解。这种理解不仅可以帮助学习者更好地掌握劳动技能,还能为他们未来的职业发展和人生规划提供有益的启示。

强化学生的实践内化能力。学生通过亲手参与劳动过程,学会使用工具、掌握技能,培养动手实践能力,提高解决实际问题的能力。在劳动实践中,学生不仅要学会使用各种工具,还需要掌握相关的专业技能,这些技能可能是手工制造、烹饪、园艺等,但无论哪一种,都需要学生通过实际操作来熟练掌握。通过使用不同的工具和技术,学生可以更深入地理解理论知识,并将其转化为实际操作中的技巧和能力,这种深度掌握对于他们未来的职业发展至关重要,帮助学生具备快速适应和解决问题的能力,鼓励学生将课堂上学到的理论知识应用于劳动实践中,实现知识的内化和转化。

助力学生行为方式的转变。走进劳动研学课程能够促进学习者行为方式上的改变,这种改变既包括学习者在走进劳动研学课程中自身行为的选择,也包括走进劳动研学课程的学习对学习者日后行为方式的选择所产生的影响。相较于其他研学课程而言，走进劳动研学课程强调学生不仅要获得相应的知识，还要达成行为上的转变，这种行为上的转变主要表现为与学习环境的交往和对学习方式方法的选择（自主学习、合作学习、探究学习、发现学习、小组式学习、交往式学习等）以及对研学对象的选择和实践能力。

丰富学生的情感世界与精神生活。走进劳动研学课程的目标所具有的一大特点便在于它十分讲求学习者通过劳动所达成的情感目标。从内容上讲，开展走进劳动研学课程的最终目标是实现学生的全面发展，它既包含认知类目标，也包括情感类目标，不仅要实现学生认知水平的提升，亦要促进学生情感类素养的发展。需要指出的是，情感类素养不仅指学生情感的发展，兴趣的激发、意志的养成都是其重要的组成部分。一个完整的人，应是一个富有情感类素养的人，他应该能够对客观事物、自己以及自身活动等投入相应的情感并生成相应的情感劳动。因此，实现对学生情感类素养的培育，使之成为富有情感的人，乃是走进劳动研学课程所期待的方向与目标。

三 课程内容

2020年，《关于全面加强新时代大中小学劳动教育的意见》和《大中小学劳动教育指导纲要（试行）》把劳动教育研究引入高潮。2022年4月我国首部《义务教育劳动课程标准（2022年版）》正式颁布，把培养学生的劳动价值观与提高学生劳动能力两大领域整合为劳动核心素养。劳动教育和研学旅行均是教育教学的重要内容。劳动教育研学旅行课程内容应基于研学旅行与劳动教育在总体目标、课程性质、实施路径、活动场所、评价方式等方面的高度契合，以立德树人为宗旨，研学旅行为载体，以劳动教育为主题，将研学旅行与劳动教育结合，使之更加规范化、系统化，形成一套完整的课程体系。

研学课程是实施劳动教育的重要途径，劳动项目则是落实劳动教育内容和教育价值的重要实施载体。劳动研学课程应围绕典型农业旅游资源特色，因地制宜，根据不同学段的特点和要求，通过考量旅游资源中的劳动教育价值，对照《义务教育劳动课程标准（2022年版）》，以农业生产劳动和传统工艺制作任务群为基本单元，从深度开发和拓展开发两个方面，构建劳动教育主题研学课程内容结构，突出学段之间课程内容和课程目标的连续性和进阶性,实现从简单劳动到复杂劳动、创造性劳动的培养过程。

劳动教育的开展鼓励充分利用校内外资源,研学旅行作为校外综合实践教育活动,为劳动教育的实施提供了良好的载体。当前研学旅行基地资源丰富多样,包括自然观赏型、知识科普型、文化康乐型、体验考察型、励志拓展型等。基地以研学旅行为载体,通过考量研学资源中的劳动教育元素,其中以农业研学资源和传统工艺研学资源较为突出,实现"劳动教育研学旅行"模式。一是劳动教育与农业研学旅行资源融合。农业旅游资源是进行劳动研学旅行的重要着眼点,以研学旅行为载体,引导中小学生参加农业劳动实践活动,实现使学生养成热爱劳动、尊重劳动的意识,体会持续性劳动的艰辛与不易,学会珍惜劳动成果,感受新时代农业劳动职业特点,形成热爱自然、热爱土地、热爱家乡的情感等劳动素养要求。二是劳动教育与传统工艺研学旅行资源融合。传统工艺旅游资源也是进行劳动研学旅行的最佳选项之一,以传统工艺研学旅行为载体,依托基地作坊群,引导中小学生参加传统工艺制作劳动实践活动,实现使学生养成认真劳动、乐于动手实践的习惯和品质,体会传统手工艺技术中蕴含的劳动智慧,形成传承并弘扬传统工艺的意识等劳动素养要求。以研学旅行为载体,从农业研学旅行和传统工艺研学旅行方面,实现劳动教育与研学旅行资源的融合。通过活动内容让学生真正实现动手操作,深度参与其中,感受劳动过程的艰辛与不易,学会珍惜劳动成果,增强社会责任感等课程目标。在未来发展过程中,可以引入新技术体验与应用劳动项目作为辅助内容,让学生在实践交流中加深对劳动创造价值的理解,培养自我创新意识。

四 课程的设计原则

劳动研学课程是深圳中小学生劳动教育的重要组成部分,旨在通过实践活动,培养学生的劳动技能、劳动习惯,以及尊重劳动、热爱劳动的品质。在设计劳动研学课程时,需遵循以下基本原则,确保课程的有效性和吸引力。

(一)课程主题选定的基本原则

贴近学生生活实际。劳动研学课程应紧密围绕学生的生活实际,选择与学生日常生活、学习紧密相关的主题,使学生在实践活动中能够体验到劳动的乐趣和实用性。

注重学生实践能力培养。劳动研学课程应注重学生实践能力的培养,通过动手操作、亲身体验,使学生掌握基本的劳动技能和方法,提高他们解决实际问题的能力。

体现地方特色和行业特点。劳动研学课程应结合地方特色和行业特点,选择具有代表性的劳动项目和主题,使学生在参与课程的过程中,能够了解地方文化和产业发展趋势。

强调安全与环保。在设计劳动研学课程时,必须始终关注学生的安全和环保意识。选择安全、环保的劳动项目和工具,确保学生在实践活动中的人身安全和环境保护。

注重课程的连贯性与拓展性。劳动研学课程应具有一定的连贯性和拓展性,确保学生在不同年级、不同学期的课程中能够逐步提升劳动技能和综合素质,同时为他们提供拓展学习的机会和空间。

(二)课程内容选择的基本原则

课程内容的选择应紧密围绕课程目标,注重实践性和操作性,同时也要兼具启发性和探索性。具体应遵循以下原则。

突出实用性。课程内容应与学生的日常生活、学习需求密切相关,能够帮助学生掌握实际生活中常用的劳动技能和知识,提升他们的生活自理能力和社会责任感。

强调操作性。课程内容应注重学生的动手实践,通过实际操作、亲身体验,使学生更好地理解和掌握劳动技能,培养他们的动手能力和创新意识。

兼具启发性和探索性。课程内容应具有一定的启发性和探索性,能够激发学生的学习兴趣和好奇心,引导他们在实践中发现问题、解决问题,培养他们的创新思维和解决问题的能力。

结合时代特点。课程内容应结合当前社会、科技发展的特点,选择具有时代性、前瞻性的劳动项目和主题,使学生在参与课程的过程中,能够了解社会、科技的发展趋势,为他们的未来发展打下基础。

注重跨学科融合。课程内容应注重与其他学科的融合,通过跨学科的学习和实践,培养学生的综合素质和跨学科思维能力,为他们的全面发展提供支持。

（三）活动方式设计的基本原则

劳动研学课程的活动方式设计应遵循学生的身心发展规律和学习特点，注重学生的参与性、体验性和合作性。

突出学生主体地位。活动设计应以学生为中心，充分发挥学生的主观能动性，让他们在活动中主动探索、积极实践，真正成为学习的主人。

多样化活动形式。活动设计应灵活多样，既有个人操作，也有团队合作，还有集体竞赛等形式，以满足不同学生的需求和兴趣，激发他们的参与热情。

注重情感体验。活动设计应关注学生的情感体验，让他们在劳动中感受到劳动的快乐和成就感，增强他们的自信心和自尊心。

强化实践反思。活动设计应引导学生在实践中不断反思，总结经验教训，发现问题并寻求解决方案，以促进他们的自我提升和成长。

充分利用社会资源。活动设计应充分利用社会资源，与企业、社区等合作，为学生提供更广阔的实践平台，让他们在实践中了解社会、服务社会。

五　课程的实施思路

劳动研学课程是深圳中小学生劳动教育的重要组成部分，其实施思路需要紧密围绕课程目标，结合学校和学生实际情况，注重实践性和创新性，确保课程的有效实施和学生的全面发展。

（一）课程设计思路

课程内容选择。课程内容选择应注重实用性和趣味性，结合地方特色和行业需求，选取贴近学生生活实际、具有实践价值的劳动项目和主题。同时，要注重课程内容的更新和拓展，及时引入新技术、新工艺和新方法，保持课程的时代性和前瞻性。

课程形式设计。课程形式设计应注重学生的参与性、体验性和合作性。可以通过组织实地考察、实践操作、小组合作、竞赛活动等多种形式，让学生在亲身体验中感受劳动的魅力和价值，提高他们的实践能力和团队合作意识。同时，要注重课程形式的多样性和灵活性,以满足不同学生的需求和兴趣,激发他们的学习热情。

课程目标设定。课程目标的设定应明确、具体,符合学生的年龄特点和认知水平。通过实践活动,使学生掌握基本的劳动技能和方法,培养良好的劳动习惯和安全环保意识,同时增强他们的创新意识和解决问题的能力。课程目标的设定应与学生的日常生活、学习需求密切相关,确保课程目标的实现具有实际意义和价值。

(二) 课程实施过程

课程启动。召开课程启动大会,介绍课程背景、目标、内容安排和预期成果,激发学生的学习兴趣和热情。

分组学习。将学生分成若干小组,每组选出一名组长,负责协调组内成员的学习和活动安排。

实地参观。组织学生进行实地参观活动,包括企业、园区、工厂等,确保学生安全并遵守相关规定。

劳动实践。在教师和指导人员的带领下,学生进行劳动实践活动,如种植、养殖、编程等,确保学生实践活动的安全和有效性。

项目实践。学生根据创新实践项目的要求,进行项目设计、实施和总结,教师提供必要的指导和支持。

成果展示。组织学生进行成果展示活动,展示他们的学习成果和创新实践项目,邀请家长和校内外专家进行评审和点评。

课程总结。课程结束后,组织学生进行课程总结,回顾学习过程,分享学习体会和收获,并总结课程实施过程中的经验教训和改进方向。

(三) 课程评价和跟进

劳动研学课程的评价和跟进是确保课程效果的关键环节,需要建立科学、全面的评价体系,对课程实施过程和学生成果进行定期评估,并根据评估结果进行相应的调整和优化。

过程评价。关注学生在参与程度、实践操作能力、团队协作精神等方面的表现,及时给予指导和反馈。

成果评价。通过学生的劳动成果、总结报告等形式,评价学生的劳动技能和劳动精神培育情况。

跟进反馈。在课程结束后,通过问卷调查、访谈等方式收集学生和家长的反馈意见,对课程进行持续改进和优化。同时,学校将加强与家长的沟通与合作,鼓励家长支持孩子参与劳动研学课程,共同培养孩子的劳动习惯和实践能力。此外,学校还将与社区、企业等建立合作关系,拓展劳动实践基地和资源,为学生提供更广阔的劳动实践平台。

六 课程案例

案例一:劳动播种希望,实践成就梦想

碧岭现代农业科技园作为本次劳动研学课程的实践基地,倡导以劳动为荣、以实践为先、以教育为本的研学理念,为小学1—6年级的学生推出了小厨师烹饪体验馆、小主人家务体验馆、桑蚕文化体验馆、动物养护体验馆、传统农具体验馆等生活性劳动场馆,提供了一个亲身体验农业劳动、理解劳动价值和实践梦想的舞台。本次走进劳动研学课程旨在通过亲身体验农业劳动,让学生们深入理解劳动的价值和意义,培养劳动兴趣,播下希望的种子。

一、研学目标

一是立德树人:实施劳动教育,能使学生树立劳动创造一切的观点,懂得劳动光荣,懂得自己的幸福靠劳动创造,热爱劳动和劳动人民,能促进学生良好品德的形成。

二是育才培智:提升学生的智力与创造力,热爱劳动、双手灵巧的孩子,思维一般都清晰敏捷,喜欢钻研。在劳动中,必然要通过眼看手摸,实际地感受物质特性,这就为思维和想象力的发展提供了有利条件。

三是育美健体:强壮学生的体格与加强身体健康,在不同的劳动中,使身体的各部分都能得到锻炼,从而提高学生对疾病的抵抗力,达到强身健体的目的。

四是提升认知:引导中学生热爱劳动,尊重劳动者。热爱劳动,尊重劳动者,学生自己在从事劳动所获得的体验中,会更加深刻领悟劳动的价值和意义。

二、研学内容

劳动实践活动课以提升学生的综合素质和培养他们以后走上社会所需的生存能

力为宗旨,以提高学生的动脑、动手能力为目的,让学生人人参与、个个动手,发挥想象自由创作,同时又相互协作,让学生在劳动实践活动中培养应有的技能和素养。开展劳动教育还可以强健学生体魄,磨炼学生意志,进而培育学生认识劳动、尊重劳动的意识,使之形成正确的劳动价值观。本次研学内容主要分为知识准备、农业体验、美食烹饪课堂和创意设计课堂四个方面。

一是知识准备:通过绘本、图片、视频等形式向学生展示相关的知识内容,比如认知农具和杂交水稻,了解传统农具在农耕劳动中的用处,认识杂交水稻之父袁隆平院士。开设蘑菇小课堂,参观蘑菇生产加工车间,认识不同蘑菇的形态特点、生长地点及各种蘑菇的营养价值。

二是农业体验:组织学生通过小组合作参与农业劳动,如养蚕、无土栽培、抓泥鳅等,让学生在实践中感受劳动的艰辛与乐趣,培养学生的团队协作能力。

三是美食烹饪课堂:是一场集知识、技能、乐趣于一体的烹饪体验活动。通过手磨豆浆、爆米花制作以及包饺子体验等环节,学生们可以在欢乐的氛围中,感受到中华美食的博大精深,培养学生的动手能力和团队合作精神。

四是创意设计课堂:通过纺纱织布、彩色扎染、树叶贴画以及榫卯课堂等环节,为学生们提供了一个充满创意和趣味性的学习环境。学生充分发挥自己的想象力和创造力,将双手变为创作的工具,将心灵转化为创作的源泉。这样的课堂不仅有助于培养学生的综合素质和能力,还能让他们在轻松愉快的氛围中享受学习的乐趣和成就感。

三、活动过程

活动一:"蘑菇小课堂——采摘蘑菇"

带领学生走进蘑菇种植基地,亲身感受蘑菇生长的奇妙过程。在专业人员的指导下,大家将学习如何识别不同种类的蘑菇,了解它们的生长环境和营养价值。随后,学生将亲手采摘新鲜的蘑菇,体验从田间到餐桌的乐趣。

活动二:"农耕体验——养蚕、无土栽培"

带领学生深入体验农耕文化的魅力。首先,大家将了解养蚕的历史和过程,亲手照顾蚕宝宝,观察它们的生活习性。其次,介绍无土栽培的技术和方法,让学生尝试在没有土壤的条件下种植蔬菜。这些活动可以让学生感受到农耕的艰辛与乐趣,体会劳动的乐趣,培养学生的动手能力。

活动三:"美食烹饪课堂——手磨豆浆、包饺子"

为了更好地了解中华美食文化,让学生亲手体验手磨豆浆和包饺子的过程。在专业厨师的指导下,学生将学习如何挑选优质食材,掌握豆浆的制作技巧和饺子的包法。通过这一活动,大家不仅能尝到美味佳肴,还能感受到中华美食文化的博大精深。

活动四:"创意设计课堂——树叶贴画、榫卯课堂"

在这个创意无限的课堂上,学生将发挥想象力和创造力,制作出独一无二的艺术品。首先,学生将学习如何使用树叶制作精美的贴画,感受自然与艺术的完美结合。其次,专业老师将介绍榫卯结构这一传统木工艺技巧,让参与者亲手制作一个小巧玲珑的榫卯模型。这些活动旨在培养参与者的审美情趣和动手能力,让大家在体验传统文化的同时,感受创造的乐趣。

案例二:劳动砺心志 实践促成长

初中劳动研学旅行课程以田园印象童趣小寨为研学目的地。田园印象童趣小寨位于深圳市坪山石井社区金田路143号,基地占地面积500亩,活动区域128亩,紧靠坪山大学城,毗邻东江纵队纪念馆,是一个集乡村文化、户外拓展、学生研学、家庭亲子游为一体的新概念农耕体验园。基地拥有500米瓜果长廊、9个风雨大棚,各类研学课堂全部设在瓜果遮阳凉棚之下,可满足1 500人同时就餐并在室内参加活动项目。

课程内容包括带领学生走进田园印象童趣小寨进行趣味劳动体验,一是农耕体验,包括农具认知,体验播种、种植的一系列劳动过程;二是传统手工艺体验,包括陶艺制作、敲敲乐捶染、活字印刷、石磨豆浆、泥砖制作、彩绘葫芦等;三是体验乡村趣味劳动,包括挑箩筐、小河捉泥鳅、欢乐打地鼠等。课程时长为一天,结合初中生的知识学习情况,本课程设计结合了生物课课程以及劳动课课程。

一、研学目标

本次田园印象童趣小寨劳动研学课程的目标首先是让学生了解常见农作物的特征,认识传统农具;其次让学生在亲身的劳动实践中体会劳动的艰辛以及体会传统手工艺技术中蕴含的劳动智慧,感受传统手工艺的魅力,形成传承并弘扬传统工艺的意识,同时学会珍惜劳动成果,增强社会责任感。

二、研学内容

田园印象童趣小寨劳动研学课程能让学生感受传统农业种植的相关知识和传统手工艺中的劳动智慧,培养学生对劳动的热爱,田园印象童趣小寨劳动研学课程内容主要分为知识准备、课题研究和研学拓展三个方面:

一是知识准备,课前鼓励学生利用网络搜集等方式了解传统农作物种植的基本知识。

二是课题研究,参选课题为"农耕体验记——劳动的意义""传统手工艺中的劳动智慧""乡村趣味劳动的积极意义",这些课题研究题目均以学生的兴趣和认知水平以及初中阶段学生劳动教育要求为基础,通过亲身体验种植过程、传统手工艺制作和乡村趣味劳动感受劳动的意义与价值。

三是研学拓展,研学结束后,举办"劳动砺心志,实践促成长"故事征文活动,让学生用文字来表达此次田园印象童趣小寨劳动研学的所学、所思及所感;同时,举办最美手工艺作品评比活动,设置优秀作品展览活动。

三、活动过程

活动一:农耕体验记

活动内容:学生在基地导师的指导下认识传统农具,学习使用方法,在此基础上体验传统瓜果种植过程,感受劳动的艰辛和不易,学会珍惜劳动成果,养成持之以恒的劳动品质。

活动二:传统手工艺体验

学生在基地导师和老师的指导下分小组分别进行陶艺制作、敲敲乐捶染、活字印刷、石磨豆浆、泥砖制作、彩绘葫芦等传统手工艺制作体验,体验结束后每组需选出最佳作品,并由获得最佳作品的学生向其他学生讲解相关手工艺作品制作技巧,分享个人感悟。让学生在动手的过程中体会传统手工艺中的劳动智慧,增强传承和弘扬传统工艺的意识。

活动三:乡村趣味劳动体验

学生在基地导师的指导和老师的组织下进行挑箩筐、小河捉泥鳅、欢乐打地鼠等乡村趣味劳动,体会劳动的快乐和艰辛,在劳动的过程中放松身心,增进同辈之间的关系。

(撰稿者:梁文洁、李倩倩)

第四节 走进历史：照亮文化之路

走进历史研学课程旨在引导学生深入历史遗迹，踏足祖国广袤的河山，深刻体验改革开放带来的伟大成就，以及红色文化的深远影响。本课程遵循新时代中小学研学旅行的核心理念，培养学生以游立德，以游启智，以游悦心，以游尚美，以游健体。相较于其他研学课程，走进历史研学课程更加注重理想信念教育、爱国主义教育以及红色革命文化教育的深入开展。通过亲身参与，学生们能够深刻感受到历史的厚重和文化的瑰丽，从而更加清晰地理解历史的发展脉络和人类文明的演进历程，培养出对历史的敬畏之心和对文化的热爱之情。这样的课程不仅能够增强学生的民族自信，更能激发他们的社会责任感。

一 课程理念

走进历史研学课程，坚守"以史为鉴，知古鉴今"的教育初衷，致力于为学生构建一个身临其境、深度体验的学习环境。这门课程将传统的历史学习与实地考察、研究紧密结合，让学生亲身触摸历史的厚重和文化的瑰丽，培养他们的历史责任感和文化自信。历史研学课程的内涵远超一般的课程定义，它代表着一种教育理念，一种文化的传承。更重要的是，它聚焦于培育学生的历史素养与家国情怀。

因此，走进历史研学课程至少需要包含三个核心要素：首先，课程内容必须富含深厚的历史底蕴和浓郁的历史情怀。通过选择具有标志性的历史事件和文化遗址，引导学生深入其中，感受历史的波澜壮阔和文化的丰富多彩。其次，实践探索是不可或缺的一环。学生需要置身于历史现场，通过实地考察、观察、体验，深入了解历史事件和文化内涵。这种实践性的学习方式能够让学生更加直观地理解历史，增强他们的历史感知能力。最后，课程需要强调历史与现实的紧密联系。历史不仅是过去的记录，更是现实的借鉴和未来的指引。历史研学课程应引导学生将历史知识应用于实际生活中,培养他们的思辨能力和创新能力,使他们在面对现实问题时能够运用历史智慧找到解决方案。

走进历史研学课程应以学生当前教育阶段所掌握的历史知识为基础,依托各地的历史资源,开展综合性社会实践活动。其目标是让学生在研学活动中深入了解历史文化,感受人文情怀,生成对国家和民族的高度热爱和认同感。

二 课程目标

历史类研学课程目标是让广大学生在研学过程中能够深入了解祖国的大好河山、中华传统美德、革命光荣历史和改革开放的伟大成就等。历史类研学课程相较于其他研学课程更加注重对学生开展理想信念教育、爱国主义教育、革命传统教育和国情教育,旨在让学生通过历史遗迹或作品了解人类发展历程,树立人类命运共同体观念,增强民族自信和责任感,这是一种更凸显国家和民族本色的研学课程。因此,历史类研学课程的目标应包含四个方面:知识性目标,能力性目标,情感、态度和价值观目标以及历史核心素养目标。

知识性目标。历史类研学课程的首要目标是为学生提供系统的历史知识。通过实地参观历史遗迹、博物馆、档案馆等,学生可以直接接触到真实的历史材料,从而更加深刻地理解中华民族的发展历程和传统文化的精髓。这不仅包括对中国古代历史的了解,也涵盖了对近代以来革命历史和改革开放伟大成就的认识。

能力性目标。除了知识的传授,历史类研学课程还强调培养学生的实践和研究能力。通过参与研学活动,学生需要学会如何收集和分析历史资料,如何运用所学知识解决实际问题。这种能力性目标旨在培养学生的创新精神和实践能力,为他们未来的学术研究和职业发展打下坚实的基础。

情感、态度和价值观目标。历史类研学课程在情感、态度和价值观方面的目标尤为突出。通过亲身体验和感受祖国的大好河山、中华传统美德、革命光荣历史和改革开放伟大成就,学生将更加深刻地认识到祖国的伟大和民族的优秀。这有助于培养学生的民族自豪感和爱国主义情怀,形成积极向上的人生态度和正确的价值观。因此,在走进历史研学课程设计与实施中,应注重对学生情感、态度和价值观方面的安排。一是价值认同。在多元化、碎片化的信息时代,学生能接收到代表各类价值观的大量信息,其中不乏负面或偏激的价值观。如果没有得到适当的引导和教育,学生可能会迷失在纷繁复杂的信息海洋中,甚至受到不良价值观的影响。因此,历史类研学课程的价值在于它提供了丰富的历史文化资源,这些资源如同一面镜子,帮助学生明辨是非,形成积极、正确的价值观。这种价值观的塑造不仅仅是知识的灌输,更是心灵的启迪,能够让学生发自内心地接受并向往积极向上的价值观,从而为他们的未来发展提供坚实的思想基础。二是责任担当。历史类研学课程的目标远不止于让学生了解历史事实或激发对历史的兴趣。更重要的是,它希望学生在深入研究历史的过程中,能够体会到人类和民族发展中的积极精神和良好品质。在这些品质中,责任担当尤为重要。历史上的伟大人物和事件往往都伴随着强烈的责任感和担当精神。通过学习这些历史人物和事件,学生能够更加深刻地认识到,无论是个人还是集体,都需要承担起自己的责任,为社会的进步和发展作出贡献。这种责任感的培养不仅有助于学生在日后的学习和工作中更好地履行自己的职责,更能够让他们学会站在他人的角度思考问题,学会关心他人,从而成为一个有担当、有情怀的人。

历史核心素养目标。在新时代教育背景下,历史类研学课程还提出了历史核心素养目标,包括培养学生的历史思维、历史解释和历史价值观等方面的素养。通过研学活动,学生需要学会运用历史眼光分析现实问题,理解人类社会的多样性和复杂性,树立全球视野和人类命运共同体意识。这种素养目标旨在培养学生的综合素质和未来发展潜力,使他们能够更好地适应全球化时代的挑战和机遇。

三 课程内容

与其他类型的研学课程相比,我国中小学开展历史类研学旅行课程更有优势。中国历史资源丰富,且自古以来就有记载历史的传统,上至庙堂,下及乡里,各地皆能查到相关的历史记录。除文字记载外,学生还能看到许多实物遗存。历史研学课程引导学生走进博物馆、纪念馆、名人故居,帮助学生在观看大量被精心保存的一手史料以及丰富的历史遗迹的过程中,了解中国古代史和近代史,带领学生回顾新中国发展史等最重要的历史知识。历史研学课程不仅为学生们提供了一个更广阔的视野,为学生们提供了一个更好的研读环境,为学生们提供了更丰富的思考体验,而且让学生们能够在研学实践课程中,得到更深刻、更明确的认知和理解,培养热爱国家,维护民族利益和拥护中国共产党的未来社会主义接班人的品质,感受自己所处时代的使命和责任。走进历史研学课程内容共有四大类,具体如下。

(一) 走进博物馆

中小学生普遍认为历史研学有益。博物馆教育在中国渐成风尚,学校与博物馆合作,家长也常带孩子参与博物馆的趣味课程。然而,调查显示我国博物馆教育质量不一,主要依赖丰富的文物资源对青少年进行历史教育,期望他们在文物环境中深化历史理解,拓宽知识面。但现实中,博物馆教育并未形成专门的、系统的课程,使得学生在博物馆的学习成果往往零散、片面,缺乏深度和连贯性。因此,学生在结束教育后缺乏有效的总结和提升,影响了博物馆教育的效果。

历史类研学旅行课程对中学生具有重要意义。它将枯燥的文字知识转化为鲜活的实地体验,使学生更好地理解和感受历史。在行走的课堂中,学生们能亲眼看到历史遗址,听到历史的故事,增强对文化遗产的保护意识。同时,研学旅行也锻炼了学生的独立生活能力和团队协作能力。通过与不同地域、文化的接触,还能拓宽视野,提升跨文化交际能力。这种实践教育方式,既丰富了教学手段,又深化了学习效果,是课堂教育的重要补充。

(二) 参观历史聚落

聚落的形成是人类与社会环境相互作用的结果,参观历史聚落不仅能让学生实地了解过去人类的生活方式和社会文化,还有利于学生理解自身民族文化和南北文化发展差异及其产生缘由。历史聚落不等同于历史遗迹,历史聚落是人类长期定居地,而历史遗迹则是人类某种活动轨迹。本节将两者分开陈述的原因在于考察历史遗迹偏向于引导学生对历史故事或典故进行体悟,在考察过程中提升自己的逻辑推理能力;而参观历史聚落则旨在通过曾经的人类定居点了解人类生活习俗的演变,在参观过程中提升对自己民族发展、人类演变的思想感悟。

（三）参观革命纪念地

我国有许多革命纪念地，这些革命纪念地承载着我国人民为了自由、独立和民主而斗争的决心和力量。如今的中国早已不是封建时期受压迫的落后国家，也不是近代军阀混战的弱势国家，一代又一代追求进步的中国人，为了现今的幸福生活不断抗争，造就了如今的盛世。在实现国家独立和民族复兴的征途上，革命先烈们留下了无数至今仍值得我们学习的精神。新时代的青少年迫切需要有效且有真正意义的家国情怀教育，参观革命纪念地是一种极好的方式。值得注意的是，参观革命纪念地，并不是带领学生进行景点打卡，而是要让学生切实从内心感受到革命先烈为了国家奋不顾身、为了人民愿赴汤蹈火的精神。

（四）考察历史遗迹

历史遗迹是历史类研学旅行课程独有的课程资源，不同于自然遗迹或是人文遗迹，历史遗迹是人类在社会发展进程中的活动留存。值得注意的是，历史遗迹并非一定是留存完整的建筑，学生考察历史遗迹时的重点应当在于对遗迹背后的历史事件进行探究和学习，对过去的历史事件进行深度体会，形成自我感悟，而不应局限于对历史遗迹本身的研究。实施中小学历史类研学旅行课程中有关考察历史遗迹的内容时，应当遵循以下流程：首先，由课程组织和实施者为学生讲解该历史遗迹的概况，使学生对即将前往考察的历史遗迹有一定的了解；其次，抵达历史遗迹后，教育者应当再次明确表达本次学习的任务和目标，并由学生自主开展相关的考察活动；最后，在学生自主考察结束后，教育者应当组织学生进行分享交流。

四 课程的设计原则

深圳，这座年轻而充满活力的城市，虽历史并不悠久，但其发展的速度和变迁的幅度却令人瞩目。其历史环境和相关历史建筑和故事，不仅见证了深圳的崛起，也蕴含着丰富的文化内涵和教育价值。因此，设置走进历史研学课程，旨在引导学生走进深圳的历史，感受文化的魅力，培养历史思维和文化意识。

(一)课程主题选定的基本原则

在深圳这座充满活力和创新精神的城市中,历史环境与相关历史建筑和故事不仅是城市的记忆,更是传承文化的重要载体。因此,在选定走进历史研学课程的主题时,我们遵循以下基本原则。

代表性原则。所选主题应能代表深圳历史文化的精髓,能够凸显深圳从一个小渔村发展为现代化大都市的历程,以及这一过程中所蕴含的独特文化魅力。

教育性原则。主题应具有深刻的教育意义,能够启发学生的历史思维和文化意识,帮助他们更好地理解深圳的历史文化,培养爱国情怀和民族自豪感。

兴趣性原则。主题应贴近学生的生活实际,能够激发学生的学习兴趣和探究欲望,让他们在轻松愉快的氛围中学习历史,感受文化的魅力。

时代性与代表性相结合的原则。课程主题应紧扣深圳的历史变迁,展现其从一个小渔村到现代化大都市的蜕变过程。同时,所选主题应能代表深圳历史文化的精髓,凸显其独特性和影响力。

(二)课程内容选择的基本原则

课程内容是研学课程的核心,其选择直接关系到课程的教学效果。在走进历史研学课程的内容选择上,我们遵循以下基本原则。

系统性原则。课程内容应形成一个完整的体系,包括深圳的自然环境、历史沿革、文化遗产、历史人物等方面,确保学生能够全面、系统地了解深圳的历史文化。

真实性原则。课程内容应基于真实的历史资料和事实,避免虚构和夸大,确保学生能够接触到真实的历史环境和建筑,感受真实的历史氛围。

实践性原则。课程内容应注重实践性和操作性,通过实地考察、实践操作等方式,让学生亲身参与和体验历史文化的魅力,增强他们的实践能力和创新意识。

(三)活动方式设计的基本原则

活动方式是研学课程实施的关键环节,其设计直接影响到学生的参与度和学习效果。在走进历史研学课程的活动方式设计上,我们遵循以下基本原则。

多样性原则。活动方式应多样化,包括讲座、实地考察、小组讨论、角色扮演等多种形式,以满足不同学生的学习需求和兴趣特点。

互动性原则。活动设计应注重师生之间的互动和学生之间的合作,通过互动交流和合作探究,激发学生的学习兴趣和主动性,提高他们的团队协作能力和沟通能力。

创新性原则。活动设计应具有创新性,能够结合现代科技手段和教育理念,创造出新颖、有趣、富有挑战性的研学活动,让学生在参与中体验到学习的乐趣和成就感。

五 课程的实施思路

走进历史研学课程旨在通过对深圳实际教育环境、历史发展、历史建筑及历史故事人物的深度挖掘,让学生以研学的方式走进历史,感受历史的厚重与魅力,培养学生的历史意识和文化素养。

(一)课程设计思路

课程内容的选择。要充分考虑深圳的历史文化特点和学生的年龄认知特点及研学教育的特点。可以包括深圳的自然环境、历史沿革、文化遗产、历史人物等方面的内容,注重对历史事件的背景、过程和影响的分析,让学生全面了解深圳的历史文化,感受其独特魅力。例如深圳的历史发展脉络,从渔村到现代化大都市的变迁;历史建筑探访,如南头古城、大鹏所城等,了解其背后的历史故事;历史故事人物解读,如邓小平等对深圳发展作出的重要贡献。

课程结构设计。课程结构要合理,注重层次性和系统性。可以按照时间顺序或者主题分类来组织课程内容,让学生循序渐进地了解深圳的历史文化。同时,要注重理论与实践的结合,设置实地考察、实践操作等环节,让学生在亲身体验中感受历史的厚重和文化的魅力。

(二)课程实施过程

教师准备阶段。教师需要对课程内容进行深入研究,收集相关的历史资料,确保所教授的内容真实、准确。同时,教师还需要制定详细的教学计划,明确教学目标、教学内容、教学方法和评价方式等,确保课程的顺利进行。

学生预习阶段。在课程开始之前,教师应要求学生进行预习,了解相关的历史背景和基础知识,为课程的深入学习作好准备。预习可以通过阅读教材、观看视频、上网查询等方式进行。

课堂教学阶段。在课堂教学中,教师应采用多种教学方法,如讲解、讨论、案例分析等,激发学生的学习兴趣和思维活力。同时,教师应注重与学生的互动,鼓励学生提问、发言,营造积极的学习氛围。

实地考察阶段。实地考察是研学课程的重要环节。在教师的带领下,学生应参观相关的历史遗址、博物馆、文化场馆等,亲身感受历史的厚重和文化的魅力。在实地考察中,教师应注重对学生的引导和讲解,帮助学生更好地理解和感受历史。

总结反思阶段。课程结束后,教师应组织学生进行总结反思,回顾所学内容,分享学习心得和体会。同时,教师还应对学生的学习成果进行评价和反馈,帮助学生更好地掌握知识和技能。

(三) 课程评价方式

在走进历史研学课程的评价方式上,遵循科学、多元、公正的原则。评价方式主要包括以下几个方面。

过程性评价。重视学生在学习过程中的表现,包括预习情况、课堂参与度、实地考察的积极性、小组讨论中的贡献等,这些都会作为评价学生学习成果的重要依据。希望通过这种方式,引导学生重视学习过程,而不仅仅是关注学习结果。

终结性评价。通过考试、论文、报告等方式,对学生的学习成果进行量化评价。这些评价方式能够使教师更清楚地了解学生对历史文化的理解和掌握程度,以便后续进行有针对性的教学调整。

自我评价和同伴评价。鼓励学生进行自我评价和同伴评价,让他们反思自己的学习过程和成果,同时从同伴的评价中获得新的启示和视角。这种方式能够帮助学生建立自我反思和自我提升的能力,同时也能培养他们的团队协作和沟通能力。

综合性评价。综合考虑学生的过程性评价、终结性评价、自我评价和同伴评价以及教师的观察和判断,给出一个全面、公正、科学的评价。希望这种评价方式能够真实反映学生的学习情况和成果,同时也为他们未来的学习和生活提供有益的参考。

六 课程案例

案例一：赓续中华血脉,坚定文化自信

以深圳博物馆作为本次历史研学课程的基地,为小学1—6年级的学生打开了一扇通往过去的时光之门。本课程围绕"赓续中华血脉,坚定文化自信"的理念,结合博物馆丰富的历史文物和资料,通过讲解、互动、小组探讨等方式,旨在培养学生的历史素养和文化自信,同时满足他们对过去的好奇和探索欲望。

本次课程内容包含引导学生参观博物馆的各个展区,亲手触摸历史文物,感受历史的厚重和文化的瑰丽。学生们将学习历史事件,了解文化发展的轨迹和特色,同时培养他们的逻辑思维、批判性思维和团队合作能力。

此课程紧密结合学校教学内容,旨在激发学生对历史的兴趣和热爱,帮助他们树立文化自信,培养未来的文化传承者。通过一天的研学活动,我们希望能在学生们心中播下对历史的敬畏和对文化的尊重,让他们在未来的学习和生活中,持续探索、传承,为文化的发展贡献自己的力量。

一、研学目标

通过本次博物馆研学课程,让学生近距离接触历史文物,拓宽文化视野,激发历史兴趣,培养历史思维和实践能力,同时加深对历史与文化、历史与社会关系的理解,形成正确的历史观和文化观。

二、研学内容

博物馆研学课程内容涵盖古代历史、近现代史、地方文化等多个领域,通过文物展示、讲解互动、文化体验等多种形式,让学生在亲身参与中感受历史的魅力,培养历史素养和文化自信。研学内容主要分为历史体验、课题研究和拓展实践三个方面。

一是历史体验：组织学生参观博物馆各个展区,了解历史的发展脉络、重要事件和文化特色,体验各种历史互动项目,感受历史带来的震撼和启迪。

二是课题研究：引导学生结合所学知识,选取感兴趣的历史主题进行深入研究,如古代科技、民族文化、抗日战争等,通过查阅资料、撰写报告等方式,培养学生的研究能力和批判性思维。

三是拓展实践:组织学生进行历史剧表演、文化创作等活动,如扮演历史人物、绘制历史场景等,让学生在实践中锻炼动手能力,培养创新意识和团队合作精神。

三、活动过程

活动一:博物馆时光之旅

组织学生参观博物馆,了解各个展区的主题和内容,引导学生观察、思考和提问,鼓励学生亲手触摸历史文物,感受历史的厚重和文化的瑰丽。

活动二:历史小课题研究

引导学生结合所学知识,选取感兴趣的历史主题进行深入研究,如古代科技、民族文化等。学生需查阅资料、撰写报告等,完成课题研究任务。

活动三:历史剧表演与文化创作

组织学生进行历史剧表演、文化创作等活动,如扮演历史人物、绘制历史场景等。学生需发挥创意,动手实践,完成作品并展示。评选出优秀作品进行表彰和展示。

活动四:博物馆历史讲座

邀请专家学者或博物馆工作人员为学生举办历史讲座,介绍历史事件、文化特色等内容,拓宽学生的历史视野。

案例二:走进历史,探寻民族文化

初中历史研学旅行课程以锦绣中华民俗文化村为研学基地。锦绣中华民俗文化村是目前世界上面积最大、内容最丰富的实景微缩景区,融参与性、观赏性、娱乐性、趣味性、教育性为一体,全园犹如一幅巨大的中国版图,所有景点均是按照它在中国版图上的位置摆放的。在这里,同学们可以"一步走进历史,一日畅游中国",游览多个名胜古迹,感受我国各个少数民族的风情文化,是开展校外历史类研学旅行课程的最佳选择之一。

课程内容包括带领学生走进深圳市锦绣中华民俗文化村,参观中国区域版图分布,参观世界第八大奇迹的万里长城、秦陵兵马俑微缩景观,游览各具特色的名塔、名寺、名楼、名石窟以及具有民族风情的地方民居微缩景观等,带领学生走进历史,感悟历史。课程时长为一天,课程主要为初一、初二学生设计。

一、研学目标

历史研学课程引导学生走进博物馆、纪念馆,帮助学生在观看大量被精心保存的一手史料以及丰富的历史遗迹的过程中,了解中国重要的历史知识,旨在为学生们提供一个更广阔的视野,为学生们提供一个更好的研读环境以及更丰富的思考体验。本次民俗文化村研学之旅让学生们能够在研学实践课程中对中国的历史遗迹以及各民族的民俗文化得到更深刻、更明确的认知和理解,培养学生的爱国精神。

二、研学内容

研学内容分为知识准备、课题研究和研学拓展三个方面。

一是知识准备,通过文史资料、图片、视频等形式向学生展示相关的知识内容,让他们对相关的历史文化有一定的了解。

二是课题研究,参选课题为"古代建筑文化知多少""于锦绣民俗文化村见中华历史文化之魅力""少数民族歌舞之传承"。这些课题研究题目均以学生的兴趣和认知水平为基础,帮助学生通过观察和了解浓缩了我国五千年历史文化和全国各地的风光名胜的实景缩微景区,体会中国历史、文化、古代建筑和民族风情的魅力。

三是研学拓展,研学结束后,可以举办"一步走进历史,一日畅游中国"研学旅行征文比赛,组织学生讨论和交流分享,增强学生对中国历史文化的感受和体悟。

三、活动过程

活动一:走进历史,畅游中华

学生在导师的讲解和引导下游览万里长城、莫高窟、布达拉宫等86个微缩景观(包含祠堂陵墓、宗教寺庙、塔、亭楼关门、桥、石窟石刻、宫殿园林七大类),让学生到真实的场景中去观察、体验、思考(如少数民族的节日,建筑对应的诗词名句等),积累丰富的写作素材,同时丰富见闻,加深对中国历史文化的认识和理解。

活动二:探索民族文化,体会民俗风情

学生在基地导师的讲解和指导下走进各个民族村寨,在观察学习和民俗表演中认识各少数民族的文化和风土人情,丰富自己的认知经验,加强对不同聚落和民族的特色历史和文化的认识。

活动三：走进少数民族歌舞，领略少数民族魅力

学生在基地导师的讲解和指导下观看大型真人实景马战表演以及其他少数民族歌舞表演，参与少数民族歌舞互动，在观看与实际参与过程中体验我国少数民族历史文化的魅力，加强爱国意识，增强民族和文化自信。

（撰稿者：杨志强、李倩倩）

第六章
探究，点燃儿童探索世界的激情

在知识的无垠星海中，传统的学科边界就像是一道道冰冷的、固定的壁垒，将知识的岛屿分离。然而，真实的世界是多面性的、综合性的，需要我们跨越学科的界限，将不同的学科领域紧密地连接在一起，去探寻那无尽的知识宝藏。跨学科课程正是立足于这真实多面的世界，通过学科间的碰撞与交融，激发出绚烂多彩的火花。让学生在这样的学习过程中，融会贯通，真正掌握解决现实问题的能力。学校"逐光探究"以跨学科课程为载体，让学生们沐浴在绚烂多彩的知识火花中，点燃他们探索世界的激情。

进入21世纪,随着全球环境与社会条件的日新月异,未来社会对个体能力的要求也日趋复杂和多元。单纯依赖单一学科的知识和技能,已难以应对现实生活中的种种挑战。因此,跨领域解决问题的综合能力,成为了个体在未来社会中立足与成长的关键。2014年,我国教育部颁布了《关于全面深化课程改革落实立德树人根本任务的意见》,深刻指出教育改革的必要性。文件强调,要打破学科间的壁垒,强化各学段、相关学科的纵向衔接与横向配合,实现学科间的有机融合。这意味着教育不再局限于各学科的孤立教学,而是要促进学科间的交流与碰撞,发挥它们的综合育人功能。通过跨学科课程,我们可以将不同学科的知识和方法相互融合,形成全新的教育模式和教育思路。这种有机融合不仅有助于拓宽学生的知识视野,更能培养他们的创新思维和解决问题的能力。因此,加强跨学科教育,是推动教育创新、培养全面发展的人才的重要途径。

那么到底什么是跨学科融合课程呢？跨学科融合最早可以追溯到19世纪,教育学家赫尔巴特提出了课程联络论,强调了学科课程间的相关性与集中性。[1] 20世纪初,杜威和帕克提出了儿童中心课程统整理论。[2] 1937年,霍普金斯发表了《课程统整：理论与实践》,这也标志着"融合"正式成为课程领域的一个研究话题。[3] 跨学科融合课程具体指的是以真实生活情境中问题的提出、讨论和解决为载体,以两门及两门以上的学科内容为依托,统整学习方式,将不同学科的知识技能、思维方式及研究方法进行有机融合,让学生在学习中能够跨越学科的边界进行思维与方法的融合创新。需要注意的是,跨学科融合不是简单的"学科拼盘式"的教学活动,也不是"学科点缀式"的教学设计；而是在学生提出问题、讨论分析问题及解决问题时,利用学科间知识的连接而自然碰撞出火花。可见,跨学科融合课程的开发与实践,是为了培养能够贯通多学科核心概念和融通跨学科思维方式的创新型与复合型人才。

跨学科融合课程如一股清新的风,可以为学生带来全新的学习体验。跨学科融合课程可以点亮学生创新的火花,鼓励学生打破常规,从不同角度思考问题。在这样的

---

[1] （日）高浦胜义.综合学习的理论[M].名古屋：黎明书房.1998：10-15.
[2] 龙凤,韩荣弼.杜威和帕克教育思想的现代启示[J].考试周刊,2012(90)：21-22.
[3] 杜政荣.课程统整的理念与实践[J].中国远程教育,2002(12)：3-8.

课程中,学生们敢于挑战权威,勇于提出新的观点和方法,通过对不同学科知识的比较和分析,不再盲目接受知识,学会了用批判的眼光看待问题,培养了批判性思维。这样的思维方式将伴随他们一生,成为他们面对复杂世界的重要武器。此外,跨学科融合课程还能培养学生的团队合作能力。在跨学科融合课程中,学生需要与他人合作完成任务,他们学会了倾听他人的意见,协调不同的观点,共同解决问题。这样的团队合作能力将为他们未来的职业生涯奠定坚实的基础。

学科融合思维与"逐光教育"理念一致,均注重培养学生的创造力、批判思维和解决问题的能力,鼓励学生主动探索、独立思考和自主学习。在"逐光教育"理念的指引下,学校积极探索学科融合发展的多样化路径,努力构建满足学生个性化发展、开放而富有创新精神的跨学科融合课程。在开发符合学校教育理念与学生实际需求的跨学科融合课程的过程中,学校师生做了诸多探索与实践。

一是聚焦真实问题,引导学生实践。通过创设富有吸引力的情境,引导学生关注身边的话题,发现生活中的问题,并鼓励他们独立思考和解决问题。例如,学校的跨学科融合课程"小学低段学科融合下的公益劳动教育",就像一块沃土,滋养着学生的公益之心和劳动之情。学生在调查、探究、创作和体验中,不仅感受到了公益劳动的价值与快乐,更在实践中锤炼了自己的综合能力。

二是舞动知识旋律,锤炼学生能力。课堂上,学生获得机会进行跨学科学习,教师巧妙组织跨学科的讨论和活动,让学生在解决问题和完成任务的过程中,灵活运用多个学科的知识和技能。例如,"寻找数理中的浪漫音符"这门课程,就像一首美妙的交响曲,将数学、物理和音乐三个学科巧妙地融合在一起。学生在这门课程中,不仅学到了声音发声的本质原理,更在探索和创作中培养了分析能力、推理能力、动手能力和创造与应用能力。

三是释放跨界魅力,挖掘学生潜能。学校教师积极设计整合性项目,将不同学科的知识融合在一起,让学生在跨学科的探究中,体验知识的魅力和学习的乐趣。例如,跨学科融合课程"'画'说客家围屋"以项目式学习为基本形式,融合了美术、历史和语文学科。学生借助坪山区"大万围屋"的资源,深入研究了客家围屋的历史文化、艺术设计、价值功用和民俗传承等方面。在这个过程中,学生不仅提高了交流、协作、撰写、观察和绘画等能力,更培养了新时代"新客家人"的意识和文化自觉。

学校在跨学科融合课程的探索与实践中，不仅培养了学生的综合能力，更激发了他们的学习兴趣和创新精神。这种教育模式，让学生有机会站在更高的层次上审视问题，从多个维度寻找答案，从而培养了他们的综合思维能力和解决问题的能力。

（撰稿者：胡丽君）

第一节 聚焦问题，引导实践

在跨学科融合的背景下，公益劳动教育课程以其独特的价值和魅力，日益成为小学低段教育的重要组成部分。小学低段的学生正处于身心发展的关键时期，他们的好奇心强、动手能力强，对周围的世界充满了探索的欲望。因此，学校教师在设计这门课程时，特别注重聚焦真实问题，引导学生通过亲身实践，去发现问题、解决问题，从而培养他们的实践能力和创新精神。公益劳动教育课程不仅是一门学科，更是一种生活态度和社会责任。通过这门课程的学习，学生们将学会如何尊重劳动、热爱劳动，如何在劳动中体验快乐、收获成长。更重要的是，他们将在劳动中培养起对社会的责任感和使命感，学会关爱他人、服务社会。

一 背景分析

从一年级到二年级，孩子们对环保的认识逐渐深化，不仅在理论理解上有了明显提升，更在科学实践中得到了生动体现。道德与法治课程，如春雨般滋润着孩子们的心田，为他们播下了爱护大自然的种子，让他们初步领悟到自然环境的珍贵与脆弱。而科学课程则犹如阳光，引领着孩子们进一步探索实践，让他们深刻感知到人与自然之间的紧密纽带，以及人类行为对自然环境的深远影响。通过授课与实践相结合的教学方式，孩子们不仅能够在课堂上汲取环保知识，更能在实际操作中亲身感受环保劳动的意义和价值。他们亲手种植绿植、参与垃圾分类、制作环保手工艺品，每一项活动都让他们深刻体会到保护环境的紧迫性和重要性。这种亲身体验，不仅激发了孩子们积极参与环保活动的热情，更让他们懂得了珍惜自然资源、爱护生态环境的重要性。这样的教学方式，不仅有助于提升孩子们的环保意识，更能培养他们成为具有社会责任感的新一代公民。在未来的日子里，他们将会以更加成熟和理性的态度面对环境问题,积极投身到环保事业中,为我们的地球家园贡献自己的力量。

二 学习目标

"小学低段学科融合下的公益劳动教育"融合课程旨在通过多层级的学习目标,引导学生全面认识人类与动植物的紧密关系,培养环保意识,积极参与公益劳动,为构建和谐的生态环境贡献力量。以下便是这一融合课程划分的五个层级的学习目标。

一是概念目标,学生能够具体举例阐释人类与动植物的紧密关系,深化对动植物在生态系统及人类生活中所起作用的理解,初步培养珍惜动植物资源的意识。

二是探究目标,学生通过深入探究,明确认识到动植物与人类之间相辅相成、相互依赖的共生关系,增强对生物多样性、重要性的认识。

三是态度目标,学生能形成开放包容的学习态度,愿意倾听并尊重他人的观点和信息,乐于表达自己的想法和见解,形成有效的交流与合作氛围。

四是情感与价值观目标,学生树立坚定的环保意识,将保护自然内化于心、外化于行,能够有意识地主动参与到爱护大自然、保护动植物的行动中去,为构建和谐生态环境贡献自己的力量。

五是科技与社会目标,学生能够理解科学技术对保护动植物和环境的作用,关注社会环境问题,意识到个人行为对环境保护的重要性,积极参与保护身边动植物的实践活动,为环境保护贡献一份力量。

三 课程内容与实施

公益劳动教育课程作为小学低段学科融合课程的重要组成部分,旨在通过丰富多样的课程内容与实施方式,引导学生深刻认识人类与自然的紧密联系,培养他们的环保意识和实践能力。以下便是本课程内容与实施的具体安排。

第一,引导学生感知人类的自然属性。在课堂上,老师会带领孩子们一起探索我们与大自然的关系。通过生动的图片和简单易懂的语言,让孩子们意识到我们是大自然的一部分,就像花草树木一样,需要阳光、空气和水才能生存。通过师生共同讨论,让孩子们明白,保护树木、不随地乱扔垃圾,这些行为其实就是在保护我们自己的家园。

第二,讲述大自然的馈赠和它的"小脾气"。老师会用有趣的故事和动画,向孩子们展示大自然是如何为我们提供食物、水和美丽的风景的。同时,如果我们不珍惜大自然的馈赠,比如乱砍树木、污染水源,大自然就会"生气",可能会带来洪水、干旱等灾害。为了加深孩子们对垃圾分类的理解,我们会组织一场"垃圾分类小能手"的互动游戏。在游戏中,老师会准备各种垃圾的图片或实物,让孩子们根据所学知识进行分类。通过游戏,孩子们可以更加直观地了解哪些是可回收垃圾,哪些是有害垃圾等,从而加深对垃圾分类的认识。

第三,开展"我是环保家"的角色扮演活动。我们会为孩子们准备各种道具,让他们扮演环保小卫士、小花、小草等角色。通过模拟的场景,让孩子们亲身体验如何分类垃圾、如何节约用水等环保行为。在活动中,我们特别设置了"垃圾分类站",让孩子们扮演环保小卫士,指导其他角色正确投放垃圾。这样的活动既有趣又富有教育意义,能让孩子们在游戏中学会保护环境。

第四,举行"小鸟的新家"手工活动。老师会指导孩子们利用彩纸、棉花、树枝等材料,亲手为小鸟制作一个温馨的小窝。在制作过程中,我们会向孩子们介绍小鸟的生活习性,让他们了解小鸟也需要一个安全的家。完成制作后,我们会一起把鸟窝放在学校的小树林里,让孩子们亲自体验为小鸟制造一个家的喜悦。同时,借此机会向孩子们强调保护野生动物的重要性,让他们意识到自己的行为对大自然的影响。

通过这些丰富多彩的活动,孩子们不仅能够更加深入地了解环保知识,还能在实践中学会如何保护环境、珍惜资源。这样的教学方式既符合小学低段学生的认知特点,又能有效激发他们的学习兴趣和积极性。

四 课程反思

本融合课程,以大自然母亲的角色代入为核心,让学生身临其境地感受大自然对人类的态度和期望。通过角色扮演和情境模拟,学生们能够直观地理解大自然对人类生活的馈赠和因人类行为而可能遭受的伤害。这种教学方式不仅激发了学生的情感共鸣,更促使他们深入思考人类与自然的关系,审视自己的行为是否符合环保要求。教师巧妙地将道德与法治教育中的环保理念融入科学探索活动中,使学生在掌握科学知识的同时,也增强了环保意识。例如,在探讨大自然的馈赠时,教师引导学生通过观察和实验了解自然资源的形成和循环过程,从而深刻认识到保护自然资源的紧迫性和重要性。同时,在讨论大自然的惩罚时,教师结合环境污染、资源枯竭等现实案例,让学生认识到人类不当行为对自然环境造成的破坏,并引导他们思考如何采取行动来弥补这些伤害。

小组合作的形式在本课程中发挥了重要作用。学生们通过分组合作,共同演绎人与自然和谐相处的场景,进一步增强了团队协作能力和集体荣誉感。在演绎过程中,学生们不仅锻炼了表演技巧,更深入地理解了人与自然和谐共处的重要性。此外,小组合作还促进了学生之间的交流与分享,使他们能够从不同角度思考问题,拓宽了思维视野。为了将学习成果落到实处,本课程还设计了与现实生活相结合的实践活动。学生们通过参与垃圾分类、节约用水、植树造林等实际行动,将所学知识和技能应用到日常生活中,为保护环境贡献了自己的力量。这种学习与实践相结合的方式,不仅提高了学生的环保意识和实践能力,更培养了他们的社会责任感和使命感。

然而,道德与法治学科和科学学科的融合仍有待进一步加强。未来,教师可以通过深入挖掘两个学科之间的内在联系,设计更多富有创意和实效性的教学活动。同时,在利用教学素材和信息技术方面也应不断创新,充分利用现代教学手段提高教学效果。例如,可以引入多媒体教学资源,制作生动有趣的课件和动画视频,以更直观的方式展示自然环境的美丽与脆弱;还可以利用网络平台开展线上讨论和互动学习,拓宽学生的学习渠道和交流空间。

(撰稿者:闫雪萍、胡丽君、梅欣)

第二节　知舞旋律,锤炼能力

数学,作为科学之基,以其严谨的逻辑和精确的计算,塑造着我们的思维范式,推动着科技的飞速发展。物理,作为自然之法,以其深邃的理论和广泛的应用,揭示了宇宙的奥秘与物质的本质。而音乐,作为情感之语,以其优美的旋律和动人的节奏,触动着我们的心灵深处,丰富着我们的精神世界。这三个不同的领域,实则蕴藏着千丝万缕的隐秘联系。在数学的奥秘殿堂中,我们发现了音乐的和谐之美。音符的精心编排、旋律的起伏跌宕,无不遵循着一定的数学规律。正是这些规律,使得音乐能够展现出如此绚丽多彩的面貌。同样,音乐也为我们解读数学提供了独特的视角。通过音乐的感知,我们可以更加直观地理解数学中的抽象概念,感受数学中的和谐与统一。而物理,则是连接数学与音乐的桥梁。它不仅揭示了自然界中力与运动的规律,更以波动、振动与频率等概念,将数学与音乐紧密地联系在一起。因此,我们开发了数学、物理与音乐的跨学科课程,旨在揭开这三个学科之间那神秘而迷人的面纱,引领学子们步入一个充满智慧与灵感的奇妙世界。我们期待在探究的旅程中,与学子们共同领略数学、物理与音乐的美妙共鸣,共同感受知识的力量与魅力。

一　背景分析

数学与音乐之间自古以来便有着深厚的渊源。早在2 500多年前的古希腊,大哲学家、数学家毕达哥拉斯便通过琴弦实验,首次揭示了音乐与数学间那神秘而紧密的纽带。[1] 千百年来,这一课题在西方学术界一直备受瞩目,诸如开普勒、伽利略、欧拉、

---

[1] 李思桐.从古希腊哲学家毕达哥拉斯琴弦实验谈数学对于音乐发展的影响[J].课程教育研究,2018(2):214-215.

傅立叶、哈代等杰出人士,都倾注心血于音乐与数学之间关系的探索。在数学的世界里,数字和运算符号如同音符一般,经过巧妙的排列组合,抽象地揭示出客观世界的内在规律。而音乐,则是通过精心编排音符,将自然的声响提炼升华,进而表达出丰富的情感,概括世间百态。可以说,音乐与数学之间,存在着千丝万缕的联系。古代音乐家们曾为数学的魅力所倾倒,他们认为音乐是数学的艺术化表现。在音符与音符之间,隐藏着数与数之间的深刻关系。掌握了数学的奥秘,便能够更深入地领略音乐的魅力。而在信息技术日新月异的今天,音乐与数学的联系更加紧密。无论是音乐理论、作曲、合成还是电子音乐制作,都离不开数学的支撑。众多具备优秀数学素养的音乐家,为音乐的发展注入了新的活力。

我们的教学活动致力于激发学生的兴趣,让他们认识到数学并非枯燥无味的空洞解题,而是生活中无处不在的实用工具,是人类智慧的结晶和揭示宇宙奥秘的钥匙。数学不是孤立的学科,它亲和而具有美感,能够与其他学科相互融合,共同创造出丰富多彩的知识体系。同样,乐理知识对于很多人来说可能是遥不可及的枯燥理论。很多家长只是让孩子学习某一门乐器,却忽略了乐理的重要性,最终导致孩子失去了对音乐的兴趣。而从琴弦的振动到光波的干涉,从声波的传播到电子的跃迁,物理现象无不展现出数学与音乐的和谐统一。因此,我们的课程从数学和物理的角度,深入剖析美妙声音发声的本质原理,将基本乐理知识简单化、规律化、生动化,以激发学生的学习兴趣,培养他们的综合素养。我们相信,通过这样的教学方式,学生们能够更深入地理解数学、物理与音乐之间的奥秘,感受到知识的魅力和乐趣。

二 学习目标

数学与音乐,看似截然不同的两个领域,实则蕴藏着丰富的交融与共鸣。在这段探索之旅中,学生们将逐渐揭开它们之间神秘的面纱,发现两者相互渗透、相互启发的奥秘。从初步认识到深入实践,从理论学习到创新应用,每一步都将成为他们探索数学与音乐交融之美的宝贵经历。以下便是该融合课程的各阶段目标。

第一阶段,学生将深刻认识到数学与音乐结合的必要性,理解音乐中数学表达的多种形式,从而打破对学科的刻板印象,提升对数学和音乐的兴趣与好奇心。

第二阶段,学生将深入掌握律学中的数学原理,理解音乐与数学之间的内在联系。同时,通过动手制作简易的拨弦乐器,如吉他等,将理论知识与实践操作相结合,加深对音乐制作与数学原理的理解。

第三阶段,学生将进一步学习管乐器发声的物理原理,并亲手制作简易管乐器,在这一阶段,学生将能够更深入地理解音乐与数学在乐器制作中的具体应用,培养实践能力和创新精神。

第四阶段,学生将对自制乐器进行优化,掌握演奏技法,并通过排练和汇报表演,展示自己的学习成果。这一阶段旨在提升学生的综合素养,培养他们的团队协作能力和表演能力,同时加深其对数学与音乐融合的理解与体验。

三 课程内容

本课程内容旨在引导学生深入理解数学与音乐之间的紧密联系,通过一系列精心设计的课程活动,让学生感受到数学与音乐相互渗透、相互促进的奇妙之处。我们将从历史的角度回顾音乐与数学、物理之间的渊源,从毕达哥拉斯的琴弦理论到现代音乐创作中的数学应用,展现两者间深厚的联系。同时,我们也将通过制作简易乐器和排练协奏曲等实践活动,让学生亲身体验数学、物理在音乐创作和表演中的重要作用。在这个过程中,学生不仅能够提升数学素养、物理素养和音乐素养,更能够培养跨学科的综合素养和创新能力。他们将学会用数学的眼光去欣赏音乐,用音乐的语言去表达数学,从而拓展自己的思维方式和视野。具体课程内容见表6-1。

表6-1 "寻找数理中的浪漫音符"课程内容

课 程 主 题	具 体 内 容
第一课:课程启动与历史溯源	1. 阐述课程目的、内容与预期成果,为学生描绘学习蓝图。 2. 追溯音乐与数学交织的历史脉络,以毕达哥拉斯的琴弦理论为引子,展现二者间的深厚渊源。

续 表

课 程 主 题	具 体 内 容
第二课：音乐中的数学奥秘	1. 解读简谱背后的数学逻辑，揭示音高与频率之间的微妙关系。 2. 剖析节拍中的数学节奏与比例，感受音乐中的数学之美。 3. 剖析乐器设计的基本原理，展示数学在乐器制造中的巧妙应用。
第三课：自然之声与音乐家的数学情怀	1. 探索大自然中的音乐现象，如风声、水声中的数学模式，感受自然的和谐与节奏。 2. 分享巴赫、莫扎特等音乐巨匠与数学的趣味故事，领略他们跨界的智慧与创意。
第四课：深入毕达哥拉斯的琴弦世界	1. 深入剖析毕达哥拉斯的琴弦律，揭示音高与弦长之间的数学关系。 2. 通过实验验证理论，探索这一古老理论在现代音乐创作中的实际应用。
第五课与第六课：手作弦乐器的魅力	1. 教授学生亲手制作简易弦乐器，如吉他与古筝，体验制作的乐趣。 2. 分析这些乐器设计中的数学原理，让学生感受数学在乐器制作中的关键作用。
第七课：管乐器发声的物理魔法	1. 解读管乐器发声的物理原理，如振动与频率，揭开管乐器的神秘面纱。 2. 探讨管乐器设计与数学的关系，让学生领略数学在乐器设计中的魅力。
第八课与第九课：竹笛与试管排箫的制作之旅	1. 指导学生制作简易的竹笛和试管排箫，培养他们的动手能力和创造力。 2. 分析这些乐器在设计和制作中的数学元素，让学生更深入地理解数学与音乐的联系。
第十课：木琴制作与打击乐器的物理特性	1. 教授学生制作简易的木琴，探索打击乐器的制作技巧。 2. 剖析打击乐器的物理特性与数学原理，让学生感受数学在打击乐器制作中的重要作用。
第十一课：协奏曲的排练与合作	1. 组织学生使用自制的乐器进行协奏曲排练，培养他们的团队协作能力和表演技巧。 2. 教授基本的协奏曲知识和技巧，让学生在排练中感受音乐的魅力。
第十二课：成果展示与课程总结	1. 学生进行汇报表演，展示所学的音乐与数学知识及成果。 2. 总结课程，分享学习心得和体会，让学生回顾并巩固所学内容。

四 课程实施

在数学与音乐交汇的奇妙领域中,我们精心策划并实施了本次课程。本课程的实施旨在通过一系列精心设计的活动,引导学生们深入探索数学与音乐之间的内在联系,激发他们对这两个领域的兴趣和热爱。接下来,我们将从激发兴趣、理论学习、实践操作和成果展示四个方面,详细介绍本课程的实施过程。

(一) 激发兴趣,点燃探索之火

在课程启动之初,教师精心准备了一系列视频素材,展示数学、物理与音乐完美融合的精彩瞬间。学生们将看到钢琴键盘上的音阶与数学数列的对应关系,听到乐曲的节奏与数学比例的和谐共鸣。同时,我们还邀请了学校的音乐教师和数学教师共同为学生们带来一场别开生面的开场讲座,分享他们眼中的数学与音乐之美,讲述两者如何相互启迪、共同创造。

(二) 理论学习,揭开神秘面纱

在理论学习环节中,教师们采用了多种教学方法,力求让学生们能够全面而深入地理解数学、物理与音乐之间的联系。首先,我们借助生动的课堂讲解,引导学生们走进音乐与数学的世界。课堂上,我们详细解释了音乐中的基本术语,如音符、音阶、频率等,同时引入数学中的相关概念,如比例、数列等。通过具体的例子和图表,我们展示了这些术语和概念如何相互交织,最终共同构成音乐与数学的基础。为了让学生们更好地理解和感受数学与音乐之间的联系,课堂中教师组织了丰富的小组讨论活动。学生们被分成若干小组,每组选取一首经典的音乐作品进行深入分析。围绕乐曲的节奏模式、和声结构等数学元素展开讨论,探索这些元素是如何在音乐中发挥作用、创造美妙旋律的。在小组讨论的过程中,学生们相互启发、相互补充,对数学与音乐之间的联系有了更加深刻的认识。此外,我们还通过案例分析的方式,让学生们了解数学在音乐创作和表演中的实际应用。我们选取了一些著名的作曲家和演奏家的案例,介绍他们如何利用数学原理设计复杂的旋律和和声,如何运用数学技巧调整乐器的音准和音色等。通过这些案例，学生们不仅看到了数学在音乐创作中的重要作用，也感受到了数学与音乐相结合所创造的独特魅力。

在整个理论学习环节中，教师注重引导学生们进行思考和探索，鼓励他们提出自己的见解和问题。通过这种互动式的学习方式，学生们不仅掌握了数学与音乐的基本知识，还培养了他们的思维能力和创新精神。

（三）实践操作，展现创造之力

实践操作环节，无疑是本次课程的精彩篇章，学校教师为学子们精心打造了一系列动手体验的机会，让他们能够亲身感受数学与音乐交织的奇妙魅力。首先，教师引领学生们踏入了乐器制作的奇妙世界。他们纷纷动手制作简易的弦乐器和管乐器，如简易吉他、竹笛等。在这个过程中，学生们不仅需要运用所学的数学知识，如比例和几何原理，来设计乐器的尺寸和结构，还需要发挥他们的创意和动手能力，将一片片木材、一根根弦线，巧妙地组合成能够演奏出美妙音乐的乐器。紧接着，教师指导学生们进行乐器的调试和演奏练习。他们仔细调整乐器的音准和音色，学习如何运用数学和物理知识来优化乐器的性能。在这个过程中，学生们不仅深化了对数学和物理知识的理解，还培养了对音乐的敏感度和审美能力。通过这一系列的实践操作活动，学生们深刻体验到了数学与音乐结合的独特魅力。他们不仅学会了如何运用数学知识来制作和优化乐器，还学会了如何在音乐中找到和谐与平衡。这些宝贵的实践经验，将为他们未来的学习和生活奠定坚实的基础。

（四）成果展示，共襄盛举

在课程的最后阶段，我们倾力打造了一场别开生面的成果展示活动，让年级师生共同见证学生们在数学与音乐结合领域迸发出的绚烂火花。首先，乐器制作展示环节吸引了众多师生的目光。学生们纷纷上台，展示他们亲手制作的简易乐器，如迷你吉他、简易竹笛等。他们不仅详细介绍了乐器的制作过程和所使用的材料，还分享了如何运用数学知识来确定乐器的尺寸、比例以及进行音调的调整。紧接着，学生们分成若干小组，带来了精彩纷呈的协奏曲演出。他们手中的乐器虽然简易，但演奏出的音乐却充满了力量和感染力。在音乐表演过程中，我们还加入了互动环节，台下作为观众的学生和教师可以现场提问,与学生们交流乐器制作和音乐创作的心得。学生们也积极回应,分享他们在学习过程中的体会和收获。这种互动不仅增强了活动的趣味性,也让学生们更加深入地理解了数学、物理与音乐之间的联系。这次成果展示活动成为了他们学习旅程中的一段美好回忆,也将激励他们在未来的道路上更加坚定地追求自己的梦想。通过这一详尽而具体的课程设计,学校期望能够引导学生们深入理解数学、物理与音乐之间的紧密联系,激发他们的学习兴趣和创造力,让他们在探索中感受数学与音乐共同创造的美妙世界。

五 课程反思

"寻找数理中的浪漫音符"这一跨学科融合课程通过一系列精心策划的教学活动,引导学生们不仅对数学、物理与音乐之间的奥秘有了更为深入的认识,还在实践中提升了自己的综合素养。然而,任何教学活动都不可能尽善尽美,我们在实施过程中也遭遇了一些问题和挑战。在此,课程设计者对本次课程进行了深刻的反思,以期在未来的教学中能够持续优化和提升。

首先,课程实施中的亮点主要表现在以下几个方面:第一,跨学科融合取得了显著成效。本课程巧妙地将数学、物理与音乐这三个不同的领域紧密结合,让学生在探索中感受到了学科之间的奇妙联系。这种创新的教学方式不仅拓宽了学生的知识视野,也提升了他们的综合素养。第二,实践活动丰富多样且富有创意。学生们通过制作简易乐器、排练协奏曲等实践活动,不仅激发了学习兴趣,更在亲身实践中深化了对数学、物理与音乐知识的理解。这些活动不仅培养了学生的动手能力,也锻炼了他们的团队协作和创新能力。第三,学生的参与度高涨。他们在课堂讨论中积极发言,在小组合作中互相学习,在实践活动中全身心投入,展现出了高涨的学习热情和良好的合作精神。

然而,课程实施过程中也存在一些亟待改进之处:第一,在理论知识的讲解方面,有时由于时间限制或教学方法不当,部分学生对某些概念的理解不够深入。这提醒我们在未来的教学中需要更加注重理论知识的讲解与巩固,采用更加生动、形象的教学方式来帮助学生理解抽象的概念。第二,在实践活动的指导方面,有时由于教师指导不足或学生技能水平有限,部分学生在制作乐器或排练协奏曲时会遇到困难。因此,我们需要加强对学生的技能培训和指导,提供更为详细的操作指南和示范视频等资源,确保学生能够顺利完成实践活动。第三,在课程评价方面,虽然我们结合了学生作品展示和课堂表现等进行评价,但这种评价方式可能无法全面反映学生的学习成果和进步。未来,我们需要进一步完善课程评价体系,采用多种评价方式相结合的方式来更准确地评估学生的学习效果。

  针对改进部分,在未来的跨学科课程实践中,设计者提出了如下期望:首先,加强理论知识的讲解与巩固。我们将通过举例、类比等方式帮助学生更好地理解抽象概念,并加强课后作业的布置与检查,确保学生能够牢固掌握所学知识。其次,提升实践活动的指导效果。我们将加强对学生的技能培训和指导,提供更为详细的操作指南和示范视频等资源,帮助学生更好地完成实践活动。再次,鼓励学生之间互助合作,共同解决遇到的问题。最后,完善课程评价体系。我们将采用多种评价方式相结合的方式来全面评估学生的学习效果,包括增加过程性评价的比重,引入第三方评价机构或专家进行客观评价等。

(撰稿者:盛学秋、黄彦媚、胡丽君、肖雅文)

第三节 跨界融合,挖掘潜能

客家围屋,作为中华文化独特且重要的建设遗产,不仅是客家历史文化的鲜活见证,更是中华民族多元文化的精彩缩影。这一独特的建筑瑰宝,在形态上展现着和谐之美,在结构上体现着稳固之智,在功能上则凸显着实用之巧,深刻融合了客家人的生活智慧、社会习俗与审美追求,呈现出一种别具一格的艺术魅力与人文内涵。通过开展"'画'说客家围屋"这一跨学科主题学习,我们旨在将美术与语文、历史等学科有机融合,让学生在绘画的过程中深刻体验客家围屋的造型之美、纹饰之韵。这样的学习方式,不仅能够提升学生的核心素养,更能培养他们的团结协作精神和创新能力。同时,通过全面而深入地剖析客家围屋的多元价值,我们能够更深刻地领略这一建筑形式所蕴含的深厚文化底蕴和丰富人文内涵。

一 背景分析

深圳,作为我国的四大超级都市之一,外来人口众多,远超原住民人数。对于学生来说,大多数人的家乡都距离深圳很远,在省外甚至更远的地方,因而他们对于深圳本地文化,特别是曾经的"客家小渔村"的了解尚显不足。学生们仅略知这里的主要居民是客家人,这些客家人曾聚居在那些后来被视为历史文化瑰宝的围屋中。特别值得一提的是,坪山作为客家人的重要聚居地,汇聚了客家建筑、客家民俗等丰富多样的地方优秀传统文化,它们都是美术创作的宝贵源泉。令人惊喜的是,校园附近就屹立着一座历经清朝风霜的已有二百多年历史的客家围屋——大万世居。

我们秉持"逐光教育"的哲学理念,坚守"追逐生命之光"的办学宗旨,致力于创建一所能够激发儿童生命光辉的现代学校,培养能够担当民族复兴大任的新时代青年。自创立以来,学校便致力于开展"客家文化"的专题研究,努力打造具有客家文化特色的校本美育课程,探索文化传承与创新发展的美育新路径,构建一种追求真实、善良与美丽的美育文化。

在《义务教育艺术课程标准(2022年版)》的指导下,我们倡导设立跨学科主题学习活动,强化学科间的内在联系,推动课程的综合化实施,将美术与自然、社会及科技紧密结合,以提升学生的综合探索能力、学习迁移能力与跨学科实践能力。因此,开展"'画'说客家围屋"的跨学科主题学习,不仅有利于加强美术、历史、语文等学科间的融合,丰富美育资源,更能为培养德智体美劳全面发展的社会主义建设者和接班人提供有力支持,具有深远的意义。

二 学习目标

本次融合课程旨在通过综合多学科知识,深入探索"客家围屋"的文化内涵,帮助学生全面理解并感受客家文化的独特魅力。在学习过程中,我们将注重引导学生跨越美术、语文、历史、心理等学科的边界,综合运用所学知识,以达到对客家围屋的深入认识和理解。以下是本课程的五大学习目标:

第一,跨越美术、语文、历史、心理等学科的边界,综合运用多学科知识,深入探索"客家围屋"的文化内涵。第二,学生能够准确识别并深刻诠释围屋建筑的基本特征和文化寓意,深入了解客家民俗文化的独特魅力以及客家人"聚族而居"的建筑精神。第三,学生能在模拟与真实并存的情境中,通过对材料形象的感知与体验,领略客家建筑别具一格的造型美与纹饰美,激发情感共鸣,培养想象思维。第四,学生能在欣赏评述、艺术表现、创意实践和文化理解的过程中,不断提升核心素养、团队协作能力及创新能力。第五,学生结合手绘与图解的形式,以图文并茂的方式表达自己对客家建筑的独特理解和发现,深刻领会客家文化的精髓。同时,增强学生对深圳环境的适应能力,获取归属感,更好地融入这个大家庭。

三 课程内容

"'画'说客家围屋"跨学科主题学习项目将深入贯彻《义务教育艺术课程标准

(2022年版)》中美术学科的四大艺术实践领域的要求,结合学校"让你的光芒闪耀"的教育理念,以客家围屋为实践对象,开展一系列跨学科、综合性的学习活动。在探寻坪山客家文化的旅程中,我们精心设计了四个模块,旨在引领学生们全方位、多角度地感受、理解并创新应用这一独特的文化遗产。从"感·思"模块的亲身感受与深入思考,到"寻·味"模块的艺术探索与创作实践,再到"思·境"模块的深度思考与文化交流,最后是"取·思"模块的创新应用与传承发展,这四个模块层层递进、相互呼应,共同构成了我们客家文化学习的完整框架。通过这一系列的学习与实践活动,我们期望学生们能够全面而深入地理解客家文化的精髓,提升综合素养与创新能力,同时也在心中播下对传统文化的热爱与尊重的种子。

(一)第一模块:感·思

在"感·思"模块中,我们通过一系列精心设计的活动,引导学生深入感受坪山客家文化的独特魅力。首先,组织学生们实地参观客家围屋,让他们在亲身接触中体会坪山客家的建筑风格和民俗文化。通过细致观察围屋的外观布局和内部陈设,学生们将逐渐领会客家人的处世智慧和生活哲学。同时,利用多媒体教学资源,展示客家围屋的历史照片和影像资料,帮助学生更直观地了解客家文化的渊源和发展。在参观过程中,我们还邀请当地的客家老人为学生们讲述客家的历史故事和民俗风情,让学生们从老一辈的口中听到真实的客家声音。此外,通过组织小组讨论和分享会,鼓励学生们分享自己的感受和体验,让他们在交流中深化对客家文化的理解。通过对这一模块的学习,学生们不仅增进了对客家文化的了解,更能在心灵深处与这一文化产生共鸣,从而培养对传统文化的尊重和热爱。

(二)第二模块:寻·味

在"寻·味"模块中,我们引导学生深入探索了客家艺术的魅力。首先,通过课堂教学和案例分析,向学生们介绍版画、黏土、水彩画、3D模型等综合材料的艺术特点和应用方法。其次,结合客家围屋的文化元素和艺术特征,引导学生们利用这些综合材料进行艺术创作。我们组织学生们开展主题研学活动,围绕客家围屋的外观布局、建筑防御功能、传统纹样等方面进行深入探究。学生们通过实地考察、资料收集等方式,收集创作素材和激发创作灵感。再次,利用所学的综合材料创作技巧,将客家围屋的艺术元素融入自己的作品中。在创作过程中,我们注重培养学生的创新精神和实践能力。鼓励他们发挥想象力,创造出具有个性和特色的艺术作品。最后,举办作品展览和评选活动,展示学生们的创作成果,激发他们的创作热情。通过这一模块的学习,学生们不仅可以掌握综合材料的创作技巧,更能在实践中深化对客家艺术的理解。

(三)第三模块:思·境

在"思·境"模块中,我们引导学生们对客家文化进行深度思考。首先,通过现场冥想和文化陈列馆赏析等活动,营造出一个安静而充满艺术氛围的学习环境。在这个环境中,学生们静下心来,用心去感受和思考客家文化的内涵和价值。

其次,我们组织学生们开展问卷调查和实地访谈等活动,进一步了解客家围屋的建筑设计、装饰艺术以及民俗文化等方面的细节。通过这些活动,学生们能更深入地了解客家文化的独特性和多样性。在这过程中,我们鼓励学生们结合多学科知识和生活经验,萌发奇思妙想。引导他们从多个角度和层面去分析和解读客家文化,从而得出自己独特的见解和认识。最后,通过组织学习分享会和撰写赏析心得等活动,学生们将自己的思考和感悟与他人分享。这不仅有助于巩固和深化学生们的学习成果,更能促进他们之间的合作与交流,共同推动客家文化的传承与发展。

(四)第四模块:取·思

在"取·思"模块中,我们引导学生们将所学的客家文化知识和艺术技能创新地应用于生活中。首先,我们鼓励学生们利用客家传统工艺和元素,创作具有传统文化特色的校园环境美化作品。例如,他们可以设计并制作以客家围屋为灵感的校园雕塑、壁画或装饰物等。此外,我们还组织学生们参与社区文化活动和志愿服务项目,将客家文化带入更广泛的社会领域。他们可以通过举办客家文化展览、表演客家传统歌舞、开展客家文化讲座等方式,向更多人传播和分享客家文化的魅力。通过这些创新应用活动,学生们不仅能够锻炼自己的实践能力和创新思维,更能在实践中深刻体会传统文化在现代生活中的价值与意义。同时,他们的参与也将有助于推动客家文化的传承与发展,为社会的文化繁荣作出贡献。

在整个学习过程中,我们注重跨学科融合,引导学生运用语文、历史、心理等多个学科知识,全面理解客家围屋的多元价值。同时,我们还注重培养学生的团队协作能力和核心素养,让他们在探索实践中不断成长和进步。通过本次"'画'说客家围屋"跨学科主题学习项目,我们期望学生能够深入了解客家围屋的文化内涵和艺术特色,提升对传统文化的认识和尊重。同时,我们也希望通过这一活动,激发学生的创意创新能力,让他们在传承中发展,在发展中创新,成为传统文化的优秀传承者和创新者。

四 实施过程

在探寻与传承坪山客家围屋文化的旅途中,我们秉持着跨学科融合与实践创新的理念,引导学生们逐步深入客家文化的内核。从深入考察到鉴赏提升,再到综合探索与设计应用,最终进行成果展示与评价,每一环节都承载着学生们的思考与探索,每一阶段都见证着他们的成长与收获。

(一)深入考察阶段

教师根据学生们的兴趣特长及对客家围屋的初步了解,精心组织学习小组,并明确各组的分工与任务。同学们积极投入,通过网络搜索、书籍研读、实地考察等多种方式,全面而深入地开展客家围屋主题学习。在首次座谈会上,各组成员踊跃分享自己的初步研究心得,碰撞出思想的火花。在考察过程中,学生们分工合作,各司其职。第一组专注于客家围屋的文化渊源探究,深入挖掘其历史背景与文化内涵;第二组则聚焦于艺术设计,实地考察大万世居,以写生的方式记录所见所闻,通过线描画和摄影作品展现客家围屋的独特魅力;第三组则负责采访与问卷调查,围绕客家围屋的特色与文化,设计问卷并开展现场调研。经过一系列的考察活动,学生们对客家围屋有了更为深刻的认识。他们了解了客家人的迁徙历程、生活习俗以及建筑文化的独特之处,为后续的学习奠定了坚实的基础。

(二)鉴赏提升阶段

依托学校社团活动和美育教育平台,我们围绕坪山客家围屋开展了丰富的主题研学活动。学生们通过欣赏围屋的外观造型、空间布局、装饰纹样等,感受到了其独特的艺术魅力。在鉴赏过程中,我们借鉴了优秀绘本等书籍,引导学生从技法和风格层面去深入鉴赏装饰画。学生们在直观描述、审美感知、临摹、材料试验的过程中,不断创新表现方式,从优秀作品中提取造型语言,并将其应用于自己的创作中。

(三) 综合探索阶段

在前两个单元学习的基础上,我们进一步引导学生深化对客家文化的理解。通过现场冥想、文化陈列馆赏析、写生等活动,学生们更加深入地了解了客家围屋的建筑设计、装饰艺术以及民俗文化。结合多学科知识和生活经验,学生们开展了丰富的奇思妙想活动。他们走进客家围屋,亲身体验其独特魅力,并在完成自主探究后,开展学习分享会、完善调查问卷、撰写赏析心得等活动。这些活动不仅提升了学生们的综合素养,也增强了他们对客家文化的热爱和尊重。

(四) 设计应用阶段

为了将所学所得应用于实际生活中,我们组织了多样化的设计应用活动。学生们在客家文化主题班级环创、校园吉祥物设计、书签设计、校园墙绘创作等实践中,充分调动多学科知识与技能,将创意转化为解决问题的实际方案。通过这些活动,学生们不仅锻炼了自己的实践能力和创新思维,更将美育成果展示空间扩展至校园生活的各个角落。他们通过自己的努力,为改善校园环境和传承客家文化贡献了自己的力量。

(五) 成果展示与评价阶段

在项目实施的最后阶段,我们对学生们创作的优秀作品进行了收集整理,并汇编成精美的"优秀作品集"。这些作品不仅展示了学生们的才华与努力,也见证了他们在客家围屋主题学习中的成长与收获。此外,这些作品代表学校参加了研究性学习优秀成果展,并荣获市级二等奖的佳绩。同时,我们成立了"画"说客家围屋创意工作坊,吸引更多同学关注客家围屋和身边的优秀传统文化。通过这一系列的实施,学生们不仅深入了解了客家围屋的历史与文化内涵,更在实践中锻炼了自己的综合能力,为传承和弘扬优秀传统文化作出了积极的贡献。

五 课程反思

"'画'说客家围屋"跨学科融合课程项目是一次富有创新性和实践性的教学尝试，它成功地将美术、历史、语文、心理四门学科的知识融合在一起，为学生们提供了一个全面了解客家围屋及其文化的平台。在课程实施过程中，我们深刻体会到跨学科主题学习的重要性。通过将不同学科的知识进行有机整合，我们不仅能够拓宽学生的知识视野，还能够培养他们的综合能力和创新思维。美术学科的学习使学生们能够欣赏和创作客家围屋的装饰艺术，语文学科的学习则让他们了解客家围屋的历史渊源和文化背景，历史学科的学习让他们认识到客家文化的历史价值和现实意义，而心理学科的学习则帮助他们更好地适应环境，增强身份认同和归属感。此次课程的成功也得益于教师们的紧密合作和共同努力。我们共同探讨了跨学科共通知识，确定了学习目标和内容，并制定了详细的教学计划。在教学过程中，我们注重引导学生们主动参与、积极思考，通过实地考察、问卷调查、艺术创作等多种形式，让他们在实践中学习和成长。同时，我们也意识到跨学科主题学习对教师提出了更高的要求。教师需要具备跨学科的知识储备和教学能力，能够灵活运用各种教学方法和手段，激发学生的学习兴趣和积极性。此外，教师还需要具备团队协作和沟通能力，与其他学科教师共同协作，共同推进课程实施。

展望未来，我们将继续探索跨学科主题学习的有效途径和方法，为学生们提供更加优质的教育资源和学习体验。我们相信，通过不断的努力和实践，跨学科主题学习将成为培养学生综合素质和创新能力的重要途径。总之，"'画'说客家围屋"跨学科融合课程项目是一次富有成果的教学实践，它不仅让学生们对客家围屋及其文化有了更深入的了解和认识，也为我们今后的教学工作提供了宝贵的经验和启示。

在"逐光教育"理念的引领下，学校不断探索并实践跨学科融合课程，以期在教育的道路上追寻真理之光，培养具有综合素养和创新精神的新时代人才。逐光而行，育人为本，正是学校跨学科融合课程探索与实践的核心理念。

逐光，意味着追求真理、探索未知。在跨学科融合课程的实践中，学校秉持这一理念，不断打破学科壁垒，让不同领域的知识相互渗透、融合。通过"小学低段学科融合下的公益劳动教育""寻找数理中的浪漫音符"以及"'画'说客家围屋"等跨学科课程的开设,我们让学生在跨学科的学习中感受知识的魅力,培养他们的综合素养和创新能力。

  在"小学低段学科融合下的公益劳动教育"课程中,我们引导学生将劳动与科学、语文等多个学科知识相结合,让他们在劳动中体验成长的快乐,感受劳动的价值。这一课程不仅培养了学生的实践能力,更让他们在实践中追寻真理之光,明白劳动创造美好生活的道理。"寻找数理中的浪漫音符"课程则是一次富有创意的跨学科融合尝试。我们让学生在音乐的旋律中感受数理的和谐与美感,激发他们的学习兴趣和创新思维。这一课程让学生追寻数学与音乐之间的奥秘,探索科学之美,培养他们的审美能力和跨学科思维。"'画'说客家围屋"课程则通过绘画的方式,引导学生深入了解客家围屋的建筑艺术和文化内涵。这一课程不仅提升了学生的艺术修养和创作能力,更让他们在绘画的过程中追寻客家文化的历史之光,增强了对传统文化的认同感和归属感。

(撰稿者:陈少鹏、胡丽君、郑婷)

第七章
校园，让生命在场且相遇

人或许意识不到空间的存在，却时时刻刻存在于空间中。赋予空间以深厚的意义，或许是一种愿景，一种情感，一种关系，一种文化，就能使建筑超越冰冷的宿命，承载生命的温度。当校园空间与课程育人充分融合，校园的一砖一瓦、一草一木、一字一图都蕴藏着无限意义。学校不再只是学习的场所，而是学生主动探索与发展的一处自由天地；学生不再是知识的容器，而是一个个不断生长的鲜活生命；教师不再是单纯的知识传授者，而是学生成长的见证者和引路人。在这样的场域中，学生身体在场，意识在场，精神在场，抬头有所见，俯身有所得；在这样的场域中，学生主动去感受、体验、对话、交融，与自己相遇，与世界相遇，与过去和未来相遇。此刻，生命与生命之间的在场且相遇正在悄然发生，如此美好且动人。

在社会学的视域中,空间不仅是指原本意义上的物质空间,更是一种具有丰富社会属性和内涵的社会空间,其中蕴含着各种复杂的社会关系、意识形态、价值观念、权力关系等社会性因素。首先,空间是一种区域化的安排,安东尼·吉登斯的《社会的构成——结构化理论纲要》一书中说:"个体在日常活动过程中,在具体定位的互动情境下,与那些身体和自己共同在场的他人进行着日常接触。"[1]我们每时每刻都身处并体验着空间,同时也在改造空间或被空间影响,与共同在场的他人他物,发生着相遇,产生着联系。其次,空间也是课程的一部分,"空间在现代课程意识里,对学生不仅仅具有熏陶意义,它本身就应当成为课程的一部分"[2]。因此,把校园空间放置在社会学的视角去理解,"逐光校园"有更深更广的内涵,指引着我们更好地去建设和完善我们的校园空间。

校园空间是承载学习和生活的场域,旨在为学习者提供物理空间并创造特定文化对其进行浸润与熏陶。因此,校园空间应该既指学校内部和周围的物理实体环境,包括教室、操场、图书馆、行政楼、实验室、园林景观等,也指基于学校所悄然形成的文化精神环境,包括学校教育理念、师生交往状态、师生身份认同感及归属感等。

我们认同"空间即课程"的观念,空间在现代课程意识里,不仅用于满足学生学习、生活的需求,也不仅仅对学生具有熏陶意义,它本身就应当成为课程育人的一部分。因此,"逐光校园"的内涵,在物理实体环境层面体现为宽阔明亮的各类教育教学场所;更重要的是,在文化精神环境层面,体现为倡导学生不断追逐生命之光,追求知识、智慧、理想、信仰,就像植物不断向阳生长一样,而校园空间正是学生生命成长的土壤。

我们认为,"逐光校园"的建设要一直秉持"每一个孩子都有独特的生命之光,育人的过程是向阳而生,逐光而行"教育理念,其空间形态应当具有三重价值:一是支持学生学习。校园空间的首要价值是支持有效的学习活动。通过合理规划和设计,校园空间可以成为促进学生的"学"和教师的"教"的场所。首先,校园空间能营造积极的学习氛围,激发学生学习的积极性。其次,不同类型的空间,如教室、实验室、图书馆、合作学习区等,能满足不同类型的教育教学需求,支持从传统课堂教学到实践性学习的

---

① (英)安东尼·吉登斯.社会的构成——结构化理论纲要[M].李康,李猛,译.北京:中国人民大学出版社,2016:60.
② 李振村.空间即课程[J].人民教育,2015(12):23.

转变。最后,校园空间整合了现代技术,有利于开发数字化学习和创新的教学方法。二是促进社交互动。校园空间还有社交价值,它有助于学校促进师生、生生的社交互动。校园内部合适的社交空间有利于学生之间的合作和互动,促进友谊和社交技能的发展。此外,校园空间通常用于文化和社交活动,如音乐会、展览、演讲等,以丰富学校文化生活。三是发扬学校文化。校园空间还可以厚植、传承、发扬学校的文化、历史和传统。通过学校的历史性建筑、校园纪念碑、校训标语等可以帮助学生了解学校的过去,弘扬学校的传统。同时,这也可以激发学生与学校的情感联系,帮助学生建立对学校文化和价值观的尊重和认同感,传承发扬学校文化。

校园空间是课程育人的重要组成部分,"空间是经历的课程,空间有多辽阔,课程就有多深远;课程是生长的空间,课程有多丰富,空间就有多无限;儿童是空间与课程的联结,联结有多诗意,成长就有多美好"①。因此,让空间与课程、学生进行深度的联结、互动、融合,生命的美好才能肆意生长。

因此,校园空间的建设非常重要,它不仅要成为提供学习和生活的一处场所,更要成为承载学校教育理念、文化传承和学生发展的一个载体。在"逐光校园"空间的设计和规划中,有三个关键原则,即坚守儿童立场、兼顾功能与审美、强化育人功能。首先,要坚守儿童立场。孩子们是学校的主人,校园空间应以儿童的需求和发展为中心,这包括校园建筑和内部设施的设计,满足儿童的生理和心理特点。学校应该高度重视对儿童的关怀,这意味着空间设计应该考虑安全性、健康性,还应该能够激发儿童的好奇心和创造力。其次,要兼顾功能与审美。校园空间不仅要满足功能需求和实际效用,还应该注重美学和审美价值。美学元素的融入可以提高空间的品质,同时对师生进行美学教育,提高他们的审美能力。空间设计应该考虑风格、材料、色彩和装饰的统一性,避免不同功能空间的风格杂乱,以创造出和谐、美观的校园环境。最后,要强化育人功能。校园空间不仅仅是物理空间,还是教育的一部分。学校文化和价值观应该通过空间设计得以体现,增强师生对校园的认同感和归属感。校园空间应与学校的办学理念、特色和发展战略相融合,以承载学校的教育理念和办学目标。这可以通过校园

---

① 陈文艳.为了更加美好地生长——关于新时代"空间、课程、儿童"关系的思考与实践[J].教育视界,2021(4):41.

标识、纪念碑、文化活动场地等方式实现,使学校的文化得以传承和凝聚。

总之,校园空间的设计和建设应该坚守儿童立场,兼顾功能与审美,强化育人功能。上述原则有助于创造一个安全、美观、富有文化传承的校园环境,以培养学生的全面素养。

综上所述,我们基于对"逐光校园"的内涵理解、价值阐释以及建设原则的提炼,精心搭建了文化空间、艺术空间、阅读空间、创客空间四个空间。首先,潜移默化的文化空间不仅为学生提供了获取信息的渠道,还在无形中塑造了他们的价值观和思维方式。其次,多维体验的艺术空间为学生提供了探索美和创造美的机会,培养了他们的审美品位和激发了他们的审美潜能。再次,儿童友好的阅读空间致力于培养学生的阅读兴趣,提供一个愉快舒适的阅读环境。最后,激发智趣的创客空间引导着学生积极探索科技与创新发明,享受创意的快乐。这四个空间共同构成了一个多元化的学习和成长环境,成为了学生个性闪耀的舞台,使学生在"逐光校园"中能够达到身体在场,意识在场,精神在场,能够尝试与自己相遇,与世界相遇,与过去和未来相遇,不断思考和追寻知识之光、人性之光、未来之光。

(撰稿者:周桂红)

第一节　潜移默化的文化空间

空间是社会构建的产物,它也隐藏着社会规范与秩序,正是这种隐藏于空间之中的秩序,对每个生活在其中的人的价值观起到了潜移默化的改变作用,从而进一步改变了人们的思想方式与行为方式。[1] 这启示我们在搭建"逐光校园"的文化空间时,要重视潜移默化的影响力。因此,潜移默化的文化空间,外显为学校的物理环境,内化为学校的教育哲学,以不经意的方式影响和引导教师和学生的思维、行为和态度。校园楼宇、标语和宣传栏都体现了学校的独特文化、价值观和教育理念。这些元素在校园空间中起到了积极的作用,形塑了个体的行为和价值观,对于学校的教育和发展具有深远的影响。

一　校园楼宇

校园内的各处楼宇以白色和灰蓝色为主色调,融入了中国古典园林的风格,这样的设计在校园环境中具有独特的意义和特色。白色的设计强调了简约和高雅,这与中国古典园林的审美价值观相契合,强调内在品质和质朴之美。灰蓝色与天空和水相联系,强调了自然和环境的重要性,这与中国古典园林中的自然元素相呼应。将代表着中华传统文化精髓的中国古典园林风格融入学校空间设计中,有助于在校园内传承和弘扬中华优秀传统文化。

这些楼宇,不仅美学上吸引人,还传达了深刻的文化和价值观念。学校楼宇的命名有深厚的含义,小学部教学楼命名为"诚正楼""修身楼",初中部教学楼命名为"治平楼",实验楼命名为"格致楼",行政楼命名为"明德楼"。

---

[1] 冯雷.理解空间:现代空间观念的批判与重构[M].北京:中央编译出版社,2008:15.

（一）教学楼

小学部、初中部教学楼的名字源自儒家经典《大学》的理念,即"诚意、正心、修身、齐家、治国、平天下"。《大学》是"四书五经"之一,是儒家经典之一,也是孔子思想的代表性文献之一,强调了个体修养与社会治理之间的紧密关系,教导人们如何通过修身养性,影响家庭、国家,最终实现天下太平。

其中,"诚意"强调了诚实、真诚和诚信的重要性,"正心"强调了正直、正义和道德的价值,这表示学校致力于培养学生诚实正直的道德品质。"修身"强调提高个人修养和道德,代表着对学生品格的培养。"齐家"指的是家庭和家庭价值观的重要性,表示学校致力于协助学生建立健康家庭关系和家庭价值观。"治国"和"平天下"强调了领导和治理能力的重要性。这象征着学校的目标是培养出色的国家人才和社会公民,他们能够有效地参与国家治理和促进社会和平。

（二）实验楼

学校实验楼命名为"格致楼",取自"格物致知"。"格物致知"出自中国古代哲学家王阳明的著作《传习录》,强调了通过实践和观察来获取知识。"格"意味着规范、严谨的实践和观察,"致"意味着通过实践有所收获。实验楼用于科学和实验教育,其名字强调了科学实践的重要性。

（三）行政楼

学校行政楼命名为"明德楼"。"明德"这个概念源自中国古代文化和儒家思想,它贯穿于儒家经典之中,特别是《大学》和《中庸》两部著作。在儒家思想中,追求"明德"是人类的终极目标之一,"明德"强调了道德、德行和品质的重要性。明德楼是学校的行政中心,代表了学校的价值观,强调道德和品质在管理和领导中的关键作用。

这些楼宇的命名,是对学校文化和愿景的表达,也是对学生的期望,不仅以景泰蓝色彩的字体实物悬挂在各楼宇墙面,也在全校师生的口口相传中日常使用,让学生在潜移默化中认同和践行这些价值观。

（四）功能场地

除了教学楼、实验楼、行政楼以外，学校各个功能场地都经过精心命名，寓意深远。

鹿鸣广场是校园的前庭，它的命名蕴含了学校对学子的祝愿。鹿鸣广场中部是一块方正的翠绿草坪，草坪前方站立着一大两小的鹿形金属雕塑，两只小鹿位于大鹿一左一右，大鹿昂首回望，透露着一种威严和优雅的气质，为整个广场增添了一份雍容和庄重。鹿鸣广场的命名内涵深植于《诗经·小雅·鹿鸣》，这首古诗描绘了宾客到来时鹿鸣的景象，表达了热烈欢迎和美好祝愿。因此，鹿鸣广场的命名意味着在这个广场上，学校以宾客之礼迎接众人，犹如鹿鸣迎接宾客，象征着对学子和外校人员的热情欢迎和美好祝愿。诗中所言的"鹿鸣"，被视为祥瑞吉兆，预示着美好的未来，学校传达了对学生在这片校园中能够展翅高飞，获得美好人生的期待。

知新馆是学校的图书馆，名字饱含深意。"知新"强调了对新知识的追求和获取。这与《论语·学而》中"温故而知新"的"知新"一词相呼应，强调通过回顾过去的经验和知识，来启发对新知的理解和发现。这个命名体现了学校对知识的崇尚，鼓励学子在这里不断汲取新知，不断探索和追求知识的深度和广度。

未明厅是学校的报告厅，这个名字寓意着未来的辉煌和对未知的探索。在这个场地里，师生将参与各种报告、学术研究、创新项目的展示，寄寓着学校对学子们未来成功的信心和期望。整个命名内涵旨在激发学子们探索未知、开创未来的积极心态。

至善厅是学校的阶梯教室，名字取自儒家思想中的"至善"。这里用于各项小型活动的举办，是知识传递和智慧升华的地方，强调卓越的追求和道德的提升。这个命名体现了学校对学生成为品德高尚、学识渊博的人才的殷切期望，同时也强调了教育的使命是培养有理想、有担当的社会栋梁。

麒麟运动场是学校的体育运动场所，麒麟被视为祥瑞之兽，寓意着力量和活力。运动场作为锻炼身体的场所，其命名旨在激励学生通过运动保持活力，追求卓越的体魄和精神。此外，麒麟运动场的命名内涵，更深层次地连接着本土文化特色。舞麒麟是本地特有的民俗文化，它不仅代表着本土优秀文化传统，更寓意着瑞兆和吉祥。将"麒麟"二字纳入运动场的命名，是对本土文化的珍视和传承，也与学校舞麒麟社团和校园吉祥物麒麟娃相得益彰。通过这一命名，学校向学生们传递了对传统文化的重视和对本土特色的热爱,使运动场不仅仅是体育锻炼的场所,更是本土文化传承的见证者。

以上各功能场地的命名都充分体现了对学生全面发展的期望和鼓励,寓意深刻,激励着学子们在这个校园中健康成长、追求卓越、超越自我。

二 校园标语

校园标语是一种强大的传达和激励工具,在教育场所中起到重要的作用。它以物化的形式,分布在校园空间的各个角落,有助于形塑学校文化,在潜移默化中渗透学校的核心价值观,增强了校园内的师生对这所学校的文化认同。

学校以"国家　未来"为校训,以"尊重、包容、创造、担当"为校风,以"学高、身正"为教风,以"好学、日进"为学风。"一训三风"传达了学校的使命、核心价值观以及对教育的期望,为学校的教育理念和文化提供了清晰的方向和指导。这些内隐的学校文化和价值观,以板书或实体字样分布在教师办公室、学校会议室、校园走廊等空间内,时刻传达着学校的教育愿景和对师生的深切期望。

此外,学校在小学部和初中部的教室前方和后方墙壁上张贴了不同的校园标语,这些标语为学生提供了重要的指导和激励。

在小学部教室前方墙壁上的标语是"保持好奇,与众不同"。这句标语体现了对学生积极探索知识、探索世界的鼓励。好奇心是培养创新思维和解决问题能力的关键,它提醒学生应该从小保持对知识和世界的好奇心,不断探索、提问和学习。同时,它鼓励每个学生在追求知识和个人成长中保持独立思考和独特性。这个标语传达了学校致力于培养独立思考者和有创造力的个体,帮助他们为未来的挑战作好准备。

在初中部教室前方墙壁上的标语是"团队合作,创新思维"。这句标语强调了两个重要的价值观。首先,团队合作是进入社会和职业生涯时必不可少的技能,而初中是培养合作技能的关键时期。因此学校鼓励学生学会与他人协作、共同学习和解决问题。其次,创新思维强调鼓励学生寻找新的、创造性的方式来解决问题和应对挑战。这个标语传达了学校的期望,希望培养学生在团队中团结协作,以及展示自己的创新思维,解决问题。

在小学和初中教室后方墙壁上的标语是"让你的光芒闪耀"。这个标语契合了学校"逐光教育"的理念。学校认为,"每一个孩子都有独特的生命之光,育人的过程是向阳而生,逐光而行的",而"让你的光芒闪耀"作为目标口号,是对"追逐生命之光"行动口号的呼应。"让你的光芒闪耀"传达了对学生的信心和期望,鼓励他们发挥自己的潜力,成为杰出的个体。它强调了个人的价值和影响力,鼓励学生追求卓越并为他们的成就而自豪。这句标语也表明了学校对每个学生的支持,帮助学生实现自己的目标。

这些校园标语共同塑造了学校的教育文化,鼓励学生积极参与学习和社交活动,发展全面的技能,培养自信,为未来的成功作好准备。它们为学生的个性发展、能力提升、观念塑造提供了重要的指导,在学生成长中起到了重要作用。

三 校园宣传栏

校园宣传栏是学校中的一个重要组成部分,它承载着宣传、教育、引导学生的重要使命。正如哲学家赫拉克利特所说:"变化是唯一不变的事物。"[1]校园宣传栏的内容和形式是不断变化的,但其核心功能始终不变,那就是传递正能量、弘扬社会主义核心价值观、促进学生全面发展的重要作用。

校园宣传栏外观应符合学校特色,兼具多元化的功能。宣传栏大体布局在教学楼、行政楼、架空层、运动场以及食堂这几个地方,有固定的展示规划区,还有可更换的灵活设计区域。宣传栏与图书馆、显示屏、公众号等相互配合,形成一个完整的校园宣传格局。例如,各个年级外部走廊上的宣传栏,作为展示整个年级风采的窗口,内容丰富多样,兼具教育性和趣味性。其中,"荣誉榜"展示年级内学生的优秀表现、获奖情况等,激励同学们奋发向上;"文化广角"介绍年级特色文化、传统节日、历史故事等,丰富同学们的知识储备;"艺术天地"则展示学生的绘画、书法、摄影等艺术作品,展现学生的艺术才华。此外,各个教室外墙上的宣传栏更是展示班级特色、营造班级氛围的重要平台。教室入口处的班级风采墙,展示班级合照、班级口号、班级目标等,增强班级凝聚力。教室后方的班级文化墙每期由德育处统一组织主题,由班主任带领学生布置

---

[1] 汪子嵩,范明生,陈村富,姚介厚.希腊哲学史(第1卷)[M].北京:人民出版社,1997:488.

体现本班特色的活动成果展示板，并配有小主持人讲解。通过各类宣传栏的设计、制作、展示，校园宣传栏不仅能够发挥传递信息、展示风采的作用，还能成为校园文化建设的重要载体，对学生养成良好的道德和行为习惯起到积极的作用。

具体而言，校园宣传栏的空间布置具有以下四点意义：第一，传播学校文化。校园宣传栏展示了学校的特色活动、优秀成果、校园风貌等内容，以凸显学校的文化氛围和教育理念。通过宣传栏的布置，可以传达学校的形象和精神内涵，增强学校凝聚力和认同感。第二，提供信息服务。校园宣传栏作为信息发布的媒介，展示了学校活动安排、通知公告、重要事项等信息，方便师生和家长获取相关信息。这样可以提高信息传递的效率和覆盖面，确保信息及时准确地传达给目标群体。第三，实施教育引导。校园宣传栏用空间布置来进行教育引导，传递积极向上的价值观，培养学生正向的思想和行为。学校在小学部、初中部各年级各班的宣传栏均有本年级学生榜样的风采展示，激发了其他学生对卓越的追求和对成功的渴望，建立信心，见贤思齐，人人争先成为榜样。第四，营造优美环境。校园宣传栏的布置起到了美化环境的作用，增强了校园的艺术氛围。通过合理规划展示材料、色彩搭配和布局设计，各处宣传栏变得更加生动有趣，为师生提供了一个愉悦的视觉体验。可见，校园宣传栏的空间布置在传播学校文化、提供信息服务、营造优美环境和实施教育引导等方面起着重要作用，能够丰富校园生活，激发学生的创造力和积极性。

总的来说，"逐光校园"的文化空间蕴含着一种潜移默化的力量，校园楼宇的设计、标语口号的选择以及宣传栏的内容都传达着学校独特的文化、价值观和教育理念。在这个空间中，学生和教师不知不觉地融入学校的文化氛围，成为共同价值观的传承者，为学校的未来发展注入了持久的动力。

（撰稿者：周桂红、房颖）

第二节　多维体验的艺术空间

任何教育关系和教育生产力都反映出不同的空间样态,学校应让儿童接触符合现代社会审美规律的环境信息,从立体通道到达儿童的头脑中,帮助儿童形成认知图式,促发儿童将空间环境转化为审美感受。[①] 康德也曾提出,审美判断具有无功利性、普遍性和必然性的特点,而艺术作为一种特殊的审美活动,能够超越功利,使人摆脱日常的束缚,追求心灵的自由和解放。[②] 这些观点让我们认识到艺术素养是学生个体发展中不可或缺的一环,审美体验是学生发现自我、表达自我的一个通道,我们应当重视艺术教育的立体性。因此,在"逐光校园"的建设中,应注重创设多维体验的艺术空间,美术工作坊、音乐综合功能室、艺术文化墙的空间形式,不仅能拓宽与加深学生的学习体验,为学生提供一个释放自我、追求内心真实感受的平台,还能培养他们的创造力、审美情感、社交技能和综合素质,同时加强学校文化认同感。多维体验的艺术空间为学生提供了丰富的机会,使他们能够在艺术的世界中自由探索、表达和成长。

一　美术工作坊

目前,学校建设有四个美术功能室,位于体育馆上方,与音乐舞蹈室、体育馆相连。教室光线充足、宽敞明亮,教室的设计风格简洁又不失活泼,整体以绿色为主,清新自然,多使用圆弧的形状设计,且四间教室都设计了活动推拉门,既可打通共用基础设施,又可以分离实现独立教学。每间教室配有美术专门的桌椅、展示区等,为不同年龄

[①] 徐猛,王亚军.学校即美育空间:实践偏向、应然指向与建构路向[J].课程·教材·教法,2022,42(9):94-100.
[②] (德)康德.判断力批判[M].邓晓芒,译.北京:人民出版社,2002:112.

段的学生提供了相应的创作配套条件。

美术功能室,除了用于美术学科教学,更强调其开放性,旨在促进学生发挥个性、自由创作。因此,除日常课程时间以外,美术功能室变身为美术工作坊,我们设立了绘心工艺社团、版画社团、陶艺社团等精品社团,并定期开展社团活动。目前已孕育了"'画'说客家围屋""从大万世居的闭合式建筑形态探秘坪山客家文化"等特色校本课程。在这里,我们鼓励学生像艺术家一样自由创作,充分调动审美情趣和激发艺术创造力,学生们学会了做小手工,学会了画版画,学会了做陶艺,享受到了美术的乐趣。依托美术功能室构建美术工作坊,旨在多方面调动学生的深度体验,有其重要的价值。首先,美术工作坊创设了美术教育环境,为学生提供了一个专注艺术创作的空间,这是培养艺术技能和表达能力的理想场所。学生可以自由使用各种艺术材料和工具,探索不同的媒介和技术。美术工作坊鼓励学生自主学习和发挥创造力,不仅关注技巧,还注重独立思考和解决问题的能力。其次,美术工作坊能促进学生之间的互动社交。美术工作坊鼓励学生合作、交流和分享创作经验。学生可以相互启发,共同解决问题,培养团队合作和社交技能。美术工作坊提供了展示作品的机会,这有助于学生建立自信,同时接受来自同学和教师的反馈,促进成长和改进。最后,美术工作坊致力于培养学生的审美情感和创造力。美术工作坊通过艺术作品的创作和观赏,培养学生的审美情感。学生可以欣赏不同风格的艺术,提高对美的感知能力。工作坊鼓励学生自由表达,尝试新的艺术方法和思维方式。这有助于培养学生的创造力,使他们能够独立思考、解决问题和提出创新的观点。

因此,美术工作坊鼓励学生主动学会认识美、欣赏美、体验美、创造美,期待学生立志成为未来的艺术家、创作者或有创意的个体。

二 音乐综合功能室

中小学校的音乐功能室是学校音乐教育的重要组成部分。随着教育事业的不断发展,学校建设了专用的音乐综合功能室,为新课标的实施奠定了基础,为全面实施素质教育提供了保障。音乐综合功能室,是学生感知音乐、感受音乐、享受音乐的一片乐园,为培养和提升孩子们的综合素质提供了环境支撑。

（一）音乐综合功能室的空间布局

音乐综合功能室的布局设计应注重实用性和人性化，室内的空间应合理划分，满足各种音乐教学的需求。音乐综合功能室包括音乐功能室、合唱功能室、铜管功能室、舞蹈功能室等具有指定功用性的教室，涵盖以下三个区域：第一是表演区，分为声乐和器乐，设有专业的演唱台和音响设备，提供各种乐器，如钢琴、吉他、小提琴等，供学生演唱和演奏；第二是视听区，配备视听设备和音响系统，供学生欣赏音乐作品和音乐会录像；第三是休息区，提供休息设施和饮品，供学生在课间休息和交流。

在空间设计和布置上，学校的舞蹈功能室和合唱功能室充分体现了功能室的实用性和艺术性。

舞蹈功能室是一个令人惊叹的创意空间，以其独特的设计元素而闻名。天花板上的花瓣图形赋予房间一种艺术氛围。这些"花瓣"以各种形状和大小排列在天花板上，为房间增添了柔美的美感。此外，这些花瓣图形在灯光的照射下，创造出迷人的视觉效果，使整个空间散发出温暖温馨的氛围。其照明设计也十分特别，整个房间的天花板布满了柔和的黄色灯火。这种温暖而柔和的照明营造出一个适合舞蹈练习和表演的环境。这不仅提供了足够的光线，以便学生能够清晰地看到自己和其他人的动作，还创造了一种宁静的氛围，让人沉浸在舞蹈的艺术中。最后，整面墙被设计成镜子，为学生提供了一个观察和自我评估的机会。镜子也在视觉上扩大了房间的空间感，让舞者感到更加自由和开放。由此可见，舞蹈功能室以其精心设计的天花板花瓣图形、柔和的黄色照明和镜面墙体现出对舞蹈艺术的热爱和尊重，这个空间为学生提供了展示和发展他们舞蹈才华的理想场所。

合唱功能室也是一个令人印象深刻的空间。合唱室的宽敞空间为合唱团提供了充足的活动和排练空间，允许合唱团成员自由移动，形成和谐的声音。室内地面错落有致的阶梯式设计，为合唱团成员提供了多个级别的站位，使他们能够更好地看到指挥员并保持声音的均衡。在合唱室的中央，摆放着一架黑白色钢琴。这架钢琴不仅可以用于合唱演出伴奏，还可以用于声乐练习。钢琴的黑白色调与合唱室的整体设计相协调，为音乐家们提供了一个演奏和排练的中心点。天花板灯光线条如同五线谱，这些线条仿佛是音符和乐谱,将音乐与空间融为一体,激发了学生们的灵感和热情。因此,合唱室以其宽敞的空间、中央摆放的钢琴、阶梯式座位和五线谱般的天花板设计,为音乐创作和表演提供了理想的环境。

(二)音乐综合功能室的空间利用

音乐综合功能室目前有两个舞蹈功能室、一个合唱功能室、两个铜管功能室以及一个可以举行其他音乐活动的音乐功能室。这些功能室在日常的教育教学中发挥了很重要的作用。

舞蹈功能室举办过多种形式的活动,包括以下三类活动:一是舞蹈课程。舞蹈功能室提供了各种舞蹈课程,如拉丁舞、现代舞、民族舞等,让学生们在学习舞蹈的过程中,提高自己的舞蹈技巧和艺术素养。二是舞蹈排练。舞蹈社团在两个舞蹈功能室进行排练,为各种演出和比赛作准备。三是舞蹈比赛和表演。学校组织的各种形式的舞蹈比赛,如校园舞蹈大赛、班级舞蹈大赛等都是在舞蹈功能室进行的,舞蹈功能室给了学生们展示自己的舞蹈才华的空间,增强了孩子们的自信心和团队协作能力。

除了舞蹈功能室,合唱功能室也开展过三类活动:首先是合唱排练,"小百灵"合唱团就在合唱功能室进行日常排练,宽广的空间给了孩子们身心舒展的排练场地。其次是合唱比赛,学校组织的各种形式的合唱比赛,如校园合唱大赛、班级合唱大赛等都在这里举行,这给了学生们展示自己音乐才华的空间和舞台,增强了孩子们的自信心和团队协作能力。最后是合唱欣赏,在课余时间,学生们在合唱功能室欣赏各种优秀的合唱作品,提高自己的音乐鉴赏能力。

此外,两个铜管功能室也用于铜管乐器排练,并开展校际铜管乐器大赛,为学生们提供了展示自己音乐才华的舞台。在这里,学校还会邀请专业的音乐老师或者铜管乐器专家来交流授课,让学生们了解更多关于铜管乐器的知识和技巧。

在各个音乐综合功能室中,学校还多次举办了大型综合艺术活动,如英文戏剧《年》、戏剧《愚公移山》、音乐剧《让你的光芒闪耀》、舞狮舞麒麟表演、音乐剧《do re mi》、英文配音《声临其境》、创意服装走秀等节目,这不仅丰富了学生的课余生活,还提高了学生的艺术素养和综合能力。

（三）音乐综合功能室的空间意义

音乐综合功能室的空间意义不仅在于提供音乐学科教学场所，更在于对学生全面发展的支持和对学校文化建设的帮助，具有不可忽视的意义。第一，有利于培养学生的音乐素养。音乐综合功能室的空间布局和设备配置有利于提高音乐教学质量。专业的演唱台和音响设备能够让学生更好地体验音乐的魅力，提高演唱水平。同时，各种乐器的提供让学生能够接触到更多的音乐类型，增强他们的音乐素养。第二，有利于促进学生的全面发展。音乐综合功能室的空间设计不仅关注音乐教学，还注重学生的全面发展。视听区的学习可以让学生了解更多的音乐作品和文化背景，扩大他们的知识视野。休息区则为学生提供了一个轻松愉快的交流场所，有利于培养他们的社交能力和团队合作精神。另外，在音乐综合功能室中，学生可以在一个专业、舒适的环境中学习和表演，展示自己的才艺，学生可以更好地认识自己，发掘自己的潜力，从而培养出创新精神和实践能力。第三，有利于推动校园文化建设。音乐综合功能室不仅是教学场所，也是校园文化建设的重要载体。在功能室举办各种音乐活动，如音乐会、音乐讲座、音乐比赛等，可以营造出浓厚的校园文化氛围，推动校园文化建设的发展。

综上所述，音乐综合功能室的空间意义不仅在于提供教学场所和设备支持，更在于培养学生的自信心、创新精神和实践能力，我们希望为学生提供一个专业、实用、舒适的学习环境和成长环境，让他们在音乐的熏陶下全面发展。

三 艺术文化墙

有组织的社会空间有着内在的社会特性，我们应适当利用和强化其社会特性。索亚曾提出"空间性"这一概念，他曾这样说道："若要传达有组织空间的内在社会特性这一意义，我们在英语里没有一个广泛使用并被接受的表达，我才用了'空间性'这一表达，借以表达这一由社会生产的空间。"[1]同时，学校是典型的"有组织的社会空间"，承

---

[1] （美）爱德华·W. 苏贾.后现代地理学——重申批判社会理论中的空间[M].王文斌，译.北京：商务印书馆，2004：121.

担着涵养化育年轻一代的职能,为了实现这一职能,社会必须要对教育的主要场所——学校的"空间"进行精心布局与设计,使之成为一种有利于文化传递的"文化装置"。[1] 因此,校园空间营造不仅需要必要的物质条件,还要体现艺术性和人文关怀。在创造美丽校园环境的过程中,学校不仅利用硬装改变环境,达到实用、美观的效果,还利用墙绘改造环境,在教学楼、走廊、图书馆等校园各个角落形成了艺术文化墙。校园艺术文化墙作为校园内部的一种"文化装置",能够塑造良好的空间氛围,使校园充满艺术气息和人文关怀。

(一) 墙绘设计的创意来源

"天人合一"是我国传统文化思想之一,其在艺术创作上强调自然美,表现的是天地万物间和谐统一。南朝著名画家谢赫在《古画品录》中提出"绘画六法",其中的"应物象形,随类赋彩"便要求绘画者应当模仿自然,通过提炼、加工表达出形象内部的生命。[2] 遵循这一原则,我们在设计墙绘创意方案前,必须到现场进行测量,寻找灵感,也有助于将周边景物的元素应用到创作中,以达到和谐的效果。

墙绘设计是为人而作的设计,因此要注重与人的情感交流。学校在墙绘开始绘制前,便向全校同学发出了墙绘投稿的通知,通过层层筛选,将不同空间墙面的绘制与现实空间相结合,并与生活建立联系,起到传递和交流信息的作用。

(二) 墙绘创作的实践过程

艺术文化墙的绘制,以教师指导为辅,以学生主笔为主,其创作过程分为三个阶段。

首先是起稿定型阶段。利用投影仪将效果图投影到墙面上,通过铅笔勾勒外轮廓,可以避免因画幅太大不容易把握整体构图以及透视规律的问题,同时可以提高绘画效率。

其次是调色上色阶段。师生使用丙烯颜料先调和出基本颜色,然后将墙体分成若

---

[1] 吴康宁.教育社会学[M].北京:人民教育出版社,1998:224.
[2] 杨玉英.校园墙绘的创意表达与实践研究[J].艺术教育,2018(13):180-181.

干区域,按照效果图的颜色深浅关系分别完成调色、绘画工序,按局部绘画法进行精细刻画,这一阶段的细致刻画是一个考验和磨炼意志力的阶段,因此,参与墙绘活动的师生团队,需要具备工匠精神,还需要具备团队合作精神。在大致上完颜色后,对画面整体效果进行观察调整,对未处理到的细节部分进行修改或再创造,因此,墙绘实际上是一个再创造的过程。方案效果图此时便只能当作参考图使用,师生需发挥整体审美能力,按照效果图的意境将墙绘的理想效果充分展现,对于明显的问题及时进行修改调整,以保证墙绘质量。

最后是刷漆保护阶段。在确定墙绘绘制阶段完成并且颜料已干后,运用滚筒刷在绘制好的墙面上刷上罩光漆,罩光漆具有高光泽和高保光性,可对各种磨损表面起装饰和保护作用,防尘、防污,使得墙面能够呈现更好的视觉效果。

目前,校园墙绘遍布校园各个角落,共有五个墙绘主题:在图书馆吧台区域,绘制了暖色调的植物花卉图像;在格致楼和治平楼二楼平台区域绘制了具有客家特色的客家围屋;在食堂外通往艺体办的墙面上绘制了充满生机、鸟语花香的图像,其中拿着调色盘的小女孩是这面墙的主人公;在音乐教室和美术教室的外墙上,分别以音乐和美术为主题进行了绘制,墙绘借鉴了西班牙巴塞罗那插画师 Jana Glatt 的绘画风格,其作品风格自由可爱,虽然绘画风格很简单化,但人物的表现力极强,能够充分表达出各种各样的情感,成功加强了音乐、美术教室的艺术氛围。

(三)学校墙绘的价值意义

墙绘是由古时岩画、壁画等综合装饰性艺术演变而来,具有强大的包容性,可以与其他画种相结合,借鉴其材料、技法及创作题材,起到独特的艺术影响力。

在校园内部开展墙绘活动,构建墙绘文化,主要有三点意义:一是激发学生创造的艺术性与创新性。墙绘艺术本身是需要具有绘画功底和艺术思想的人进行创作的,是充满艺术性的,在创作过程中还需要有创新性。墙绘艺术是壁画工艺和涂鸦艺术的结合,传承了传统工艺性,迸发了时代性,是旧时代与新时代融合的产物。在绘制过程中还需要将周围的环境、展现的主题及当地的文化特色相结合,从而使墙绘艺术更具艺术性和设计创新性。二是营造视觉装饰与环境美化。墙绘艺术具有强大的视觉装饰性,可为乏味的立面空间增添视觉亮点,对普普通通的墙壁进行造型的设计与美化,在提升其墙体的艺术性的同时,增强其与周围环境的视觉效果,起到美化装饰校园的作用。三是开展人文宣传与精神弘扬。以墙绘形式打造文化墙,能够弘扬文明新风,传递正能量。文化墙是传播精神文明思想的重要载体,也是学生增长见识和陶冶情操的重要平台。

  总之,美术工作坊、音乐综合功能室和艺术文化墙共同勾勒出一个多维体验的艺术空间。这一空间为学生提供了自由探索、表达和成长的机会,成为培养艺术素养和综合能力的沃土。学生们在美术工作坊中可以尽情发挥创意,通过绘画、雕塑、陶艺等形式展现个性;音乐综合功能室为他们提供了发展音乐才华的平台,拓展了审美领域;艺术文化墙则以视觉的方式展现学校的审美和文化。通过这一多维体验的艺术空间,学校致力于引导学生在艺术的海洋中茁壮成长,实现其个性化和全面发展的教育目标。

(撰稿者:王英钰、魏新联)

第三节　儿童友好的阅读空间

从空间社会学的角度出发,图书馆的空间不仅是"人"存在于此的物理空间,更是人与人、人与图书、人与图书馆相互作用和影响的空间,应当满足"人"的个性需求,并让"人"在空间中享受由"生为人"过渡到"成为人"的过程。[①] 这启示了我们在构建"逐光校园"的阅读空间时,要满足儿童的生长需求,促进儿童由"生为人"过渡到"成为人"的自我发展。学校正致力于探索新时代儿童友好理念的创新模式,其以儿童为中心的友好型学校理念,在图书馆阅读空间的建设中得到了完美的体现。通过细致的规划,学校图书馆不仅成为了一个传统的阅读空间,更成为了儿童成长的快乐天地。

一　以儿童真实需求为导向

作为儿童友好型学校的重要组成部分,阅读空间的设计,坚决以儿童的真实需求为导向,充分尊重并赋予儿童应有的权利。在图书馆的设计和规划中,我们采取了一系列举措来确保儿童的需求成为决策的核心。

首先,我们通过座谈会、问卷调查、意见征集等方式,积极与读者互动,了解他们的兴趣、需求和期望。这种开放式的对话过程有助于我们更好地理解儿童的需求,无论是他们喜欢的书籍类型,还是他们渴望的阅读空间特征,都在我们建设或改造阅读空间的考虑当中。这样的对话让我们深入儿童的内心,使他们参与到图书馆空间的设计中,而不仅仅是被动的受众。

其次,我们将儿童的决策纳入了图书馆设计方案的各个环节。从建筑布局到器械

[①] 赵英.基于空间社会学的图书馆空间再造研究[J].长春大学学报,2021,31(8):63.

设备,每一个细节都满足了儿童的需求。我们致力于创造一个符合儿童审美和功能要求的空间,使他们能够自由阅读、学习和玩耍。例如,我们特意设置了不同高度的桌椅,以适应不同年龄段的学生,确保他们能够舒适地使用阅读空间。此外,我们设置了趣味活动区、游戏区域以及其他设施,以满足儿童好奇和活跃的特点。

最重要的是,我们避免以成人的认知替代儿童的需求。我们并不会简单地将成人的理念和期望强加给儿童,而是坚持让儿童参与设计和决策过程。儿童在图书馆空间的设计中发挥了积极的作用,他们的创造力和独特的需求得到了充分的尊重。这种独特的方法不仅有助于打造一个真正适合儿童的阅读空间,还培养了儿童的参与精神和自主性。

通过以儿童真实需求为导向的设计和策划,我们创造了一个独特的阅读环境,使学生能够在这里专注学习、获得教育,更重要的是,在这里他们能够快乐地成长。这个儿童友好的阅读空间不仅满足了学生的需求,还激发了他们的好奇心和创造力,为他们的成长和发展提供了积极的支持。

二　搭建儿童成长乐园

图书馆的阅读空间是儿童成长的乐园,旨在为学生提供更多丰富多彩的阅读和学习体验。这一空间的规划与设计不仅仅是为了满足基本的阅读需求,更是为了激发儿童的创造力和好奇心,培养他们的阅读兴趣和能力。学校图书馆的阅读空间,分为东区、西区、东西区联通走廊三个区域。

(一)东区开放阅读区

东区开放阅读区是专为6岁至12岁年龄段的儿童而设计的。这一年龄段的孩子们充满了好奇心和活力,他们喜欢探险和运动,对世界充满了探索的渴望。因此,学校规划了一个开放式阅读区,内设游戏活动区、趣味活动区、玻璃走廊阅读区。这个区域不仅提供了适合阅读的环境,还引入了趣味活动空间,如探秘迷宫、小型攀登架、帐篷小屋等。这些活动激发了儿童的创造性思维,鼓励他们通过游戏来学习。同时,老师们可以在视觉距离内看护学生,确保他们的安全。

（二）西区经典阅读区

西区经典阅读区专门为13岁至18岁的青少年设计。这个年龄段的学生通常更加独立，他们渴望深入地沉浸在书中。因此，学校规划了一个经典阅读区，侧重典藏与查阅功能。这个区域包括读书沙龙学术空间、含有安全步梯的藏书区、电子阅览区、文献查阅整理区、阅读亭以及未来加油站休憩室。这里的空间鼓励学生沉浸于阅读之中，提高他们的阅读能力和理解力。青少年可以在这个空间中独立学习，也可以与同龄人分享他们的阅读体验。这个区域为培养青少年的阅读习惯和提高阅读能力提供了理想的环境。

（三）东西区联通走廊

东西区联通走廊通过"时间胶囊"将两个分区串联起来。这个创新的设计不仅是为了方便儿童的活动，也是为了满足他们的发展需求和保护他们的权利。这个"时间胶囊"空间在四面墙壁上存放了历届学生的心愿与理想，将学生成长的点滴记录下来，留下了专属的回忆。这个空间为儿童活动与阅读的融合提供了可能，让儿童更加深入地了解自己的成长轨迹。通过记录他们的心声，学校不仅关心了他们的发展需求，也为学校的发展积蓄了生生不息的动力。

以上三个区域的使用不仅提供了学生日常阅读活动的场所，也承载了学校特色教育活动的实施。以阅读教育、心理教育、生命教育、家庭教育为四大教育主线，学校组织开展的各种活动如"儿童读书沙龙""儿童议事厅""生命探索中心""家长论坛"和"文学节"等，都在图书馆这一阅读空间有了实现的场地。

三　打造安全温馨的阅读环境

学校图书馆的阅读空间，致力于给学生营造安全、温馨、充满人性关怀的环境，让他们在这里享受学习和阅读的乐趣。

（一）满足儿童需求，提供设施资源

满足儿童的需求是图书馆空间设计的核心。学校根据不同年龄段学生读者的身高情况,设置了相应的桌椅高度,以确保他们的舒适度和安全性,让儿童能够更好地参与学习和阅读。此外,图书馆角落还设置了软包座椅,不仅为儿童提供了充足的座位,还为儿童提供了一个温馨和舒适的阅读角落。无障碍坡道、无障碍图书角、防撞贴和防滑条的设置进一步增强了安全性,体现了对全体儿童的尊重和关心。

此外,图书馆为满足学生阅读的丰富需求,存有大量图书资源。目前,图书馆上架了3万册纸质图书和上万册电子图书,实行电子化管理,同时采用全开架借阅的方式,方便学生更容易获取所需的书籍,支持他们的学习和对个人兴趣的追求。

(二)照应儿童视角,建立安全体系

图书馆阅读空间安全体系的建立是为了保障每位儿童的安全。学校引入了校园访客系统,以确保只有授权人员可以进入图书馆。此外,图书馆安装了360度无死角视频监控系统,实时监控图书馆的各类活动。这不仅有助于安全管理,还有助于迅速应对任何潜在的问题或危险。这些措施确保了儿童在图书馆中的安全,同时也使家长们更加放心。

(三)贴合儿童心理,添加环境布置

图书馆的环境布置是根据儿童的需求和心理特点来设计的。图书馆主入口附近种植了植物群落,这些植物不仅增添了生机和绿意,还提供了遮阴功能,为儿童的阅读时光增添了一抹生命绿色。此外,图书馆指引标识添加了儿童喜爱的元素,鲜艳的色彩和醒目的图标帮助他们更容易找到所需的书籍。同时,标识也包括了禁止吸烟和吵闹的提醒,确保儿童在一个安全、健康、宁静的环境中学习和阅读。安全隐患区域和设施附近的提醒标识也在提醒儿童注意周围的安全。这一切的设计都旨在创造一个适合儿童学习和探索的环境。

(四)关怀儿童生活,配备专职管家

图书馆阅读空间还配备了专职儿童管家,负责图书管理以及儿童需求和建议的收集。这位管家不仅要确保图书馆的秩序,还为儿童提供帮助和支持。他了解儿童的需求,可以根据儿童的建议改进和扩展图书馆的服务和资源。这个专职管家的存在充分

体现了学校对儿童友好的理念,确保儿童在图书馆阅读空间中收获最好的体验。

可见,"逐光校园"全面贯彻"儿童优先、儿童平等、儿童参与"的理念,通过以儿童真实需求为导向、搭建儿童成长乐园、打造安全温馨的阅读环境等观念和举措,学校图书馆在规划、建设、管理各个阶段都致力于营造一个儿童友好型的阅读空间。在这里,阅读不再是枯燥的任务,而是蕴含生活、游戏和成长的过程,学生将在生活中获得教育,在游戏中获得学习,在阅读中获得成长。

(撰稿者:周桂红)

第四节　激发智趣的创客空间

杜威的实用主义教育思想强调学生"做中学"的学习方式,他认为"在课堂中,要为儿童准备具有充分活动的地方,准备有适合儿童活动所需要的各种材料和工具,要在学校里设实验室、工厂、园地等,让儿童在制作的活动中学习,而不是静坐在有秩序的桌椅上听教师系统传授间接经验"[1]。因此,我们应当为学生创设适合他们进行科学学习和实验的场所,而创客空间则是这类场所的重要组成部分。创客空间是开展创客教育的基础,指具备一定科技含量的软硬件工具、材料,便于创客们一起协作以实现创意的开放性工作场所。[2] 它不仅丰富了学校的教育环境,也为学生提供了一个激发智趣的创造性天地。学校高度重视科技教育,积极投资建设各类创客空间,如3D创客空间、机器人梦工厂和创意制造空间,以培养学生的科学思维和创造力,让学生"做中学、用中学、创中学"[3]。

一　3D创客空间

学校的3D创客空间可谓是一个创意的摇篮,分为电脑制作区、打印工作区和作品展示区。这个空间的核心目标是激发学生的创造力,并将他们的创意付诸实践。为此,我们开设了3D建模社团,鼓励学生积极参与。在这个社团中,学生得以运用3D建模软件,尝试设计出各种生活用品,如花瓶、笔筒等。这个过程不仅仅是技术的应

---

[1] (美)杜威.杜威教育论著选[M].赵祥麟,王承绪,编译.上海:华东师范大学出版社,1981:323.
[2] 王旭,龙小华.创客空间:学生创新能力培养的"磁场"[J].湖南教育(D版),2022(10):52-53.
[3] 中华人民共和国教育部.义务教育课程方案(2022年版)[S].北京:北京师范大学出版社,2022:5.

用,更是对空间思维和创造思维的锻炼。

首先,在电脑制作区,学生可以使用配备齐全的电脑进行建模设计。这种设计过程不仅有助于培养学生的计算机技能,还能培养学生的创意思维。他们可以通过3D软件进行建模设计,从零开始打磨出自己心中的作品。其次,打印工作区是创客空间的核心,这里拥有多台3D打印机和各种打印材料。学生可以将他们的3D模型文件导入到这些打印机中,通过逐层打印将虚构的概念变为现实。这个过程涉及数学、物理和工程知识,让学生在实践中理解这些概念。最后,作品展示区则起到一个关键的激励作用。学生的作品不仅是他们创造性思维的体现,也是他们学习的成果。我们还鼓励学生主动展示和介绍自己的作品,分享创作过程,实现进一步的成长。

3D创客空间不仅仅是一个物理空间,更是一个思维火花迸发和创造精神挥洒的天地。师生创客可以利用3D打印机将自己的想法变成现实,把各学科中的一个知识点或问题以可视化的3D打印作品呈现出来,能较好地让学科教学与3D打印技术建立有机联系。例如:在数学中,可以利用3D打印机将几何模型展现出来,帮助学生理解三维空间结构;在化学中,将原子模型实体化;在物理中,将抽象的行星运动、电磁效应等打印出来;在自然科学课中,将自然现象的发生原理打印出来。[1] 3D创客空间不仅有助于提升学生的科技素养,还培养了学生的自信心和自主学习能力。

二 机器人梦工厂

机器人教育能够激发学生的创造力、自信心,培养学生的批判性思维,锻炼学生的问题解决能力、沟通交流能力、团队合作能力,这些正是进行科学探究活动的关键素养。[2] 学校所建立的机器人梦工厂是学校对机器人教育高度重视的体现。学校购置了一系列可拼装的中科机器人套装,专门设置了机器人教室,为学生提供了探索机器人制造和编程的机会。在这个空间中,学生可以将机器人从零部件开始组装,通过编

---

[1] 赵梦阅,孙卫华.中小学创客空间设计与课堂建设[J].中国教育技术装备,2018(23):37-38+41.
[2] 张敬云,钟柏昌.中小学机器人教育的核心理论研究——论科学探究型教学模式[J].电化教育研究,2017(10):106-111.

程电脑控制它们的行动。

机器人梦工厂的空间文化布置围绕着机器人的发展史展开,同时也介绍了人工智能的历程。机器人梦工厂的整体色调是理性的蓝色,让学生在科学领域的学习中感受到人类对追求科学真理的执着和坚守。机器人梦工厂的核心目标是让学生从小就接触和理解科学、工程和编程的基本原理。机器人组装需要学生考虑逻辑、解决问题,并运用数学和科学知识。编程则鼓励他们思考如何让机器人动起来,使它们变得智能。机器人套装配备的梁、杆、销、齿轮、传感器等器材,为学生物化内在想法提供了外在的实现工具;机器人的程序又能够让机器人动起来,变得具有智能性,让程序也发挥出智慧力量。

在机器人梦工厂,学生不仅仅是机器人的操作员,更是机器人的设计者和创造者。这不仅培养了学生的科学技能,还激发了他们对科技的浓厚兴趣,帮助他们从小树立探索未知世界的信心,培养科学思维和问题解决能力。

三 创意制造实验室

学校还特别设置了创意制造实验室,这个空间配备了各类传感器、Arduino套件、Microbit套件,以及各种工具,如电烙铁、胶枪、螺丝刀等。这个空间提供各类软硬件设备,用于学生进行创意设计、原型开发、电子制作、机械加工、编程测试等。在创意制造实验室,学生在动手实践中综合应用了科学、技术、工程、艺术、数学等学科知识来解决问题,并制作各种创意作品如自动浇花系统、红绿灯交通灯等,极大地发展了学生的创意思维和动手能力。[1]

创意制造空间被划分为材料区、工具区、制作区和展示区四个部分,每个区域都有其独特的功能。材料区存放各种制作所需的材料,如废旧零件、塑料、电子元件等,这些材料的丰富性激发了学生的创造力,他们可以尝试用不同的材料来制作作品。工具区则提供了各种工具,帮助学生完成制作过程。制作区是学生动手制作的核心地带,

---

[1] 周茂华,王培鹏,吴俊杰.创客空间 2.0:开源机器人主题的创客空间建设[J].中国信息技术教育,2020(12):4-9.

这里有工作台和工作空间,学生在这里动手制作,将自己的创意付诸实践,将抽象的概念转化为创新的项目。最后,展示区是学生展示作品的地方,他们可以自豪地向老师和同学展示他们的成果。创意制造实验室,鼓励学生挑战自己,思考如何用简单的器材和工具来解决实际问题,培养学生的问题解决能力、创意思考能力、团队协作能力和动手制作能力。设置创意制造实验室,正是学校培养创新人才的有力举措。

综上所述,创客空间是"逐光校园"不可或缺的教育环境与资源,学校建设创客空间的意义在于它们不仅仅是科学教育的场所,更是创新和思维的发源地。学生借助创客空间这个外在环境,能够发挥个性化的创意,也给学生提供了探索未知世界的一个窗口。3D创客空间、机器人梦工厂、创意制造空间,这些创客空间,不仅是外化学生内在想法的场所,更是连接学习与实践的港口,激发了学生的创造力,培养了学生的科学思维和解决问题的能力,引导学生在现代科技社会中茁壮成长,为学生的未来发展奠定了坚实的基础。

(撰稿者:刘立)

后记

《具身学习与课程育人》是基于学校自身的品质课程构建，以具身学习理论为指导，积极进行课程变革与高品质课程育人探索的研究成果之一。本书从策划、撰写、修改到成稿，历时近一年半，参与编撰的老师一边完成教学工作，一边研究学习，一边撰写修改，有诸多人和事值得被提及。

深圳市坪山区第二外国语学校作为一所九年一贯制学校，始终紧跟政策发展，结合学校的基本情况，不断发掘课程需求，探索适合本校发展的课程建设之路。经过系统调研、深入挖掘、充分沟通，学校坚持"追逐生命之光"的教育理念，秉持"国家未来"校训，营造"尊重、包容、创造、担当"的校风，逐步形成了具有浓厚时代特征、地域特色、校本特点的"逐光教育"文化理念体系。在高品质课程建设与改革的进程中，我校各位教师在教学过程中都能够关注学生的心智发展，重视指导与学习策略。秉持着具身学习的理念，为课程的不断创新与完善贡献力量。

《具身学习与课程育人》这本书展示了学校在高品质课程建设与整体课程规划方面的研究过程与成果，对于参与课程改革与本书编撰的教师而言，他们不仅需要完成好教师的基本工作——备课、上课、作业批改、各种会务工作等，还要参与信息资料的收集整理以及书稿的讨论和编写，一次次的学习、讨论，一次次的修改都是见缝插针地放在中午、下班后或假期之中，在大家的积极参与和不断努力下终于有了今天的成果。但也正是在这样的磨砺中，学校的教师们迅速地成长起来，在专业知识、教学经验、撰写语言规范等方面都得到了很大的提升。教师们不仅对高品质课程与具身学习的理论知识进行了深入的研究和总结，更重要的是通过实践和分析，将育人理念与实际教学相结合，研究出了一系列可行的教学方法和策略。相信这些方法和策略将对学校教

后　记

师的教育教学工作有所启发和帮助。同时，本书也得到了上海市教育科学研究院杨四耕先生的指导，杨先生耐心地对本书的整体架构设计、内容要求、行文格式等细节都给出了指导意见。衷心感谢参与本书编写的各位领导干部及教师团队的大力支持与倾情付出，感谢杨先生的悉心指导！

我们将以此为起点，为学生提供更广阔的发展空间和更具竞争力的教育环境，培养出更加具有创新精神和实践能力的未来人才！

"品质课程"阅读书目

学校整体课程规划18问
学校整体课程规划的七个关键
学校整体课程规划

课程治理现代化丛书

阳光阅读的校本设计与特色创建
CIM课程：创客教育的要素设计与实践探索
高品质学校课程体系
个性化学校课程体系
家校共育的20个实践模式
进阶式生涯教育
跨学科学习创意设计
美术特色课程设计与实施
体育，让儿童嗨起来：悦动体育课程的设计与实施
小剧场学校：激活戏剧课程的育人价值
小课题探究：激活学习方式
小切口课程设计：劳动教育的创意实施

新质课程文化丛书

实践性学习的七重逻辑
面向每一个生命的课程
多模态学科实践
大规模因材施教的课程模式
为未来而学：未来课程的校本建构与深度实施
面向每一个学习者的课程设计
可感的学习经历：习性教育课程体系探索
单元课程要素统整与深度实施
具身学习与课程育人
把学生放在心上：学校课程变革之道

课程治理新范式丛书

以学生为中心的教育治理
实践型学科课程设计与实施
共享式课程治理：集团化办学的课程治理方略
高具身性课程实施：路径、策略与方法

特色学校聚焦丛书

让个性自然发荣滋长："引发教育"的理论寻源与实践探索

面向每一个生命的教育
让每一个生命澄澈明亮："小水滴"课程的旨趣与创意
新劳动教育：时代意蕴与实践创新
自信教育与个性生长
好学校的精神特质
教育，让个性舒展："有氧教育"的模样与姿态
唤醒教育：触发生命的感动
生命的颜色与教育的意蕴
人格教育的四个关键点
做精神澄澈的教师
做精神富足的教师

特色课程建设丛书

幼儿园特色课程的框架与实施
课程是鲜活的："大视野课程"的旨趣与活性
指向核心素养培育的学校课程图谱
让儿童生活在美的世界里：幼儿园全景美育的课程探索
核心素养与学习需求：学校课程建设导引
儿童自然探索课程
幼儿园视觉艺术创意活动设计与实施
连续性课程：特色课程发展的实践探索
幼儿园户外艺术创想活动设计与实施

课堂教学新样态丛书

课堂，与美最近的距离：基于学科核心素养的课堂教学变革
协同教学：意蕴与智慧
决胜课堂28招
一百个孩子，一百个世界：基于差异的教学变革
课堂如诗："雅美课堂"的姿态
在教室里眺望世界：基于BYOD的教学方式变革
课堂教学的资源设计与方式变革
境脉教学的实践范式与创意设计
任务驱动与学科实践
课堂教学的智慧属性与意义增值："灵动课堂"的六个关键词
如溪语文：诗意流淌的语文教育
I-DO学习模式的创意与实践

"一校一策"课程体系建设丛书

课程坐标及其应用：教师专业视角
"一校一策"课程规划
"一校一策"课程实施